Der Filmstar von damals. Ein Porträtfoto aus dem berühmten Film »Maskerade« (1934).

Olga Tschechowa

Meine Uhren gehen anders

Herbig

Bildnachweis
Olga Tschechowa privat (OTp)
Staatsbibliothek Berlin (StB)
Süddeutscher Verlag (SV)
Privatsammlung Ursula Grund (G)
Keystone Pressedienst (K)

In der Reihenfolge der Bilder:
StB, OTp, OTp, OTp, SV, SV, OTp, SV, SV, SV, SV, SV, OTp, OTp, SV, SV, SV, OTp, OTp, OTp, OTp, OTp, OTp, OTp, StB, StB, StB, OTp, OTp, StB, OTp, OTp, G, SV, SV, OTp, OTp, OTp, OTp, StB, StB, OTp, OTp, OTp, OTp, OTp, OTp, OTp, OTp, K, OTp, OTp, OTp
Umschlagbild: OTp

Umschlaggestaltung der Rückseite: Werbeagentur Wündrich-Meissen, Stuttgart
Gesamtherstellung: May & Co., Darmstadt
Printed in Germany
Art. Nr.: 08700632/7
ISBN: 3-7766-0632-0

Gewidmet allen,
die an das
Leben glauben.

Vorwort

Immer in meinem Leben habe ich das Neue und Erregende gesucht. Die Welt ist reich davon, und viel hat sie mir geboten. Jetzt schaue ich zurück.

Unzählige Menschen kennen mich, haben an meinem Schicksal Anteil genommen, es oft gar geteilt, haben mich geliebt, bewundert, kritisiert. Der Klatsch hat Blüten getrieben, der liebenswerte wie der bösartige. Jetzt können alle erfahren, wie es wirklich war:

Mein Leben.

Hier will ich es wieder ein wenig lebendig machen – mit all dem Auf und Ab, mit all der Heiterkeit und der Tragik, die uns unsere Zeit, diese ebenso lustvolle wie grausame, gegeben hat: Weltkriege, Revolutionen, Erfindungen und Entdeckungen, Sensationen, Aufbauwunder – mit und über allem aber die Kunst, der ich seit meiner Kindheit gehört habe.

Was von außen kam, teilte ich mit meinen Zeitgenossen. Wie sie habe ich das Staunenswerte, Schöne, Traurige und Schreckliche hingenommen, wie sie habe ich versucht, aus jedem scheinbaren Ende einen neuen Beginn zu machen. Und doch gehen meine Uhren anders. Denn jeder Mensch folgt einer ganz persönlichen Bestimmung, der er sich nicht entziehen kann.

Heute bin ich 76 Jahre alt. Zusammen mit meinem 21jährigen Enkel Mischa und meinem ›Hausgeist‹ Marianne bewohne ich ein älteres Haus im Münchner Stadtteil Obermenzing, das meiner tödlich verunglückten Tochter Ada gehörte. Seitlich in einem Neubau lebt Adas Tochter Vera mit ihrem Mann Vadim Glowna und ihrem elfjährigen Sohn Niki. Mein Haushalt wäre jedoch unvollständig, könnte ich nicht auch noch Bambi hinzuzählen, den Rauhhaardackel, Schnurri, die Katze, und Abi, den Riesenschnauzer.

Heute ist es nicht mehr der Film, dem ich meine tägliche Arbeit widme. Es ist meine Firma: die »Olga Tschechowa Kosmetik OHG München–Wien–Mailand–Helsinki«, deren Zentrale und Fabrikation in der Schwabinger Tengstraße untergebracht sind. Ich beschäftige mit meinem Kompagnon, meinem Verkaufsdirektor, dem Chemiker, der Produktionssekretärin, der Laborchefin, den Sekretärinnen, Buchhalterinnen, Laborantinnen und weiteren Mitarbeitern insgesamt über hundert Menschen in meinem Betrieb.

Als ich auf den Höhen meines ›Filmruhms‹ mein erstes Diplom als Kosmetikerin machte – 1937 in Paris –, fanden mich meine damaligen Kollegen und Kolleginnen ein wenig sonderlich. ›Die Tschechowa – und Kosmetikerin ...!‹ Natürlich wußte ich damals noch nicht, welche Bedeutung dieses Diplom aus Paris einst für mich haben würde (inzwischen sind noch mehrere hinzugekommen, unter anderen eine Goldmedaille auf dem Internationalen Kosmetikerkongreß 1958 in Venedig). Aber ich wußte, daß Filmruhm verblaßt, und ich hatte ja schon immer eine besondere Beziehung zur Kosmetik, zu jener Art von Kosmetik, die nicht nur eine Sache von Cremes, Wässerchen oder Pasten ist, sondern eine bestimmte, positive Lebenshaltung fordert und so im wahren Sinne des Wortes ›unter die Haut geht‹.

Oft hat man von mir gesagt, daß ich »mein Schicksal bewältigt« hätte. Aber was heißt das? Die Augen in die Zukunft

richten, das Neue entschlossen in die Hand nehmen, die Gelegenheiten nützen – das in der Tat ist es, was wir können. Aber: Läßt sich das Schicksal wirklich ›bewältigen‹?
Ich schreibe meine Erinnerungen in dem Glauben, daß das irdische Leben nur ein kleiner Teil unseres Ich ist. Wer von meinen Lesern wie ich auf ein langes Leben zurückblickt, der möge es in diesem Bewußtsein tun und mit der ganzen Freude und Hoffnung, die einen Menschen nie verlassen darf.
München, im Frühjahr 1973

Olga Tschechowa

Wunderland Kindheit

Das zwanzigste Jahrhundert hat eben begonnen.

Ich bin ein Kind.

Das Haus meiner Eltern steht in Rußland, in Tiflis im Kaukasus mitten in den Bergen an einem Hang, von einer großen Wiese umgeben, hinter der dichter Wald wächst.

An einem heiteren Sommernachmittag ist es ungewohnt still im Haus. Meine ältere Schwester Ada und ich schleichen auf Zehenspitzen herum, und Papa und Mama flüstern nur miteinander.

In einem abgedunkelten Zimmer liegt mein kleiner Bruder Leo in einem Streckverband; die Füße sind am unteren Bettende festgebunden, der Kopf ist mittels einer Lederlasche unter dem Kinn beschwert.

Der kleine Leo muß eine langwierige, qualvolle, aber notwendige Streckung des Rückgrats erdulden.

Am Bettrand sitzt der Arzt. Er redet Leo gütig zu und zieht ein kleines Grammophon auf, das er Leo mitgebracht hat. Leo lauscht trotz seiner Schmerzen gebannt und erfreut; er ist ungewöhnlich musikalisch. Das weiß der Arzt. Das Grammophon gehört zu seiner Therapie.

Der Arzt ist gedrungen gebaut, sein ovales Gesicht umrahmen dunkles Haar und ein kräftig sprießender Vollbart; seine Augen sind voll heiterer Melancholie, sie haben eine ungewöhnlich faszinierende Strahlung.

Diese menschlich starke Ausstrahlung ist es denn auch, die

meist mehr als Medizin heilend auf seine Patienten wirkt. Er hält nichts von voluminösen Tabletten, die bitter schmecken und schwer zu schlucken sind. Schon damit gewinnt er das Herz der Kinder; sie nehmen viel lieber seine winzig dosierten Tropfen.

Der Arzt schätzt die homöopathische Lehre seines streitbaren und wanderlustigen deutschen Kollegen Hahnemann, der sich die traditionsbewußte Ärzteschaft in vielen Ländern zu Feinden macht und dadurch europäische Berühmtheit erlangt.

Der Arzt verschreibt homöopathische Mittel, verordnet frische Luft und indirekte Sonnenbestrahlung; und er rät von übermäßigem Fleischgenuß ab.

Der Arzt ist der bekannte Schriftsteller Anton Pawlowitsch Tschechow – mein Onkel.

Onkel Anton lächelt den kleinen Leo noch einmal aufmunternd an, dann wendet er sich Papa, Mama, meiner Schwester und mir zu. Dabei achtet er darauf, uns nicht zu nahe zu kommen, denn er ist unheilbar lungenkrank. Er beruhigt uns: Wenn wir genau befolgen, was er anordnet, wird Leo bald von diesem quälenden Streckverband befreit sein ...

Anton Tschechow ist noch heute als Verfasser so erfolgreicher Theaterstücke wie ›Die Möwe‹, ›Onkel Wanja‹, ›Drei Schwestern‹ und ›Der Kirschgarten‹ bekannt, Dramen von feinfühliger Stimmungsmalerei und treffsicherer Charakterdarstellung. Sein erstes kleineres Stück ›Iwanow‹ hat offenbar einigen Wirbel hervorgerufen. Er berichtet nach der Uraufführung darüber:

»... daß es nach der ersten Vorstellung beim Publikum und hinter der Bühne eine solche Aufregung gegeben hat, wie sie der Souffleur, der schon zweiunddreißig Jahre beim Theater ist, noch nie erlebt hat. Man lärmte, krakeelte, klatschte, zischte; am Büfett prügelte man sich beinahe, auf der Galerie wollten Studenten jemanden hinauswerfen, und die Polizei führte zwei Personen ab. Die Aufregung war allgemein. Unsere Schwester fiel beinahe in Ohnmacht, Djukowski bekam Herzklopfen und lief weg, und Kisseljow griff sich mir nichts dir nichts an den Kopf und schrie laut und völlig aufrichtig: ›Was soll ich jetzt tun ...?‹«

Den Stücken vorangegangen sind zahlreiche Erzählungen, Feuilletons und Novellen, in denen Tschechow unbestechlich Menschen und Situationen zeichnet, vor allem aus dem neu entstehenden russischen Kleinbürgertum, der Intelligenz und dem zerfallenden Gutsadel. Obgleich Arzt, Gutsbesitzer und Mann des öffentlichen Lebens in einem, schreibt er den größten Teil seines Lebens und spiegelt dabei die Grundstimmung der Zeit, die Resignation im Kampf gegen soziales Elend, gegen Rechtlosigkeit und Not. In einigen seiner zahlreichen Briefe sagt er dazu:

»Der Pogrom gegen die ›Oskolki‹ (eine Zeitschrift) wirkte auf mich wie ein Axthieb. Einerseits tut es mir leid um meine Arbeiten, andererseits ist mir schwül und unheimlich zumute ... was heute erlaubt ist, dafür wird man morgen vor das Komitee gerufen ... ja, die Literatur gewährt kein dauerhaftes Brot, und Sie haben klug daran getan, daß Sie eher als ich geboren sind, als man leichter atmen und schreiben konnte ... Für die Chemiker gibt es auf Erden nichts Unsauberes. Der Schriftsteller muß genauso objektiv sein wie der Chemiker; er muß auf die Subjektivität des Alltags verzichten und muß wissen, daß die Misthaufen in der Landschaft eine sehr achtbare Rolle spielen und daß die bösen Leidenschaften dem Leben ebenso eigen sind wie die guten ... Kläglich wäre das Schicksal der Literatur (der großen wie der kleinen), würde man sie der Willkür persönlicher Ansichten preisgeben. Das zum ersten. Zum zweiten gibt es keine Polizei, die in Sachen der Literatur als kompetent gelten könnte ...«

Andererseits skizziert Tschechow mit harmlosem Humor die kleinen Dinge des Lebens, die Tragikomik und Absurditäten des Alltags, denen niemand entkommt.

Und wieder kontrapunktisch dazu mißachtet er seine schwache gesundheitliche Konstitution, beteiligt sich aktiv an der Bekämpfung einer Cholera-Epidemie, durchwandert die berüchtigte Verbannten-Insel Sachalin vor der sibirischen Ostküste, berichtet schonungslos über diesen ›Ort der ärgsten Leiden‹ und erreicht, daß durch Regierungserlaß schlimmste Mißstände abgestellt werden.

›Die Insel Sachalin‹ ist als Zeitdokument in die Geschichte eingegangen. Der Bericht ist von beklemmender Aktualität, wenn man an ähnliche, auch heute noch bestehende Gefangenen-Inseln denkt.

Einzelheiten seiner Reise schildert Tschechow in Briefen: »Sachalin ist ein Ort unerträglicher Leiden... die mit Sachalin zu tun haben und dort arbeiten, standen und stehen jetzt noch vor unheimlich verantwortungsvollen Aufgaben ... Aus den Büchern, die ich gelesen habe und noch lese, ist zu ersehen, daß wir Millionen von Menschen in den Gefängnissen unnötig verfaulen ließen, ohne Überlegung, auf barbarische Art. Wir trieben die Menschen gefesselt in der Kälte, Zehntausende von Werst weit, wir steckten sie mit Syphilis an, demoralisierten sie, vermehrten das Verbrechertum und schoben alles den rotnasigen Aufsehern in die Schuhe. Jetzt weiß das ganze gebildete Europa, daß nicht die Aufseher, sondern wir alle schuldig sind ... Schön ist die Welt Gottes! Eines nur ist nicht gut, und das sind wir ... es gibt keine Gerechtigkeit, der Ehrbegriff geht nicht über die Uniformehre hinaus, die Ehre einer Uniform, die zur tagtäglichen Ausschmückung unserer Anklagebänke dient. Man muß arbeiten, zum Teufel mit allem anderen! Die Hauptsache ist, gerecht zu sein, alles andere ergibt sich daraus ...«

Fast über allen Werken Tschechows liegt der wehmütige Glanz einer Epoche, die sichtbar und spürbar dem Untergang geweiht ist. Gleichwohl hört er – dessen Eltern noch Leibeigene waren – nicht auf, eine bessere Zukunft zu erhoffen: »Wir, die wir jetzt kämpfen und leiden, werden an diesem neuen, glücklicheren Leben keinen Anteil mehr haben – aber wir leben, leiden und arbeiten für diese bessere Zeit!«

Onkel Anton sieht noch einmal zu meinem kleinen Bruder hinüber: Leos Händchen ist auf halbem Wege zum Grammophon auf die Bettdecke zurückgefallen. Er schläft lächelnd – und fast schmerzlos, wie es scheint.

Onkel Anton weist Mama erneut in die Behandlung des Streckverbandes ein, bittet sie, die Tropfen nicht zu vergessen, und verabschiedet sich von uns. Er wird, wie so oft wegen seiner angegriffenen Gesundheit, in sein Haus auf die Krim fahren. Dort betreut seine Schwester seine schwerkranke Mutter.

Ich habe die beiden Damen gern, besonders aber Onkel Antons Mutter Ewgenija Jakowlewna. Sie ist den kleinen Genüssen des Lebens sehr zugetan. Und wenn ich auf der Krim zu Besuch bin, macht sie mich in diesem Punkt zu ihrer Vertrauten:

Gegen das strenge Verbot ›Tante Maschas‹ – Onkel Antons Schwester – nippt sie mit Vorliebe ein Gläschen Wodka. Ich freue mich schon jetzt darauf, ihr aus einem Geschäft wieder schnell ›ein Viertelchen‹ zu besorgen und die kleine Flasche zu ihren Füßen im Rollstuhl zu verstecken. Wenn die ah-

nungslose ›Tante Mascha‹ sie dann spazierenfährt, werden Ewgenija Jakowlewna und ich uns verschmitzt zulächeln.
Unterdessen wird Onkel Anton einen der zahllosen Armen aus dem nächsten Ort honorarlos behandeln, einen der vielen ihm zugelaufenen Hunde von Geschwüren befreien, zur Erholung seine Mimosensträucher pflegen und sich mit einem der jungen Bäume ›unterhalten‹, die er allesamt selbst gepflanzt hat. Möglicherweise trifft er auf der Krim für kurze Zeit auch seine Frau wieder, Olga Knipper-Tschechowa. Sie ist am ›Moskauer Künstlertheater‹ Stanislawskijs als eine der bedeutendsten Schauspielerinnen Rußlands engagiert und kann deshalb selten auf die Krim kommen, wo Onkel Anton wegen seiner Lungenkrankheit leben muß.
Er wird ihr, wenn sie wieder in Moskau ist, einen seiner vielen heiter-ironischen Briefe schreiben. Zum Beispiel diesen:
»Mein Liebes, lies keine Zeitungen lies überhaupt nicht, sonst siechst Du mir noch dahin. Die Wissenschaft ist für Dich schädlich; höre auf Deinen greisen Erzmönch. Ich habe doch gesagt und beteuert, daß es in Petersburg schlecht ist – Du hättest hören sollen. Wie dem auch sei, Euer Theater wird niemals mehr nach Petersburg fahren – Gott sei Dank. Ich persönlich werde das Theater aufgeben, niemals mehr werde ich für das Theater schreiben. Für die Bühne kann man in Deutschland, Schweden, selbst in Spanien schreiben, aber nicht in Rußland, wo man Bühnenautoren nicht achtet, nach ihnen mit den Hufen ausschlägt und ihnen weder Erfolg noch Mißerfolg verzeiht. Dich tadelt man das erstemal im Leben, deshalb bist Du auch so empfindlich; mit der Zeit wird es schon gehen, und Du gewöhnst Dich daran ... Hier ist vortreffliches Wetter, warm und sonnig, die Aprikosen- und Mandelbäume stehen in Blüte. In der Karwoche erwarte ich Dich,

meine arme gescholtene Schauspielerin; ich warte immer, denke daran ... Schreib, wie lange Ihr alle in Petersburg seid. Schreib, kleine Schauspielerin. Ich bin gesund – Ehrenwort. Ich umarme Dich. – Dein Erzmönch.«

Für seine Frau schreibt Onkel Anton seine Stücke, wie immer in einem alten abgewetzten Ledersessel in seinem Haus. »Nirgendwo anders fällt mir etwas ein«, behauptet er schalkhaft. Und Stanislawskij führt diese Stücke im ›Moskauer Künstlertheater‹ in dem von ihm entwickelten bahnbrechenden Stil auf: weitab vom Virtuosen- oder Starwesen, lebensecht, milieugerecht, revolutionär realistisch im Gegensatz zum allgemein üblichen Bühnenschwulst der Jahrhundertwende.

Als Onkel Anton sich diesmal von uns verabschiedet, weiß ich noch nicht, daß ich ihn nicht mehr sehen werde:

Er fährt nach Deutschland, nach Badenweiler zur Kur.

Dort schwankt seine Stimmung von Tag zu Tag. »Ich bin schon quasi gesund«, schreibt er einmal meiner Mutter, und ein anderes Mal: »Du kannst Dir nicht vorstellen, wie die Sonne hier scheint – sie brennt nicht vom Himmel, sie streichelt uns förmlich.« Dann wieder klagt er über quälende Hitze und innere Unruhe, die ihn zum Aufbruch drängt. Für alle, die ihn kennen, gibt es keinen Zweifel: Anton Tschechow, der Dichter des Abschieds, wie sie ihn nennen, sieht sein eigenes Ende untrüglich voraus. – Am 15. Juli 1904 stirbt er.

Sein Haus bleibt so erhalten, wie es zu seinen Lebzeiten war. Seine Schwester, die streng-gütige ›Tante Mascha‹, betreut die Räume, die im Laufe der Jahre für Tausende zum Pilgerort werden.

Im Zweiten Weltkrieg besetzen deutsche Truppen die Krim. Sie respektieren den Namen Anton Tschechow; und sie achten sein Haus. ›Tante Mascha‹ erhält keine Einquartierung.

Mein kleiner Bruder Leo ist wieder gesund. Er läuft und springt wie meine Schwester Ada und ich. Nichts überschattet einstweilen die Jahre unserer Kindheit.
Papa – groß, schlank, passionierter Sportsmann und Jäger – lebt mit unserer schönen und grazilen Mama in vollkommener Harmonie. So stellt es sich uns Kindern dar. Erst später merke ich, daß Papa zu Hause ein ›kleiner Diktator‹ ist und Mama eine große Diplomatin, die still ausgleicht und immer wieder dafür sorgt, daß gelegentliche Auseinandersetzungen nie in unserer Gegenwart stattfinden.
Papa ist Ingenieur. Er baut Tunnels und Viadukte, eine Sache, die um die Jahrhundertwende in Rußland noch etwas Besonderes ist. Er organisiert unter anderem den Bau riesiger Tunnels im Kaukasus und ist in leitender Position an der Errichtung und Erweiterung der sibirischen Bahnlinien beteiligt. Dieses Spezialistentum wird Papa später in den Jahrzehnten politischer Wirren das Leben retten.
Meine ältere Schwester, mein kleiner Bruder und ich wachsen glücklich auf. Strafen kennen wir kaum. Unsere Eltern sind unerschütterlich geduldig. Das Schlimmste, was uns passiert, ist, daß wir im Sommer in einem Zimmer ruhig eine Weile auf dem Stuhl sitzen müssen, im Winter eine Zeitlang nicht Ski laufen dürfen oder unabhängig von den Jahreszeiten kein Dessert bekommen. Das allerdings trifft uns hart; denn Papa liebt gutes Essen, und der Nachtisch ist immer köstlich. Insgesamt aber sind selbst diese kleinen Zurücksetzungen selten; sie werden nur dann wirksam, wenn wir unsere Pflichten versäumen. Ordnung und Pflichtgefühl nämlich werden uns

Olga Tschechowa (ganz rechts) im Alter von acht Jahren mit ihren Geschwistern Leo und Ada.

schon früh anerzogen. So darf zum Beispiel das Personal nicht unsere Betten machen oder verstreute Spielsachen aufräumen. Das haben wir selbst zu tun. Nur unser Bruder ist davon ausgenommen: er ist ein ›kleiner Mann‹. Und ›Betten machen‹ ist nach landläufiger Auffassung ›Mädchenarbeit‹.

Aufregende und schöne Erlebnisse wechseln einander ab:

Am Tag vor meinem sechsten Geburtstag erzählt mir unser georgisches Kindermädchen Marija ein Abenteuer, das ich schon als Baby zu bestehen hatte. Heute, meint sie, ›nach so langer Zeit‹, werde ich es gefaßt anhören können:

Ich liege in einer niedrigen Schaukelwiege vor unserem Haus. Sie, Marija, soll mich bewachen. Sie schlummert selig ein.

Unser Koch ist im Gemüsegarten. Er wird plötzlich durch unsere Hunde aufgeschreckt; sie bellen und gebärden sich wie toll. Der kleinste, unser Dackel ›Framm‹, macht den größten Lärm und saust wie der Blitz am Koch vorbei in ein Gebüsch, in dem es jämmerlich kreischt.

Der Koch läuft ins Haus und holt ein Gewehr – wir wohnen im kaukasischen Urwald, in dem Waffen unentbehrlich sind –, er kommt wieder heraus und schießt einige Male in die Luft.

Jetzt wird auch die fest schlummernde Marija wach; sie reißt die Augen auf und schreit: »Die Olly ist gestohlen, das Kind ist weg!«

Oben: Die Eltern Olga Tschechowas. Der Vater ist Ingenieur und macht unter dem Zaren eine große Karriere. Er wird schließlich Minister für das Eisenbahnwesen.

Unten: Tante Mascha, *Schwester* Anton Tschechows, *verwaltet das Tschechow-Haus auf Jalta.*

Mama, das Personal und Gäste stürzen, vom Lärm alarmiert, entsetzt auf die Wiese vor dem Haus und reden wirr durcheinander. ›Framm‹ der Dackel behält als einziger einen ›klaren Kopf‹: Er läuft aus dem Gesträuch zurück auf den Koch zu und zerrt ihn an der Schürze wieder ins Gebüsch.
Der Koch erstarrt:
Ein Schakal läßt seine Beute fallen – ein jammerndes Baby, das nach georgischer Sitte wie eine Raupe in ihren Kokon eingewickelt ist: m i c h.
Der Schakal hat mich nur an meinen dick bandagierten Beinen erwischt. Er flüchtet. Der Koch schießt ihm nach; aber er ist zu aufgeregt.
Der Schakal entkommt.
Ich hänge wie gebannt an Marijas Lippen und kann kaum glauben, was sie mir da erzählt. Denn inzwischen haben meine Geschwister und ich uns mit Schakalen fast angefreundet, obwohl wir uns bei ihrem schauerlichen Geheul noch immer die Ohren zuhalten. Sie kommen in großen Rudeln bis dicht an unser Haus heran und fressen Abfälle aus der Müllgrube. Vom Fenster aus werfen wir ihnen Knochen zu und amüsieren uns über ihre Freßgier.
Natürlich wissen wir, daß sie – hungrig und zahlreich – gefährlich sind. Aber wir fürchten uns nicht vor ihnen – vielleicht deshalb nicht, weil wir im kaukasischen Urwald der Natur näher sind als andere. Zudem lassen unsere Eltern keine Gelegenheit aus, um uns klarzumachen, daß jede Kreatur nach ihren eigenen Gesetzen lebt.
Am Morgen meines sechsten Geburtstages wache ich verwirrt auf. Ich habe von lustig hüpfenden Kaninchen geträumt und bin ein wenig traurig, daß der Traum schon zu Ende ist. Mama beugt sich lächelnd zu mir hinunter, küßt mich, wünscht

mir alles Gute und gibt meinen Blick auf den Geburtstagstisch frei. Unter vielen anderen Geschenken sehe ich nur eins: zwei hellgraue Kaninchen in einem geräumigen Käfig. Die hoppeln wirklich, nicht nur im Traum. Unsere häusliche Menagerie hat also wieder einmal Zuwachs bekommen. Neben Hunden haben wir bereits: japanische Tanzmäuse, Meerschweinchen, Katzen, Tauben, einen kleinen Affen, einen Luchs, einen zahmen Wolf und einen jungen Bären.

Fröhlicher Mittelpunkt ist meist der Affe. Wenn es ihm gerade so einfällt, schwingt er sich auf den Kronleuchter und von dort weiter zur Gardinenstange; dann springt er einem Vorübergehenden plötzlich auf die Schulter und reißt ihn an den Haaren. Einmal in Laune, treibt er dieses Spiel stundenlang und quer durchs ganze Haus. Schließlich zieht er sich ermattet in seinen Käfig mit angewärmten Ziegelsteinen zurück, stülpt sich seine Bettdecke übers Fell und grinst uns freundlich an.

Manchmal fällt Trauer in die Fröhlichkeit mit unseren Tieren. Mischka zum Beispiel, der Bär, stirbt an seiner eigenen Gefräßigkeit: Zur Weinernte, bei der wir mit allen anderen Trauben in Körbe und Fässer sammeln, ist Mischka mit dabei. Er balgt sich mit den Hunden und nascht ›nebenbei‹ immer wieder von den Trauben. Abends bringen wir ihn in eine große Glasterrasse, in der auch die Meerschweinchen, die japanischen Mäuse und Kaninchen wohnen. Aber Mischkas Gier nach den süßen Trauben läßt ihn nicht ruhen. Er zertrümmert die Scheiben, trottet in den Weingarten und schlägt sich noch einmal den Bauch richtig voll. Mit bohrenden Leibschmerzen schleppt er sich zurück. Aber er schafft es nicht mehr bis zur Terrasse; er verkriecht sich in einer der Hundehütten auf dem Hof. Dort findet ihn Tuck, der Wachhund. Er reißt Mischka, sonst mit ihm befreundet, erbarmungslos: Für ihn ist der Bär in diesem Moment nichts weiter als ein böser Eindringling in ›sein Reich‹.

Auch der zahme Wolf muß eines Tages sterben, letztlich weil er – gezähmt ist: Seit Papa ihn krank im Wald gefunden und mitgebracht hat, wächst er mit unseren Hunden auf. Völlig unerwartet bricht eines Tages seine Raubtiernatur durch. Er fällt den Foxterrier beim Fressen an, verletzt ihn schwer, will sich noch auf den Gordon-Setter und schließlich sogar auf den Koch stürzen. Papa überwältigt ihn in letzter Sekunde und sperrt ihn in einen Käfig ein. Aber der Wolf beruhigt sich nicht. Im Gegenteil: An die ›Haft‹ nicht gewöhnt, tobt er nur um so mehr. Wir halten Familienrat und beschließen schweren Herzens, den Wolf dorthin zurückzubringen, wo ihn Papa fand und wo er, wie wir jetzt meinen, eigentlich auch hingehört: in den Wald. Unser Förster rät ab. Unter Menschen aufgewachsene Tiere werden, so belehrt er uns, von ihren Artgenossen nicht mehr angenommen. Das Leben des Wolfs ist im Wald nichts mehr wert; er will ihn ›besser gleich erschießen, das ist schmerzloser‹.

Meine Geschwister und ich protestieren – vor allem ich. Kindlich ahnungslos beschimpfe ich den Förster als ›grausamen Mann‹; ich werde ihn ›nie, nie mehr mögen‹.

Der Förster zuckt die Achseln und schweigt. Der Wolf kommt in den Wald zurück. Meine Geschwister und ich dürfen uns nicht von ihm verabschieden – er könnte auch uns anfallen. Wir weinen.

Am nächsten Tag bestätigt sich, was der Förster befürchtete: ›Unser‹ Wolf ist von seinen Artgenossen zerrissen worden.

Aufregende, schöne und verwirrende Erlebnisse wechseln einander ab – nicht nur mit Tieren:

Es regnet. Wir spielen unser Lieblingsspiel. Es kostet keine

Kopeke: Wir holen uns zwei große geflochtene Wäschekörbe aus der Kammer, dazu einen Besenstiel und ein Bettlaken. Das Laken wird zum ›Segel‹, der Besenstiel zum ›Mast‹; die Körbe werden zu ›Schiffen‹, mit denen wir auf ›Weltreise‹ gehen. Wir schleppen uns gegenseitig von Zimmer zu Zimmer, von einem Land ins andere: Das elterliche Schlafzimmer ist Frankreich, das Eßzimmer Schweden, unser Kinderzimmer der Orient, die Küche Dänemark, der Salon Belgien, Bad und Sauna sind Finnland, Billard und Bibliothek Deutschland, ein langer Korridor ist unser Suezkanal und die Diele das Rote Meer. Wir rollen die Teppiche ein und toben kreuz und quer durch die Geographie.

Papa erscheint.

Er kennt unser Spiel. Wir laden ihn ein, mitzureisen. Er zögert; denn er ist vor einiger Zeit vom Pferd gestürzt und kann noch nicht richtig gehen. Er muß einen Stock benutzen. Wir bitten ihn lieb und herzlich, trotzdem mitzutun, und versprechen ihm, ihn ganz besonders schonend ›zu fahren‹.

Papa läßt sich überreden. Wir freuen uns und atmen gleichzeitig auf: Solange wir ›auf Reisen‹ sind, wird Papa ein bestimmtes Thema sicherlich nicht ansprechen; und danach vergißt er es vielleicht völlig. Wir reden und reden atemlos und ohne Pause. Selbst wenn er es gewollt hätte, wäre er nicht zu Wort gekommen.

Wir sind mit ihm bereits zum zweitenmal ›im Orient‹ – und das bestimmte Thema ist bis jetzt erfolgreich ›umschifft‹ worden.

Da wird unsere Reise ein wenig abrupt unterbrochen:

Unsere Gouvernante meldet, daß angerichtet ist. Dabei macht sie ein Gesicht, als würde es ihr schwerfallen, nicht noch etwas anderes, ›enorm Wichtiges‹, zu sagen . . .

Wir starren sie drohend an. Sie schluckt indigniert und – schweigt.

Bei Tisch plaudern Papa und Mama über dieses und jenes. Wir werfen uns verstohlene Blicke zu. Papa scheint ›das Thema‹ wirklich zu vergessen. Leo, den es noch mehr als mich betrifft, lächelt schon glücklich ...

In diesem Moment – zwischen Suppe und Hauptgericht – erscheint die Gouvernante erneut; sie schwenkt unübersehbar drei gleich große Bogen in den Händen – unsere Zeugnisse, das ›bestimmte Thema‹.

Wir zucken zusammen.

Die Gouvernante reicht ›die Papiere‹ honigsüß lächelnd Papa. Papa dankt ihr und beginnt zu lesen. – Er strahlt.

Wir sehen uns verblüfft an: Wenn er strahlt, kann es sich nur um das Zeugnis meiner ältesten Schwester handeln. So ist es denn auch. Papa lobt unsere Musterschülerin und verspricht ihr auf der Stelle eine goldene Uhr. Dann liest er weiter.

Seine Züge verdunkeln sich – aber noch nicht allzusehr. Dann ist es mein Zeugnis, vermuten wir. Denn in Rechtschreibung und Biologie habe ich immerhin noch erträgliche Noten nachzuweisen ...

Jetzt müßte dann das Gewitter kommen. Und es kommt:

Papa ›studiert‹ Leos Zeugnis. Leo, unser Kleinster, einziger Sohn im Hause, Papas Stolz und seine stille Hoffnung, in ihm einen würdigen Nachfolger als Techniker heranwachsen zu sehen – Leo ist schon jetzt musikalisch phänomenal begabt, aber ein Mathematiker, ein Ingenieur wird er nie. Seine Zeugnisse beweisen es – und dieses ganz besonders.

Papas Enttäuschung entlädt sich in einer Explosion, in einem jener seltenen Wutanfälle, die wir Kinder mitbekommen. Wirkung und Auswirkung sind gewaltig:

Papa erhebt sich zornbebend zu seiner ganzen Größe und greift zum Stock.
Der kleine Leo sieht sich schutzsuchend um, steht mit ängstlich geweiteten Augen auf und geht Schritt um Schritt zurück. Er wartet neben Mama und sieht Papa bittend an. Aber mein Vater kennt diesmal keinen Pardon. Einmal, ein einziges Mal, solange ich denken kann, verläßt ihn seine Beherrschung: Er holt aus. Der Stock saust durch die Luft und – trifft meine Mutter hart auf die Schulter, denn der kleine Leo ist wieselflink unter den Tisch geflüchtet.
Mama bricht unter der Wucht des Schlages mit einem kleinen spitzen Schrei ohnmächtig zusammen.
Tableau! – Das hat es bei uns noch nicht gegeben!
Papa steht starr wie eine Salzsäule. Großmama fuchtelt mit einem Riechfläschchen vor Mamas Nase herum. Meine Schwester heult hemmungslos. Und ich – ich stürze auf Papa zu und fahre ihn an: »Du wirst dich bei Mama entschuldigen! Sofort! Und vor uns allen!«
Daß meine immer noch ohnmächtig liegende Mama diese Entschuldigung gar nicht wahrgenommen hätte, ist mir gleichgültig. Ich komme mir mutig und sehr gerecht vor.
Nicht mehr lange.
Papa holt erneut aus.
Ich spüre einen Schlag ins Gesicht; keinen richtigen Schlag eigentlich, mehr einen ›Hauch von Ohrfeige‹. Aber auch der genügt, um mich vollends aus der Fassung zu bringen: Eine Welt, eine schöne heile Welt bricht in mir zusammen.
»Ich springe aus dem Fenster!« schreie ich verzweifelt.
Papa schüttelt den Kopf; er nimmt mich nicht ernst.
»Du wirst es sehen!« fauche ich ihn an, stürze hinaus, renne die Treppe zum ersten Stockwerk hoch, reiße die Tür zum

Kinderzimmer auf, zerre am Fenster und – springe ... Zwei, drei Sekunden bin ich wie betäubt. Ich merke noch, daß ich merkwürdig weich ›gebremst‹ werde. Dann verliere ich die Besinnung.

Mein Vater findet mich in einem Heuhaufen, der Schlimmeres verhindert hat: eine harmlose Nierenprellung, eine leichte Gehirnerschütterung, 14 Tage Bettruhe – das ist alles, vom ›Schmerzensgeld‹ abgesehen, einer goldenen Uhr, wie meine Schwester sie bekommen hat.

Papa entschuldigt sich nachträglich bei Mama. Wenig später herrscht wieder Harmonie: Papa und Mama spielen vierhändig Klavier. Meine Geschwister und ich lauschen andächtig. Unsere Welt ist wieder heil und schön. Einstweilen ...

Papa und Mama spielen gern Beethoven und Tschaikowskij. Tschaikowskij vor allem. Mama kennt ihn.

Peter Iljitsch Tschaikowskij war Mamas erste Jugendliebe. Auch er liebte sie. Briefe gingen hin und her und lassen diesen Rückschluß zu. Aber er liebte sie wohl ein wenig anders als von Mama ursprünglich erhofft, mehr geistig-seelisch, als mitfühlende Gesprächspartnerin.

Er heiratete nicht sie, sondern die Tochter einer befreundeten Familie; und das auch nur auf Wunsch und Drängen seiner eigenen Familie.

Die Hochzeit war pompös, das Zusammensein kurz.

Peter Iljitsch Tschaikowskij verließ schließlich seine Frau für immer, ohne sich von ihr scheiden zu lassen. Er lebt seither ruhelos in verschiedenen Orten Rußlands, dirigiert im Ausland, mischt in seinen Kompositionen nationalrussische und westlich orientierte Impulse und begründet die große russische Ballett-Tradition.

Seine Beziehungen zu Frauen indessen – in späteren Roma-

nen und Filmen sentimental und romantisch verlogen ausgesponnen – bleiben bis zu seinem Lebensende mehr oder weniger auf Briefe beschränkt. Seine Abneigung ist unüberwindlich.
Gleichwohl hindert das die Frauen nicht, immer wieder seine Freundschaft zu suchen:
Mit Frau von Meck korrespondiert er fast täglich; er offenbart ihr nahezu rückhaltlos seine künstlerische Persönlichkeit, von der Mama einmal sagt, daß in seiner Musik die ganze Zwiespältigkeit seiner Seele zu ahnen sei. Und Frau von Meck unterstützt Tschaikowskij vier Jahre in jeder Beziehung, auch finanziell, ungewöhnlich großzügig. Aber – gesehen haben sie sich nie ...
Auch Mama hatte von Tschaikowskij Briefe bekommen, viele Briefe; in allen kehrt seine tiefe Verehrung für Beethoven wieder.
Papa und Mama enden mit der Mondscheinsonate.
Es ist spät geworden. Wir müssen ins Bett. Mama spricht mit uns das Nachtgebet. Auch diese Stunde gehört zu unserem ›Wunderland Kindheit‹. Jeden Abend möchte ich, daß Mama noch etwas länger bei uns bleibt. Und jeden Abend lasse ich mir dazu etwas einfallen, erfinderisch wie jedes Kind, wenn es darum geht, eigene Wünsche durchzusetzen: Mein Gebet schließt immer mehr Onkels, Tanten, Bekannte und Freundinnen ein, die der liebe Gott gnädig behüten möge. Als dann wirklich niemand mehr übrigbleibt, kommen die Tiere dran, zunächst unsere eigenen, danach alle anderen, die ich gesehen oder von denen ich irgendwann einmal gehört habe. Mama lächelt nachsichtig. Natürlich durchschaut sie meinen Trick. Aber sie läßt sich's nicht anmerken.
Die Liebe zu Tieren und zur Natur ist uns in die Wiege gelegt

worden. Stundenlang streife ich in benachbarten Gärtnereien herum. Mama liebt Veilchen; ich hole sie ihr, sooft ich kann, und dehne dabei meine Erkundungen aus, wann immer es geht. Bäume, Blumen, seltene Gräser, graziöse Schmetterlinge, Bienen und Ameisen sind mir dankbare ›Studienobjekte‹; und die Harmonie der Farben prägt meinen Sinn für Schönheit und Ästhetik ebenso wie meine Abneigung gegen alles Grelle und Laute.

Neben den Gärtnereien sind die Berge mein bevorzugtes ›Revier‹. Ich lausche den Einheimischen, wenn sie ihre alten Sagen und Legenden erzählen; meine Phantasie entzündet sich.

Und ich lerne von ihnen, wozu und vor allem wogegen Beeren, Pflanzen und Kräuter gut und nützlich sind. ›Gegen jede Krankheit ist ein Kraut gewachsen‹, sagen mir die alten Bauern. Ihre Apotheke ist die Natur, damit bleiben sie gesünder als andere.

Es kann kaum ausbleiben, daß ich Ärztin werden möchte. Der Wunsch bleibt unerfüllt. Aber mein Sinn für natürliche Kosmetik ist ganz sicher in den kaukasischen Bergen entwikkelt worden.

Zwei Erlebnisse durchschneiden schmerzhaft mein ›Wunderland Kindheit‹.

Ich beobachte in einer Gärtnerei, die ich als ›Veilchenlieferantin‹ für Mama besonders bevorzuge, eine dicke Hummel; sie summt schwerfälliger als die temperamentvollen Bienen von Blüte zu Blüte, aber beruhigender und wohl auch schöner mit ihrem seidigen, samtenen Pelz. Ihre gutmütige Geschäftigkeit fasziniert mich.

Ich merke nicht, daß sich jemand nähert.

Erst als ein Schatten auf die Blüten und die Hummel fällt, sehe ich auf. Vor mir steht der alte Gärtner – klein, geduckt,

mit wild wucherndem Bart und spitzem Gesicht, das wandelnde Modell eines Gartenzwerges. Ich kenne ihn. Ich kenne auch sein leicht verblödetes Lächeln. Ich nicke ihm zu. Er reagiert nicht, starrt mich nur an . . .
Für einen Moment erschrecke ich über den Ausdruck seiner Augen. Ich zwinge mich, ruhig zu bleiben.
»Schauen Sie, die hübsche Hummel«, sage ich freundlich-gelassen.
»Hübsch, jaja, sehr hübsch«, grinst der Alte und stiert mich glasig an.
Ich will weglaufen. Aber der Gärtner ist unerwartet schnell und – kräftig. Er packt mich, reißt mich in seine Arme und küßt mich ab.
»Du bist hübsch, Olly«, stöhnt er und preßt mich, daß mir der Atem wegbleibt.
Ich beiße ihm in die Hand und spucke ihn an.
Er schreit vor Schmerz und lockert seine Umarmung. Ich kann entkommen.
Der erste Kuß eines fremden Mannes bereitet mir Ekel. Männliche Zärtlichkeiten sind mir zuwider. Noch . . .
Selbst Papas Liebkosungen kosten mich Überwindung: Seine Küsse riechen nach Tabak, und sein Bart kitzelt. Beides stört mich entschieden. Vorerst jedenfalls . . .
Auch das zweite Erlebnis kommt wie ein Blitz aus wolkenlosem Himmel:
Onkel Genja, wie wir Kinder ihn nennen, ist bei der Armee. Er sieht genauso aus, wie wir uns einen Offizier vorstellen: groß, schlank, sportlich, dabei gut erzogen und fröhlich. Wir kennen Onkel Genja nur lustig und lachend. Er spielt mit uns in den beiden Wäschekörben noch toller und ausdauernder ›Weltreise‹ als Papa.

Onkel Genja kommt mit Papa vom Ausreiten zurück. Er ist mit Papa und Mama seit langem befreundet.
Mama ist an diesem Nachmittag nicht mitgeritten. Sie erwartet Gäste und kümmert sich um die Vorbereitungen für den Tee und den musikalischen Vortrag: Sie selbst wird mit Papa und Onkel Genja musizieren. Für den literarischen Teil rechnet sie mit Olga Knipper-Tschechowa, Tschechows Frau, die zugesagt hat, eine unbekannte Erzählung Tschechows zu lesen.
Papa und Onkel Genja treffen etwas verspätet ein; sie entschuldigen sich bei Mama: Sie werden sich mit dem Umziehen beeilen.
Die ersten Gäste stehen schon plaudernd in der Halle; unter ihnen, wie immer, Verehrer Mamas.
Mit einem kleinen spöttischen Seitenblick auf die galanten Herren sagt Papa:
»Ich liebe dich als Komet, aber – deinen Schweif mag ich weniger.«
Für eine Sekunde ist Mama betroffen. Wechselnde Verehrer in größeren oder kleineren Gruppen gehören zu ihrem Leben, seit sie denken kann. Ihr ist nie in den Sinn gekommen, diesen ›Schweif‹ ernst zu nehmen. Auch Papa nicht. Im Gegenteil: Daß Mama Bewunderer hat, macht ihn stolz.
Warum also plötzlich diese Bemerkung, warum dieser bittere Unterton?
Papa wird in Kürze nach Petersburg versetzt werden. Mama und wir Kinder werden nicht gleich mit ihm reisen. Mama wird den Haushalt auflösen und dann mit uns zunächst nach Moskau fahren. Dort sollen wir uns akklimatisieren, bevor wir endgültig nach Petersburg gehen. Mama wird also von Papa fast ein Jahr getrennt sein.
Fürchtet er die Verehrer in Moskau?

Onkel Genja wischt diesen Gedanken weg: Er lacht sein helles, jungenhaftes Lachen über Papas Bemerkung vom Kometen und dessen ›Schweif‹.
Als Papa, Mama und Onkel Genja dann miteinander musizieren, ist von der Spannung nichts mehr zu spüren. Sie spielen harmonisch wie immer.
Später – Olga Knipper-Tschechowa hat Tschechows Erzählung inzwischen gelesen – ist Papa wieder so, wie die Freunde ihn kennen: höflich und ausgeglichen. Und als Mama einen Augenblick nicht von Gästen umringt ist, flüstert er ihr etwas zu, was er immer dann sagt, wenn er sie nach einer kleinen Verstimmung wieder fröhlich sehen möchte: »Je t'aime, ma fleur d'amour ...«
Mama lächelt glücklich. Papa widmet sich den Gästen.
Es fällt ihm nicht auf, daß wenige Minuten später Mama und Onkel Genja nicht im Salon sind.
Mama ist auf dem Weg in die Küche. Sie will dem Personal noch einige Anweisungen geben. Onkel Genja folgt ihr und bittet sie, ihn anzuhören.
»Es muß jetzt sein, die Sache leidet keinen Aufschub«, sagt er eigenartig betont.
Sie gehen zur Terrasse. Dort können sie ungestört sprechen. Onkel Genja schlägt Mama vor, ›jetzt endgültig die Konsequenzen zu ziehen‹.
Mama versteht nicht.
»Sie dürfen nicht fahren«, sagt Onkel Genja; er ist so ernst und eindringlich, wie Mama ihn noch nie erlebt hat. »Bleiben Sie, Madame! Bleiben Sie mit Ihren Kindern hier, hier in Ihrer Heimat. Nur hier sind Sie – glücklich. Ich weiß es!«
Mama schweigt verwirrt.
Onkel Genja nimmt dieses Schweigen als Zustimmung.

»Ihre – Scheidung hat keinerlei Eile«, fährt er fort, »ich kann warten. Ich warte gern, wie bisher auch, wenn ich weiß, daß Sie bleiben. Ich liebe Sie, Madame. Sie wissen es. Und ich liebe Ihre Kinder. Auch das sollen Sie wissen ...«
Nur einen Augenblick sieht Mama Onkel Genja betroffen an. Dann – lacht sie. »Aber Genja«, sagt sie und lacht weiter, als könne sie unmöglich ernst nehmen, was sie da eben gehört hat. »Aber Genja«, wiederholt sie – noch immer lachend und mit einer Geste, als wollte sie hinzufügen: ›Was ist denn Ihnen plötzlich eingefallen, Sie großer unvernünftiger Junge ...?‹
Dann wendet sie sich um und geht ins Haus zurück.
Onkel Genja sieht ihr mit leerem Blick nach. Er hat jetzt etwas von einem ›großen unvernünftigen Jungen‹, von einem Jungen, der noch nie so gedemütigt wurde wie in dieser Sekunde.
Zwei Tage später bringt Onkel Genjas Bursche für Mama Blumen und ein kleines versiegeltes Päckchen. In dem Päckchen ist ein Brief, ein Ring und – durch ein Kettchen mit dem Ring verbunden – eine Pistolenkugel.
Onkel Genja hat sich erschossen.
In unsere Erinnerung an Onkel Genja mischt sich jetzt – Haß. Er ist schuld daran, so meinen wir, daß Mama zusammenbricht, für viele Wochen seelisch krank ist und erst sehr viel später wieder lachen kann ...
Papa dagegen denkt über Onkel Genja anders als wir Kinder. »Ich verstehe schon«, sagt er eines Tages nachdenklich zu Mama, »daß sich jemand deinetwegen das Leben nimmt ...«

Eleonora Duse ›entdeckt‹ mich

Mit fünf Jahren bin ich in Moskau.
Onkel Genja ist vergessen. Auch für Mama. Sie hat wie im Kaukasus sehr bald wieder ihren wachsenden Kreis an Bekannten, Freunden, Verehrern und Bewunderern, ohne daß ihre Liebe zu Papa dadurch auch nur eine einzige Minute gefährdet wird.
Wir Kinder sind das unerschütterliche Fundament dieser Ehe.
Ich stehe auf dem Roten Platz, dessen Name bis ins 16. Jahrhundert auf das grausame Regiment Iwan des Schrecklichen zurückreicht. Ich sehe den Hinrichtungsblock, auf dem die von Iwan bekämpften aristokratischen Bojaren ihr Leben lassen mußten; ihr Blut färbte den Platz rot . . .
Ich bestaune den Kreml und die fünftürmige Basiliuskathedrale, zu der sich Iwan einen unterirdischen Gang graben ließ, um von allem abgeschieden und in sich gekehrt zu beten. Wie dieser grausamste aller Zaren noch beten konnte, nachdem er seinen eigenen Sohn im Jähzorn tötete und Tausende durch ihn starben, bleibt meiner kindlichen Phantasie verschlossen.
Ich habe auch nicht mehr allzuviel Zeit, darüber nachzudenken; denn in gewisser Weise beginnt für mich in Moskau der ›Ernst des Lebens‹: Ich komme in die Schule, in eine Art Vorschule, einer Mischung zwischen Kindergarten und Gymnasium. Als erstes lernen wir Schach spielen und somit sofort logisches Denken.

Moskau ist für mich diesmal nur eine zeitlich begrenzte ›Durchgangsstation‹. Als wir nach Petersburg, genauer nach Zarskoje Sselo, in die Residenz, umsiedeln, ahne ich noch nicht, daß ich in einigen Jahren nach Moskau zurückkehren werde, und daß dann wirklich der Ernst des Lebens auf mich wartet.
Papa macht im Verkehrsministerium in Petersburg schnell Karriere. Mit knapp vierzig ist er ›Exzellenz‹ – in meinem Jugendpaß steht ›Tochter des Wirklichen Geheimen Staatsrates‹ –, wenig später ist er Chef der südrussischen Eisenbahnen, dem für seine Inspektionsreisen ein eigener Salonwagen zur Verfügung steht.
Zur Karriere gehören Orden. Wer Orden bekommt, muß sich am Jahresende nicht nur den ›Materialwert‹ von seinem Gehalt abziehen lassen (etwa 40 Rubel, viel Geld), er muß sich selbstredend bei Seiner Majestät dem Zaren auch bedanken. Eines Tages ist es wieder soweit. Papa ist bei Seiner Majestät zur Audienz zugelassen, hof-fein, in ›Paradeuniform‹: weiße Tuchhosen mit Goldtressen, dunkelblauer Rock mit goldbesticktem Kragen, Dreispitzhut mit Gold und weißen Federn und als Waffe ein Säbel. Papa prüft vor dem Spiegel ›den Sitz‹, Mama bürstet eine Fussel vom Rock, glättet eben noch eine Falte – und meine Geschwister sehen stolz und staunend zu. Papa dreht sich ein letztesmal kritisch vor dem Spiegel um sich selbst.

Oben: Der Dichter Anton Tschechow, *Onkel Olga Tschechowas und Hausarzt der Familie.*

Unten: Leo N. Tolstoi *ist – wie viele prominente Dichter und Komponisten – oft bei den Eltern Olgas zu Gast.*

»Es ist alles in Ordnung«, beruhigt ihn Mama.
Es herrscht feierliches Schweigen.
Mitten in die andachtsvolle Stille hinein gluckse ich plötzlich los: »Aber Papa . . .«
»Ja?« Papas Stirn legt sich in Falten.
»Du siehst ja aus wie ein Clown . . .«
Zack . . .! wieder spüre ich einen ›Hauch von Ohrfeige‹.
Diesmal springe ich nicht aus dem Fenster. Ich mache erst gar nicht den Versuch. Trotzdem bin ich nicht weniger verwirrt als im Kaukasus; denn ich habe Papa noch nie so ›bunt‹ gesehen. Ich weiß, daß das nicht zu ihm paßt; er hält nichts von Äußerlichkeiten, Titeln, Prädikaten und erblichem Adel. Das habe ich von ihm geerbt.
Mehr unbewußt, aber doch schon treffend merke ich, daß dieser ›Aufzug‹ im Widerspruch zu seinem eigentlichen Wesen steht – und zu unserer Erziehung.
Warum also die Ohrfeige?
›Clown‹ hätte ich vielleicht nicht sagen dürfen, denke ich mir. Und ich entschuldige mich.
Papa ahnt wohl, was in mir vorgeht. Er winkt lächelnd ab.
Im übrigen sind unsere Jahre in Zarskoje Sselo, der verträumten Residenzstadt bei St. Petersburg, ähnlich aufregend, schön und erlebnisreich wie im Kaukasus.
Auch hier gibt es viel zu sehen – wenn auch in anderer Weise: Schlösser, die zu Zeiten Katharinas der Großen entstanden sind und in denen sie selbst oder ihre reihum wechselnden Günstlinge wohnten; eine pompöse ›Schwimm-Badewanne‹

Olga Knipper-Tschechowa, *Frau Anton Tschechows und bedeutende Moskauer Bühnenkünstlerin, übt einen lebensbestimmenden Einfluß auf ihre Nichte aus.*

der Zarin, die keinerlei Konkurrenz zu modernen Swimmingpools zu scheuen braucht: eine runde, in einen riesigen Granitfelsen gemeißelte Wanne, fünf Meter im Durchmesser, zwei Meter tief und von unten erhitzt; ein kleines Palais für intime Feste, in seiner raffinierten Innenarchitektur erstaunlich ›modern‹: Da gab es Eßtische, die durch Öffnungen aus dem Keller in den Salon gehoben wurden; das Personal bediente mit Hilfe kleiner Fahrstühle aus dem ›Untergrund‹ und ausgesprochen individuell: Die Gäste schrieben ihre Wünsche auf, die ›notierten Bestellungen‹ wurden im Keller umgesetzt und als fertige Speisen wieder nach oben geschickt. Nach beendetem Mahl verschwanden die Tische samt Geschirr im Boden, statt dessen tauchten Spieltische auf.
Neben diesen Schlössern sehen wir Museen und Galerien: Gemälde von Schichkin und Pasternak mit ihrer Vorliebe für stille Wälder, Bären, Blumen und das Meer; Rubens, der für meinen Geschmack zu üppig und ›zuviel Fleisch‹ malt; und ein Bild – ›Die neunte Welle‹ –, an dem ich mich nicht satt sehen kann:
Vor trist graublauem Himmel ein sinkendes Schiff im Meer, daneben in einem kleinen Ruderboot Passagiere, Schiffbrüchige, die einen gewaltig anrollenden Brecher erwarten. Jede ›neunte Welle‹, heißt es, ist die höchste. Meine Phantasie malt den ›nächsten Akt‹ des Bild-Dramas: die Schiffbrüchigen werden überspült . . .
Meine Phantasie ›malt‹ in Zarskoje Sselo überhaupt viel, wuchert aus, kennt kaum Grenzen:
Ich gewöhne es mir an, vor dem Schlafengehen sämtliche Schnittblumen im Hause in einen Raum zu tragen, damit sie nachts einander näher sind. Ich beschäftige mich nicht nur intensiv mit den ›Blumenseelen‹, deren Sprache ich zu ver-

stehen glaube, ich schreibe auch mein erstes ›literarisches Werk‹, das, wie kann es anders sein, ›Die ewige Liebe‹ heißt. Meine Hauptakteure sind eine Tulpe und eine Lilie, die sich in einem gemeinsamen Strauß am Krankenbett kennen- und liebenlernen. Als die Kranke, ein junges Mädchen, stirbt, wird ihr die Lilie in den Sarg mitgegeben – die Tulpe welkt vor Kummer und Sehnsucht nach der verlorenen Freundin dahin ...

Ich streite mich allen Ernstes darüber, wie Elfen leben. Für mich sind sie jedenfalls Wesen, die bei Nacht in den Kelchen der Blumen schlafen, und Beweis genug scheint mir, daß Blüten auf Wiesen und in Wäldern sich bei Sonnenuntergang schließen.

Ich fühle mich auf einem alten Friedhof besonders zu einem Grab hingezogen, das von buschigen Zypressen umrankt und von wilden Himbeersträuchern fast zugedeckt ist. Die Himbeeren sind reif und hängen wie satte Blutstropfen an den Büschen. Ich sitze auf der halb verfallenen Grabplatte, vertiefe mich in den Anblick der ›Blutstropfen‹ und sehe wirre Bilder einer schrecklichen Schlacht vorüberziehen.

Später erfahre ich, daß ich hier vergangene Geschehnisse nachgeträumt habe: Der Friedhof war, wie alte Chroniken berichten, einst Ort solch einer Schlacht gewesen ...

Jahrzehnte später entdecke ich überhaupt erst meine Anlage und meinen Sinn für Parapsychologie und Telepathie:

Ich höre meiner Tochter verständnisvoll zu, wenn sie mir von lila Seen, roten Bergen, gelben Bäumen und von Pferden erzählt, die sie mit buntem Wasser getränkt hat. Ich bin sicher, daß meine Tochter und ich nicht nur blutsverwandt sind, sondern, daß wir uns auch seelisch und geistig schon lange aus einem früheren Leben in der geistigen Welt kennen ...

Ich ›sehe‹ nach Beginn des Zweiten Weltkrieges eines Nachts,

wie Churchill und Stalin sich in einem Ruderboot um das Steuer streiten ...
Ich bin davon überzeugt, daß dieses ›Gastspiel‹ hier auf Erden nicht mein erstes und nicht mein letztes sein wird ...
In Zarskoje Sselo, als Kind, ist das alles in mir noch unausgereift; da sind es Träume, die Gestalt und Gestaltung suchen: Ich möchte malen, zeichnen und modellieren. Obwohl ich handwerklich nicht vorgebildet bin, gelingt mir einiges. Ich bekomme privaten Unterricht.
»Warum soll sie nicht Malerin werden?« meint Mama.
Aber wie das so oft bei begabten Dilettanten ist: Ich kann alles – und nichts. Ich habe einfach nicht die Ausdauer, konsequent zu arbeiten. Meine Ideen ›überrennen‹ mich ...
In diese Zeit des ›inneren Aufbruchs‹ fällt ein Ereignis, das für meine berufliche Entwicklung wahrscheinlich ein erstes Zeichen setzt:
Eleonora Duse gastiert in St. Petersburg.
Eine Sensation – nicht nur für die Presse. Die weltberühmte italienische Tragödin steht auf dem Zenit ihres Ruhms. Für ihre Ausdruckskraft und Empfindungstiefe braucht sie keine großen Gesten und lauten Töne; sie verzichtet auf das gängige Bühnenpathos der Zeit, gibt jeder Rolle ihr eigenes Gepräge und wirkt von innen her. Sie ›leuchtet‹, auch wenn sie nur ›einfach dasteht‹ und kein einziges Wort spricht. Sie spielt – zierlich, grazil, feinnervig, mit wunderbaren Augen und schmalen Händen – die Frauengestalten von Hauptmann, Ibsen, Maeterlink, Sardou, Tschechow, Dumas und Annunzio, dem sie auch persönlich nahesteht.
Und die Duse kommt, mit meiner Tante Knipper-Tschechowa vom Stanislawskij-Theater bekannt, in unser Petersburger Haus. Sie sieht mich an, streicht mir mit den Händen übers

Haar und sagt leise: »Du wirst bestimmt einmal Schauspielerin werden, mein Kleines ...«
Ich fange an zu weinen, ohne zu wissen, warum. Ich kann die Tränen einfach nicht aufhalten.
»Warum weinst du?« fragt die Duse, »hast du denn Angst, Schauspielerin zu werden? – Du wirst das einmal können: nackt über die Bühne gehen ...«
Ich nehme das wörtlich und weine noch mehr: ›... nackt über die Bühne‹! Nicht einmal die Trapezkünstlerinnen im Zirkus sind ›ganz nackt‹.
Später weiß ich, was die Duse meint. Da ist es mir ganz selbstverständlich, alle Hemmungen abzustreifen und mich vor dem Publikum immer wieder neu ›seelisch auszuziehen‹.
Meine Tante Olga Knipper-Tschechowa trifft die Duse während eines Gastspiels des Stanislawskij-Theaters in Amerika wieder. Es ist Anfang der zwanziger Jahre, nach der Bühnenpause, die sich die große Tragödin selbst auferlegt hat. Die Duse ist nicht nur äußerlich gealtert. Sie ist in der ›Neuen Welt‹ alles andere als glücklich. Der Lärm, den geschäftstüchtige Tournee-Manager um sie machen, zehrt an ihrer Kraft.
Sie stirbt 1924 in Pittsburgh (Pennsylvania).
Zeitweise wohnt auch der Komponist Alexander Glasunow in unserem Haus. Hier kann er, wie er selbst sagt, »in innerer Ausgeglichenheit« komponieren – offenbar im Unterschied zu seinem eigenen Zuhause. Ich erlebe ihn oft stark betrunken. Er braucht den Alkohol, beteuert er immer wieder – und tatsächlich scheint er im trunkenen Zustand noch intensiver als sonst in der Musik aufzugehen. Wie gehetzt eilen dann seine Finger über die Tasten des Flügels, um zwischendurch immer wieder nach Stift und Notenheft zu langen, wo sich die ersten Versuche eines neuen Werkes in Tinte niederschlagen.

Überhaupt haben meine musikliebende Mama und unser Heim mit seinem stets einwandfrei gestimmten Flügel im großen Wohnraum eine enorme Anziehungskraft auf Musikkünstler. Die gehen bei uns im wahren Sinne des Wortes ein und aus. So kommt unter vielen anderen auch Sergei Rachmaninow oft und oft zu Besuch, dessen schöne Hände mit den überlangen, unglaublich beweglichen Fingern mich merkwürdig faszinieren.

Unauslöschbar aber wird der Dichter Leo Nikolajewitsch Tolstoi in meiner Erinnerung bleiben. Einmal bin ich auf seinem Gut Jasnaja Poljana zu Gast. Es ist herrlich, mit ihm durch Wiesen und Wälder zu wandern und ihm zuzuhören. Und was das Schönste ist: Er spricht mit mir wie mit einem Erwachsenen. Zum ersten Male habe ich das Gefühl, ganz richtig ernst genommen zu werden. In Wirklichkeit freilich bin ich wohl noch zu jung, um alles, was er sagt, zu verstehen. Aber soviel begreife ich: Er haßt die Intoleranz und den Krieg, wie immer der auch begründet sein mag. Einmal bleibt er auf einem unserer Spaziergänge ganz unvermittelt stehen, sieht mich ernst und durchdringend an, als erfülle ihn eine tiefe Sorge, und meint schließlich in ungewohnt forderndem Ton: »Du mußt den Krieg hassen und die, die ihn machen.«

Ich werde später noch oft an ihn denken ...

Einige Wochen nach dem Besuch der Duse in unserem Haus sehe ich Anna Pawlowa; sie tanzt ›Der sterbende Schwan‹, das noch heute weithin bekannte Ballett, das sie in allen Erdteilen weltberühmt gemacht hat.

Die Pawlowa tanzt ...

Das ist ein Zauberwort, dessen Wirkung unbeschreiblich und in unserer heutigen, sachlich betonten Zeit kaum noch nachfühlbar ist. In ganz Rußland werden Statuettchen von ihr verkauft; ihre Beine sind hoch versichert; sie ist mit dem bekannten Bildhauer Fürst Trubetzkoi verheiratet, der sie oft modelliert und so ihren Ruhm noch erhöht – das alles wissen wir schon als Kinder. Und jetzt *sehen* wir sie!

Sie entführt uns in eine andere Welt; sie *ist* ein ›sterbender Schwan‹.

Erst später höre ich, welch bedeutenden Anteil Sergej Diaghilew, Meister des Balletts, in dem die Pawlowa seit 1909 tanzt, an der Entwicklung dieser begnadeten Tänzerin hat:

Er strebt danach, Tanz, Musik und bildende Kunst im Ballett zu verschmelzen; und die Pawlowa hat die Gabe, diese Synthese tänzerisch in höchster Vollkommenheit zu bringen.

Zu Gast beim Zaren

Die Duse ... Anna Pawlowa ... Höhepunkte in unserem Leben in Zarskoje Sselo, das auch sonst reich und farbig an kindlichen Erlebnissen ist:

Papa kommt meist am Spätnachmittag aus seinem Ministerium im nahen Petersburg nach Hause. Punkt 18 Uhr treffen wir uns zur Hauptmahlzeit bei Tisch. Am Montag, Mittwoch und Freitag sprechen wir russisch, am Dienstag englisch, am Donnerstag, Sonnabend und häufig auch Sonntag nur französisch. Nach dem Essen, gegen 19 Uhr, gehören uns die Eltern eine Stunde allein. Wir sitzen in der Bibliothek, und Papa und Mama erzählen oder lesen vor – von Forschungsreisen, vom Weltall, von der Natur ... Die Themen sind unerschöpflich.

Im übrigen dürfen wir toben, rudern, schwimmen, reiten, Tennis und (als Mädchen!) sogar Fußball spielen. Nur unsere Pflichten vergessen – das dürfen wir nicht.

Seit meine Schwester und ich zur Schule gehen, gibt es bei uns eine Hausordnung, die zu Pünktlichkeit und Disziplin erzieht, obwohl oder gerade weil im Haus eine halbe Kompanie ›dienstbarer Geister‹ beschäftigt ist. Auch in den Ferien sind wir von diesen kleinen Pflichten nicht entbunden. So hat unsere Küchenmamsell zum Beispiel jeden zweiten Sonntag frei; der Speisezettel ist dann Sache meiner Schwester und mir. Glücklicherweise haben wir Kochbücher; sonst müßten wir vor der komplizierten Kochkunst, die im kaiserlichen Rußland beim Adel und im Großbürgertum üblich ist, kapitulieren. Unsere Familie ist groß, die Gäste sind kritisch – und ein Essen ohne mehrere Vorspeisen, Hauptgänge und reichliches Dessert gibt es einfach nicht. Wir müssen also unsere Küchentalente mit viel Phantasie entfalten.

Immerhin: Erleichterung bringt uns unsere ›Tiefkühltruhe‹ (fast alle Bauern und Gutsbesitzer im alten Rußland haben sie): Im Park oder Garten ist die Erde ausgehoben, etwa zwei Meter tief und einen Meter breit. Seit November, seit Seen, Flüsse und Tümpel zugefroren sind, ist von dort Eis mit dem Schlitten brockenweise in die Grube gefahren worden und – mit Strohlagen dazwischen – sorgfältig aufeinander geschichtet. Darüber ist aus geflochtenem Stroh eine Art ›Iglu‹ entstanden. In dieser Vorratskammer sind alle unsere Fleischwaren aufgehängt. Im Frühling und im Sommer schmilzt das Eis schon, aber Reste halten sich bis zum neuen Frost. Die angenehme Seite unseres Küchendienstes an heißen Sommertagen ist unser ›Iglu‹; denn unvermeidlich müssen wir Vorrat holen, wenn wir die Mahlzeiten ›geplant haben‹. Dann steigen wir hinunter in die ›Eishöhle‹ und kühlen uns von der Hitze und der Last unserer Speisezettel-Verantwortung ab.

Zu jedem Jahr in Zarskoje Sselo gehören Reisen – Reisen in Rußland, aber auch über die Grenzen. Ich war mit meiner Tante in der Schweiz. Wir haben die ersten Flüge eines Luftschiffs, eines ›Zeppelins‹, über dem Bodensee gesehen. Merkwürdigerweise war ich wenig beeindruckt. Meine Tante verstand das nicht, sie hielt mich für ein wenig ›blasiert‹. Sicherlich hat sie unrecht: Mit dem beginnenden 20. Jahrhundert erleben wir schon als Kinder viele umwälzende Neuerungen; das elektrische Licht zum Beispiel, das Telefon, das Flugzeug und das Auto.

Mehr als der ›Zeppelin‹ beeindruckt mich unser erstes Auto. Die Bauern weichen dem ›Teufelsgefährt‹ ängstlich aus, bekreuzigen sich und sehen uns furchtsam nach. Ich finde es wunderbar, mit 50 (fünfzig!) Stundenkilometern dahinzusausen...
Das Gestern und das Morgen gibt sich in Zarskoje Sselo ein Rendezvous – eine Epoche stirbt wie ein trauriges, spätes Abendrot, und ein neuer Zeitabschnitt sucht sich diesen kleinen Ort am Rande einer großen Metropole für weltgeschichtlich bedeutsame Ereignisse aus...

Wie stellt sich ein phantasiebegabtes Kind den Zaren und seine Familie vor, wenn sich allesamt huldvoll dem Volke zeigen? Den Zaren mit einer Krone und gewandet – natürlich – im wallenden Purpurmantel mit Hermelin – auch die Herrscherin und die Prinzessinnen selbstverständlich gekrönt und in kostbare Roben gekleidet.

Papa, Mama, meine Geschwister und ich gehen spazieren. Papa entdeckt die offene Equipage als erster. Wir bleiben stehen. Papa sagt, daß der Zar mit seiner Familie naht.

Mein Herz klopft zum Zerspringen. Meine Geschwister und ich machen einen tiefen Knicks, Papa und Mama verbeugen sich – wie alle anderen Erwachsenen auch, an denen der Zar vorbeifährt.

Ich habe meinen Knicks beendet, wage aufzusehen, entdecke die Equipage mit vergoldeten Laternen, mit Kutschern und Dienern in roten Mänteln... ich erwarte, daß mich Kronen, Gold und Purpur der Zarenfamilie jetzt blenden werden und – bin äußerst enttäuscht: Nichts von allem!

Der Zar trägt eine unauffällige Offiziersuniform und seine Familie noch unauffälligere Kleider.

Diese Enttäuschung setzt sich fort, als uns Großmama, die bei Hof verkehrt, eines Tages eine Einladung zur Kindergesell-

schaft ins Zaren-Palais mitbringt. Wir fiebern dem Tag entgegen und sind ›an Ort und Stelle‹ dann wieder um eine Illusion ärmer: Auch im Palais gehen Herrscher, Herrscherin und ihre Kinder – ungekrönt; mehr noch: Sie gehen ganz einfach angezogen, ihr Lebensstil ist bescheiden, nahezu bürgerlich. Und nicht einmal die Betten sind aus purem Gold, sondern ziemlich genauso wie unsere eigenen: aus Nickelstangen, hellblau gestrichen und mit Kugeln verziert.
Die beiden unmittelbar zur Residenz gehörenden, von Katharina der Großen erbauten Schlösser entsprechen schon eher meinen Vorstellungen vom Hof: Das Ekaterinen-Palais ist ein ›kleines Versailles‹, prunkvoll, mit Gold-, Lapislazuli- und grünen Malachitverkleidungen und dem herrlichen ›Bernsteinzimmer‹, in dem die Wände, Teile der Decke und alle Möbel aus Bernstein sind, blau und golden dekoriert. In diesem Palais finden meist offizielle Empfänge statt, während das kleinere der beiden Schlösser, das sogenannte ›Alexandrowski-Dworetz‹, früher ja der eigentliche Wohnsitz der Romanows war.
Wir spielen im Schloßpark mit den Zarenkindern Olga, Tatjana, Maria, Anastasia und Alexei.
Alexei allerdings sieht uns eigentlich nur zu. Sein Betreuer trägt ihn meist auf den Armen. Jede kleine Schramme, jeder Kratzer bringt sein Leben in Gefahr: Der Thronfolger leidet unheilbar an der Bluterkrankheit; und Ärzte aus Rußland, Deutschland und England bemühten sich vergeblich. Niemandem gelang es, die Blutungen Alexeis zu verhindern, von denen jede einzelne tödlich verlaufen kann.
Auch ein Doktor aus Tibet mußte kapitulieren. Aber der tibetanische Arzt wußte von einem Mann in Sibirien, dem man übernatürliche Heilkräfte nachsagte:

Grigorij Jefimowitsch Rasputin, Bauernsohn, Mönch, Mitglied der Sekte der Chlysty, die durch orgiastische Tänze, Gesänge und Geißelungen Ekstase und ›Vergottung‹ anstrebt.

Die verzweifelten Eltern des Thronfolgers wußten davon nichts; sie klammerten sich an diese letzte Hoffnung für ihren Sohn und holten Rasputin aus seiner sibirischen Heimat an den Hof.

Rasputin kam ins Palais – vierschrötig, ungehobelt, verschmutzt, in einem kaftanähnlichen Gewand und beim erstenmal noch scheu und linkisch.

Er war immer in der Nähe des Thronfolgers und brauchte auf seine erste Bewährungsprobe nicht lange zu warten: Alexei machte eine unvorsichtige Bewegung und stürzte – sein Knie blutete. Rasputin legte seine Hand auf die blutende Stelle und tröstete Alexei: »Es wird gleich aufhören ...« Der Zar und die Zarin eilten zu ihrem Sohn – und trauten ihren Augen nicht: Das Blut gerann.

Rasputin hat nun geschafft, was kein Arzt vor ihm erreicht hatte ...

Von diesem Augenblick an war er bei Hof unentbehrlich. Und er begann, seine Stellung zu einer politischen Machtposition auszuweiten, die den Untergang des Hauses Romanow beschleunigen sollte.

Das alles erfahre ich von meiner Großmutter; sie ist Hofdame beim Zaren. Sie erlebt mit, wie die Damen des Hofes Rasputin zu Füßen liegen und wie er sie mißbraucht: prahlerisch, gönnerhaft, hemmungslos und mit bestem Gewissen; denn seine Sekte predigt ja Ekstase und den sexuellen Rausch. *Er* herrscht, wiederholt erfolgreich seine magnetopathischen Suggestivbehandlungen des Thronfolgers, wird dadurch – obgleich immer mehr gehaßt und gefürchtet – unangreifbarer

denn je und festigt noch seinen Ruf als ›Wundermönch‹, als er ein Attentat überlebt:
Inzwischen in ganz Rußland berühmt geworden, besucht er wieder einmal seine sibirische Heimat. Das Volk strömt ihm zu. Eine alte Bauersfrau bittet ihn um seinen Segen. Sie kniet dicht vor ihm nieder. Und als Rasputin segnend seine Hände hebt, stößt sie ihm ein Messer in den Leib. Sie haßt ihn, wie andere auch, als › Leibhaftigen‹ in Person.
Was niemand für möglich hält, tritt ein: Rasputin übersteht die lebensgefährlichen Verletzungen. Die Nachricht verbreitet sich wie ein Lauffeuer im Land. Viele halten ihn jetzt für unsterblich.
Rasputin kehrt als eine Art ›Heiliger‹ an den Hof zurück. Einmal sehe ich ihn selbst: Zarskoje Sselo liegt zwanzig Eisenbahnminuten von Petersburg entfernt. Als hohem Staatsbeamten steht meinem Vater für seine Fahrten ins Ministerium ein eigenes Erste-Klasse-Abteil zur Verfügung. Eines Tages benutzen Mama, meine Geschwister und ich dieses Abteil zur Heimfahrt von Petersburg nach Zarskoje Sselo. Wir fallen Fremden – und daran sind wir schon gewöhnt – auf, vielleicht auch wegen unserer Kleidung: Wir sind immer gleich angezogen, und unsere Kleider kommen aus Paris.
Auf dem Bahnsteig wird ein breitgebauter Mann auf uns aufmerksam; er sagt in derbem ›Bauern-Russisch‹ bewundernd: »Das sind aber hübsche Kinder . . .«
Mama steigt mit uns eilig ein. Der Mann folgt uns.
Von unserem Abteil aus sehen wir ihn draußen auf dem Gang ruhelos hin und her gehen. Meine ältere Schwester flüstert Mama zu: »Das ist doch der Rasputin . . .«
Mama antwortet nicht; sie weiß natürlich, wer der Mann ist. Fast jeder im näheren Umkreis der Residenz kennt und fürch-

tet ihn, Mama mehr noch als andere, nachdem sie Großmutters Schilderungen kennt. Großmama glaubt, wie die meisten, fest an Rasputins ›bösen Blick‹.

Daran mag Mama jetzt denken; sie steht auf und zieht die Gardinen unseres Abteils zu . . .

Kurz bevor wir aussteigen, öffnet Rasputin die Tür, tritt – gewissermaßen ohne anzuklopfen – ein und nimmt ungeniert Platz.

Mama bittet ihn höflich, das Abteil wieder zu verlassen, er befinde sich in einem reservierten Privatcoupé.

Rasputin lehnt sich gemächlich zurück und sagt grob: »Mir hat keiner was zu verbieten – nicht einmal der Zar!«

Und später, bei Hof, sagt er während einer Auseinandersetzung drohend: »Wenn ich mal gehe, stirbt das Haus Romanow . . .«

Er soll recht behalten.

Etwas von der schwelenden Unruhe im Lande, vom nahenden Untergang einer Epoche, erfahre ich unvorbereitet und aus nächster Nähe:

Elisabeta Feodorowna, eine Schwester der Zarin, ist mit Großmama eng befreundet. Elisabetas Mann ist Gouverneur von Moskau. Auf dem Wege zu ihr fällt er 1905 einem Attentat zum Opfer: Studenten werfen eine Bombe, die ihn tödlich trifft.

Entsetzt von der Detonation läuft Elisabeta Feodorowna auf die Straße. Sie sieht nur noch Körperteile ihres Mannes: einen abgerissenen Arm, ein zerfetztes Bein . . .

Sie sammelt Arme und Beine ein.

»Warum haben die Studenten ihn umgebracht?« frage ich meine Großmutter, »warum werfen sie Bomben? Und warum werden immer mehr Leute verhaftet und verbannt . . .?!«

»Das wirst du verstehen, wenn du größer bist«, weicht Großmama aus. Bis ich es verstehe, vergehen noch einige Jahre. Inzwischen bleiben uns in Zarskoje Sselo Ruhe, Romantik und die Heimeligkeit unseres behüteten Hauses erhalten – es bleiben uns unsere Petroleumlampen und Öfen, gewartet von unserem kauzigen Gavrila.

Gavrila ist der Mann unserer Köchin. Er putzt die Lampen und füllt sie auf – Mama lehnt elektrisches Licht, das es schon gibt, als kalt und unpersönlich ab –, und er versorgt Tag für Tag unsere Öfen und Kamine mit Birkenholz.

Gavrila ist ein Meister seines Fachs. Er versteht, die Dochte der Petroleumlampen so zu beschneiden, daß sie gleichmäßig brennen und nicht rußen; auf diese Weise verhindert er, daß die Gardinen grau und unsere Nasenlöcher schwarz werden. Er putzt hingebungsvoll Zylinder und Kerzenleuchter, und er hackt tagtäglich klafterweise Holz, damit das Feuer in Öfen und Kaminen nicht erlischt. Kurzum: Gavrila ist ein vielbeschäftigter Mann, den harte Arbeit von morgens bis abends in Atem hält.

Was Wunder, daß er sich zur Erholung gern ein Tröpfchen gönnt; oft allerdings, es sei nicht verschwiegen, ein Tröpfchen zuviel.

Dann ist Gavrila ein anderer Mensch. Der Wodka löst ihm die Zunge; er singt und erzählt Schauergeschichten, daß sich die Balken biegen.

Das ist die Stunde seiner resoluten Frau: Sie schließt ihm mit ein paar kräftigen Schlägen den Mund und weist ihm mit gezielten Fußtritten den Weg ins Bett.

Eleonora Duse *(oben) und* Anna Pawlowa *beeinflussen wesentlich Olgas Entscheidung zur Kunst.*

Nach so rauher und vielfach gewohnter Behandlung bleibt Gavrila eines Morgens im Bett liegen.
»Die Hexe hat mich geschossen«, stöhnt er.
Und das ist wahr. Er kann sich nicht bewegen. Aber seine Seele von einem Eheweib weiß Rat. Sie beschließt, ihn nach ›eigenem Hausrezept‹ zu kurieren: Ohne Federlesens legt sie ihn auf ihr Bügelbrett, erhitzt ein Bügeleisen und beginnt, seine gewölbte Hinterfront zu ›plätten‹.
Seine herzzerreißenden Schreie alarmieren das Haus. Meine Mutter eilt herbei und befreit Gavrila von der Folter, deren Folgen unübersehbar sind: Unter seinen Hosen quellen fette Brandblasen ...
Meine Mutter nimmt die Köchin zur Seite und hält ihr eine ›Standpauke‹ über ihr unmenschliches Verhalten.
Die Köchin ist von Stund an wie verwandelt; sie ist sanft, schlägt und beschimpft Gavrila nicht mehr und läßt ihn trinken, soviel er mag.
Gavrila indessen ist jetzt nicht etwa glücklich und zufrieden. Im Gegenteil. Er verfällt in Düsternis, statt Rheuma plagt ihn Melancholie, und er klagt meiner Mutter schließlich bewegend sein Leid: »So helfen Sie mir doch, gnädige Frau – sie liebt mich nicht mehr, sie hat einen anderen ...!«
Als meine Mutter wissen will, wie er auf diese abwegige Idee kommt, äußert Gavrila kleinlaut, was seine feste Überzeugung ist:
»Sie schimpft nicht mehr mit mir, sie ohrfeigt mich nicht,

Als Kind spielt Olga mit den Zarenkindern *am kaiserlichen Hof. Sie erlebt die Tragödie des kleinen Zarewitsch und die unheimliche Persönlichkeit des Wundermönchs* Rasputin *(unten).*

sie läßt mich saufen, soviel ich will, also hat sie's darauf abgesehen, daß ich so schnell wie möglich in die Grube fahre!«
Mama bemüht sich, ernst zu bleiben, und spricht mit Gavrilas Frau: »... eine kleine, eine ganz sanfte Ohrfeige von Zeit zu Zeit ...«
Die Köchin strahlt.

Flucht in die »Freiheit«

Heiteres Zarskoje Sselo ...
Was mich wirklich bewegt, diese Gärten meiner glücklichen Jugend zu verlassen, fast ohne Übergang auszubrechen aus meinem behüteten Elternhaus, ich kann es kaum sagen.
Vielleicht ist es eben dieses Behütetsein, das meinem beginnenden ›Sturm und Drang‹ entgegensteht, vielleicht auch innerer Widerspruch gegen meine allgemeine Ahnungslosigkeit, die meine gutmeinenden Eltern noch nähren, indem sie problematische politische oder menschliche Fragen von mir fernhalten; möglicherweise sind es diese vielen Dinge, über die ›man nicht spricht‹, wie die schon allenthalben vorbereitete und vernehmbare Ablösung des zaristischen Absolutismus oder die ›Dinge zwischen Mann und Frau‹ (Aufklärung ist lediglich ein Lexikon-Begriff im Zusammenhang mit revolutionären geistigen Strömungen des 18. Jahrhunderts); mag sein, daß das eine oder das andere schwerer wiegt oder daß alles zusammenkommt, wie auch immer:
Ich sehne mich nach – ›Freiheit‹, ohne schon genau zu wissen, wie diese Freiheit denn anders aussehen soll als bisher. Ich will das auch gar nicht so genau wissen. Ich will ganz einfach ›hinaus ins Leben‹.
Meine Eltern stimmen zu.
Sie schicken mich nach Moskau zu meiner Tante Olga Knipper-Tschechowa. Unter ihrer Obhut besuche ich die Schauspielschule des ›Moskauer Künstlertheaters‹. Mein Lehrer ist

Konstantin Sergejewitsch Stanislawskij, Mitbegründer dieses weltberühmten Theaters.
Zunächst allerdings ist es in erster Linie nicht er oder seine Schule, was mein schwärmerisches Jungmädchenherz vor allen anderen Dingen erhitzt: es ist vielmehr mein Cousin Michael Tschechow, der junge, begabte Schauspieler an Stanislawskijs Theater.
Ich kenne ihn schon von früher. Und schon als kleines Mädchen hat er mich nicht ungerührt gelassen, wenn er – wie so oft – mit seinem Onkel Anton Tschechow bei uns zu Besuch war. Mein Herz hat spürbar schneller geschlagen, wann immer »Mischa« irgendwo in meiner Nähe war, und immer wieder suchte und fand ich eine Gelegenheit, mit ihm zusammenzusein. Natürlich war ich dann stets zutiefst traurig, wenn ich erkennen mußte, daß ich für ihn letzten Endes doch nichts anderes war als – das kleine Mädchen. Lebhaft erinnere ich mich an einen Ostersonntag, als Mischa nach der heiligen Messe, wenn man sich nach russischer Sitte unter dem Ruf »Christus ist auferstanden!« zu küssen pflegt, ein größeres Mädchen mit wesentlich mehr Küssen bedachte als mich ...
Michael Tschechow ist für mich der schönste und hinreißendste aller Schauspieler und wohl auch aller Männer. Ich bin verrückt nach ihm und male mir in meinen Tag- und Nachtträumen aus, was es doch für ein Glück wäre, immer – immer bei ihm zu sein ...
Dann kommt die große Gelegenheit. Für eine Wohltätigkeitsveranstaltung proben wir beide zusammen in »Hamlet«. Mischa ist Hamlet, ich bin Ophelia. Die Proben sind voll von heimlichen Flirts, aber weiter kommt es nie. Ich bin zu schüchtern, und Mischa – so fürchte ich immer wieder – ist wohl doch nicht verliebt genug ...

Dann kommt der große Tag. Vorstellung vor lauter prominenten Gästen. Der Applaus ist gewaltig, ich bin stolz. Wieder und wieder muß ich mit Mischa vor den Vorhang treten. Stanislawskij lobt mich, Tante Olga gratuliert, mein erster Triumph.

An diesem Abend passiert es. Ich trete mit Mischa hinter die Kulissen, wo uns im Moment niemand sehen kann. Und dann, unter dem ausklingenden Applaus des Publikums, küßt er mich ... Aber welch seltsame Gefühle mich da ergreifen! Erst glaube ich, vor Seligkeit versinken zu müssen. Dann aber erschrecke ich tief:

Ich bin unberührt, ›aus bestem Hause‹ und sexuell absolut ahnungslos; er ist 23, schon als Schauspieler und Regisseur bei Stanislawskij berühmt, charmant, unleugbar verführerisch und ein ›Don Juan‹ des Theaters.

›Wenn mich solch ein Mann küßt‹, fährt es mir durch meinen naiven Kopf, ›bekomme ich ein Kind.‹

Also stammele ich tief errötend und verwirrt: »Jetzt mußt du mich aber heiraten, Mischa ...«

Er lacht: »Was kann mir Besseres passieren?«

So heiraten wir. Aus einem Augenblick heraus, aus dem Entschluß weniger Sekunden, bei dem sich bei mir Unerfahrenheit, ›Angst vor den Folgen‹, verschwommene ›Burgfräuleinromantik‹, Eitelkeit, bei ihm Abenteurerlust, Leichtsinn, männlicher ›Besitzerstolz‹ und vielleicht auch eine gewisse Berechnung mischen. Denn Michael Tschechow ist zwar ein bemerkenswerter Künstler, und er verdient auch schon verhältnismäßig gut; aber er wirft, was er bekommt, wieder mit vollen Händen hinaus. Und ich bin eine sogenannte ›gute Partie‹; meine Eltern sind vermögend ...

Was ich noch nicht weiß: diese Ehe ist eine Torheit, für die ich bitter zu zahlen haben werde.
Es gibt zu dieser Zeit bei uns keine standesamtliche, sondern nur eine kirchliche Trauung. Als Trauungsort sucht Mischa ein winziges Dorf, etwa zehn Kilometer von Moskau entfernt, aus, um sicher zu sein, daß unsere heimliche Heirat von niemandem gestört wird. Allerdings muß der Pope noch bestochen werden, der seiner Vorschrift gemäß zunächst auf einer schriftlichen Genehmigung der Eltern besteht. Der geistliche Herr läßt sich bestechen. So kann das ›Traum-Abenteuer‹ seinen ungehinderten und unsinnigen Lauf nehmen: Ich ziehe mir meine elegantesten Kleider an – schwarzen Samtrock, weiße Seidenbluse, schwarze Lackschuhe; und ich packe eilig Nachthemd und Zahnbürste ein. Dann treffen wir uns mit den Trauzeugen irgendwo an der Peripherie von Moskau und fahren mit zwei Pferdedroschken in unser Hochzeitsdorf. Ich zittere – aber nicht mehr vor freudiger Erregung. Ich habe Angst. Irgendwie ist mir dieses Abenteuer plötzlich unheimlich. Ich schicke Stoßgebete zum Himmel, daß noch etwas geschehen möge, daß noch etwas dazwischenkommen soll . . .
Aber es geschieht nichts.
Mischa gibt sich männlich und überlegen.
Die Kirche – eine schmucklose kleine Kapelle – ist nicht dazu angetan, meine Stimmung zu heben.
Vor der Kirche stehen zehn, zwölf alte Bauern und halten der Sitte gemäß brennende Kerzen in den Händen – ›wie bei einer Beerdigung‹, schießt es mir durch den Kopf.
Wir gehen eilig in die Kapelle. Die Trauung ist kurz. Kein Chor singt. Alles vollzieht sich still und schnell, mit einer gewissen Hast. Das Wetter paßt sich an: Ein heftiger Sturm kommt unversehens auf. Die Kirchentür ächzt in den Angeln.

Jedesmal, wenn der Wind sie gegen die Mauer drückt, zucke ich unter den krachenden Schlägen zusammen.
Nach der Trauung fahren wir gleich in Mischas Wohnung.
Hier spüre ich schon beim Eintreten, was mich künftig erwartet: Von seiner Mutter und von seiner Amme weht mir ein Hauch eisiger Ablehnung entgegen. Beide sind auf ihren Mischa unendlich stolz. Beide hatten und haben nichts gegen seine Freundinnen – ›an jedem Finger zehn‹ –, im Gegenteil: Das ist er eben, ihr Mischa, ein toller, begehrenswerter Bursche! Seine Mutter liebt ihn ganz wahnsinnig.
Und jetzt komme ich, das verwöhnte Mädchen aus reichem Hause, seine Frau, der er allein und für immer gehören soll. Mischas Mutter haßt mich vom ersten Augenblick an.
Sie hat ein bescheidenes Hochzeitsmahl vorbereitet. Aber ich bringe nichts hinunter, würge an jedem Bissen herum und zermartere mir den Kopf, wie ich wohl meiner Familie meine Ehe beibringen soll.
Da ist zunächst einmal Tante Olga Knipper-Tschechowa, Tragödin bei Stanislawski. Aus ihrer Obhut und Wohnung habe ich mich fortgeschlichen. Sie ahnt nichts – von meinen Eltern ganz abgesehen.
Nach dem Essen bitte ich Mischa, Tante Olga im Theater anzurufen und ihr zu sagen, daß ich heute abend nicht zu ihr komme, weil, ja, weil wir halt geheiratet haben und es da ja wohl nur selbstverständlich ist, daß ich nunmehr bei meinem Mann wohne.
Mischa ruft an.
Tante Olga antwortet so laut, daß meine Schwiegermutter, die Amme und ich mühelos mithören können: Tante Olga läßt mir ausrichten, daß ich unverzüglich in ihre Wohnung zurückzukehren habe – unverzüglich und ohne Mischa!

Mischas Mutter und die Amme lächeln schadenfroh; sie sehen sich mit ihrem Mischa schon wieder allein und vereint.

Während Mischa und ich noch überlegen, was wir tun sollen, schickt Stanislawskij einen Freund, der Mischa grußlos und gehörig den ›Kopf wäscht‹, das Ganze einen schlechten Scherz nennt und kategorisch verlangt, daß die Heirat ›auf der Stelle annulliert wird, um einen Skandal zu vermeiden‹.

Ich packe meine wenigen Sachen und fahre zurück in Tante Olgas Wohnung.

Mischa hält mich nicht auf.

Tante Olga wagt nicht, Papa direkt zu verständigen. Sie telegraphiert lakonisch und verschlüsselt an Mama: ›Komme sofort – wegen Olly‹.

Schon am nächsten Tag trifft Mama in aller Herrgottsfrühe ein. Als sie die heikle Wahrheit erfährt, reagiert sie erstaunlich gelassen und erleichtert:

»Sie hat geheiratet ... na Gott sei Dank, das ist ja noch das geringere Übel ...«

Anschließend macht sie mir unter vier Augen allerdings ihren Standpunkt gründlich klar:

»Du hast eigenmächtig geheiratet, also mußt du die Konsequenzen tragen. Und wenn ich dir einen guten Rat geben soll: Mach nicht noch eine zweite Dummheit. Sieh wenigstens zu, daß du kein Kind bekommst, bevor ihr beide euch besser kennengelernt habt!«

Das ist alles. Kein Vorwurf, kein Lamentieren, nur noch ein Trost ›für alle Fälle‹:

»Du kannst zurückkommen, wenn du es nicht aushältst.«

Wegen meines Vaters indessen sieht auch meine tapfere, lebenskluge und diplomatische Mama einigermaßen schwarz: »Wenn er die ganze Wahrheit erfährt ...«

Sie zögert. Sie braucht auch nicht weiterzusprechen. Ich weiß, was mich erwartet . . .
Dessenungeachtet fahren wir noch am gleichen Abend mit dem Schlafwagen nach Petersburg. Dreizehn endlose Stunden. Mischa sehe und spreche ich vor der Abreise nicht mehr.
Im Zug hat Mama genügend Zeit, ihre ›Strategie‹ zu entwickeln: »Wenn wir zu Hause ankommen, legst du dich zunächst einmal ins Bett«, bestimmt sie nachdenklich, »Papa ist ja im Ministerium; und wenn er abends heimkommt, wird er annehmen, daß du krank bist. – Alles andere überlaß mir . . .«
Was Mama Papa sagt, erfahre ich nicht. Ich frage sie auch nicht. Sie rät mir nur, den Ehering abzustreifen und meinen Paß zu verstecken, damit Papa vorerst nicht entdeckt, wer Mischa und mich getraut hat.
Ich liege zwei Tage im Bett und heule wie ein Schloßhund. Papa betritt erst achtundvierzig Stunden danach mein Zimmer. Nach dem Motto ›Angriff ist die beste Verteidigung‹ liefere ich ihm Kostproben meines schauspielerischen Talents. Ich spiele hysterisch, etwa so wie damals beim Familienkrach wegen Leos Zeugnis. Bevor Papa zu Wort kommt, drohe ich ihm: »Wenn du mir Vorwürfe machst, springe ich aus dem Fenster!«
Vielleicht hat Papa die damalige Szene noch in Erinnerung – ich bin ja tatsächlich gesprungen –, vielleicht hat auch Mamas Diplomatie wieder einmal stille Wunder gewirkt, in jedem Fall ›siege‹ ich:
Papa streicht mir über die Haare, beugt sich zu mir hinunter und gibt mir einen Kuß auf die Stirn.
Die Wogen sind geglättet. Nicht lange allerdings:
Bei Mama wirkt die Aufregung nach. Sie bekommt eine be-

drohliche Herzmuskelentzündung. Ihr Zustand ist bedenklich. Sie liegt sechs Wochen.
Ich gebe mir die Schuld, sitze fast ununterbrochen an ihrem Bett und beschließe mit meinen schwärmerischen, exaltierten siebzehn Jahren, ins Kloster zu gehen, falls Mama die Krise nicht überlebt. ›Kloster‹ paßt als Extrem vorzüglich in meinen romantisierenden ›Sturm und Drang‹.
Von Mischa höre ich im übrigen nichts.
Mama übersteht die Krise.
Als sie wieder gesund ist, erklärt Papa mir ebenso ruhig wie bestimmt: »So, mein Kind, jetzt kannst du zu deinem Mann zurückfahren – ohne Geld allerdings, ohne Aussteuer und ohne Schmuck. Selbstverständlich nimmst du deine Wäsche und alle deine Kleider mit ...«
Ich fahre für lange Zeit zum letztenmal erster Klasse.
Mischa und seine Mutter holen mich vom Bahnhof ab. Auf dem Weg ›nach Hause‹ sprechen wir fast nichts.
Als ich die Schwelle der winzigen, dunklen Dreizimmerwohnung übertrete, grinst mich geheuchelt freundlich die Amme an.
Ich zögere. Mischa fordert mich auf auszupacken.
Die Amme bereitet inzwischen das Abendessen vor; sie ist fahrig, zerwirft Geschirr, offenbar hat sie ›zwei linke Hände‹. Meine Schwiegermutter schreit sie an; sie kuscht wie eine Sklavin. Beim Essen sind sie mir gegenüber dann wieder beide still vereint in ihrer eisigen Ablehnung.
Ich esse hastig und ziehe mich früh zurück ...
Meine Schwiegermutter kann nicht einschlafen; sie nörgelt, wirft sich herum und ruft nach der Amme. Mascha, so heißt das unglückselige Geschöpf, soll ihr wie üblich die Fersen kitzeln.

Mascha kitzelt.
Währenddessen sinkt ›Schwiegermama‹ schnarchend und traumlos in Morpheus' Arme.
Mir wird übel. Mischa lächelt. Ich soll's nicht so ernst nehmen, meint er, und: ich werde mich schon daran gewöhnen ...
Er führt mich zu seinem, zu – unserem Bett.
Ich stehe wie versteinert und versuche zu begreifen, was das bedeutet: ›... unser Bett.‹
Für einen Moment spüre ich wieder seinen Kuß, den er mir nach der Aufführung in der Schauspielschule gab.
Ich habe einen faden Geschmack im Mund.
Die Wohnung riecht schlecht. Und nebenan schnarcht noch immer Mischas Mutter.
Ich sehne mich nach dem frischen Duft meines Mädchenzimmers in Zarskoje Sselo.
Ich sage Mischa, daß ich sehr müde bin. Ich lüge nicht.
Ich bin es wirklich ...

Bei Stanislawskij

Was mich in den nächsten Jahren aufrechterhält, ist die Lehrzeit am Moskauer Künstlertheater Stanislawskij.
Konstantin Sergejewitsch Stanislawskij ist groß, hat schneeweißes Haar, buschige, schwarze Augenbrauen und einen faszinierenden Blick. Seine Erscheinung löst wie selbstverständlich bei jedermann sofort Respekt und Verehrung aus – vor allem natürlich bei seinen jungen Schauspielern. Seine Kritik ist unbestechlich, zuweilen bissig, seine pädagogische Gabe indessen überragend. Wenn es darum geht, seinen Aufführungsstil zu verdeutlichen, das von ihm entwickelte lebensechte, milieugetreue realistische Theater begreiflich zu machen, dann duldet er Auseinandersetzungen bis in die Generalprobe hinein. Sonst verlangt er strikte Disziplin und unbedingte Einordnung ins künstlerische Gesamtwerk:
Jeder Schauspieler, gleichgültig ob er eine große oder eine kleine Rolle spielt, hat eine Stunde vor Aufführungsbeginn in der Garderobe zu sein, um sich in Ruhe vorzubereiten und zu konzentrieren. Kommt er zu spät zur Probe oder Vorstellung, so wird er beim ersten Male nur verwarnt, beim zweiten Male muß er fünf, beim dritten Male zehn Rubel Strafe zahlen. Ist der Bummelant nicht zu kurieren, so muß er wegen ›Nichtachtung des Ensembles‹ mit seiner fristlosen Entlassung rechnen. Ich habe nicht erlebt, daß es einer von uns dazu hat kommen lassen.

Jedem Schauspielschüler sind viele und verschiedenartige Aufgaben gestellt. So sind wir – zum Beispiel – reihum zum Abenddienst hinter den Kulissen eingeteilt, bei dem wir dem Inspizienten helfen, auf die Requisiten achten und ganz allgemein für den reibungslosen Ablauf hinter der Bühne zu sorgen haben. Wir werden als Gehilfen auch zu den Arbeiten des Bühnen-Architekten herangezogen, der seine Entwürfe als Miniaturmodelle erst dem zuständigen Regisseur und dann Stanislawskij vorzuzeigen hat. Im Studio selbst erhalten wir natürlich jede Art von Fachunterricht: von der Pantomime über rhythmische Gymnastik und Atemschulung bis zu musikalischen Übungen und Kollegs über Theatergeschichte und Kostümlehre.

Ist ein Stück im Studio so gründlich einstudiert worden, daß es annähernd ›steht‹, so schließen sich immer noch ausgiebige ›heiße Proben‹ an, die erst dann beendet werden, wenn der Studioleiter Ewgenji Wachtangoff oder Michael Tschechow als Erster Regisseur es für richtig halten, das Stück Stanislawskij persönlich vorzuführen. Selbstverständlich kommt es bei so harter Arbeit immer wieder zu bitteren Enttäuschungen und Verzweiflungsausbrüchen; denn wir probieren manchmal ja bis zu 150- und 200mal:

»Ich kann nicht mehr!« schreit eine Mitschülerin und bricht zusammen.

Stanislawskij kommentiert ungerührt:

»Es gibt nichts, was ein Schauspieler nicht kann – wenn er begabt ist. Sollten Sie anderer Meinung sein, so suchen Sie sich lieber einen anderen Beruf.«

Die Entwicklung jedes Stücks von der ersten Arbeitsbesprechung bis zur bühnenreifen Aufführung nimmt stets denselben, genau festgelegten Verlauf:

Bevor irgendwelche Proben beginnen, wird das Stück eine Woche mit verteilten Rollen immer wieder gelesen. Auf Mimik, Gestik oder besondere Akzente kommt es in diesem Stadium noch nicht an. Dann wird der Handlungsablauf, mit dem Buch in der Hand, ›durcharrangiert‹; anschließend geschieht das gleiche mit jedem einzelnen Akt. Und erst danach ist es uns erlaubt, den Text selbst allmählich in uns aufzunehmen. Nach derart intensiven Leseproben fällt uns das natürlich relativ leicht. ›Kampf‹ mit unbewältigtem Text gibt es auf diese Weise nicht.

Eins allerdings wird bei allem vorausgesetzt: Der Schauspieler muß ein ›intelligentes Herz‹ haben, ein besonders musisches Organ, das sich mit einiger Sensibilität wohl erfühlen, aber mit Worten nicht eigentlich definieren läßt.

Aus den vielen interessanten, stilbildenden und überragenden Inszenierungen Stanislawskijs macht aus sehr persönlichen Gründen eine Aufführung von Puschkins ›Mozart und Salieri‹ einen ganz besonders nachhaltigen Eindruck auf mich: Mischa, mein Mann, spielt den Mozart.

Er bringt zweifellos wesentliche Voraussetzungen dafür mit, nur die schwebende Grazie der Mozart-Zeit liegt ihm ganz offensichtlich nicht. Stanislawskij ordnet also an, daß er Wochen hindurch immer wieder in seinem Haus die Mahlzeiten einnimmt, um sich auch in die Tischsitten des 18. Jahrhunderts gebührend einzuleben.

Mischa haßt jeden Zwang, auch den Zwang, sich untadelig zu benehmen. So erlebe ich erstaunt seine Wandlung im Spiel zum graziösen, eleganten, wohlerzogenen Kavalier des Rokokos.

Eine Wandlung im Spiel, die zu Hause nicht anhält. Hier streift er seine Bühnenfigur ab; hier ist er verzärtelter Sohn

mit Besitzerallüren, in die er mich einschließt. Hier ist auch sonst alles wie zuvor: Dunkelheit, Enge, Mief, die nörgelnde, kranke Schwiegermutter mit der verhutzelten, versklavten Amme und ihr gemeinsamer Haß auf mich.
»Du wirst dich schon daran gewöhnen«, hat Mischa an unserem ersten Abend gesagt.
Und ich habe mich daran gewöhnt – weil ich dieses ›Zuhause‹ eigentlich gar nicht mehr realisiere, weil ich neben dem Schauspielunterricht gleichzeitig Bildhauerei an der Hochschule für bildende Künste studiere, Nietzsche, Schopenhauer und Tolstoi lese, weil ich mich in die Yoga-Lehre flüchte und in asiatische Philosophie.
So träume ich an der Realität vorbei und gewöhne mich an vieles – auch an das gemeinsame Bett mit Mischa.
Eines Tages stelle ich fest, daß ich schwanger bin.
Ich bin noch nicht 18. Meine häusliche Umgebung ist deprimierend, meine Ehe mit Mischa eine Farce. Er bringt schon seit längerem wieder, wie vor der Ehe auch, nach der Vorstellung seine Theaterflirts mit nach Hause.
Ich versuche mir vorzustellen, was es unter all diesen Umständen bedeutet, ein Kind zu bekommen. Ich will mich trotz allem darauf freuen. Es gelingt mir nicht. Was bleibt, sind Ungewißheit und bohrende Unruhe. Denn neben der persönlichen Misere stehen äußere Ereignisse, die in unser aller Leben stärker eingreifen als bisher: Wir haben Krieg.
Der Erste Weltkrieg, von dem zunächst kaum jemand annahm, daß er ein Weltkrieg werden würde, macht sich auch in Moskau bemerkbar, langsamer zwar als in Hauptstädten kleinerer Länder. Rußland ist ein Riesenreich, und die Fronten sind weit weg. Und doch jagen sich jetzt tagtäglich widersprüchliche Nachrichten und Gerüchte. Spannung liegt in der

Luft, die wir bisher nicht kannten und die jeden erfaßt, gleichgültig, ob er politisch informiert ist oder nicht.
Ich bin es nicht. Ich weiß nichts von Patriotismus, Parteien oder sozialen Problemen; ich will es auch nicht wissen, ich will Schauspielerin werden.
Aber diese allgemeine Spannung erhöht meine innere Unruhe und Unsicherheit. Ich zweifle an meiner Zukunft. Ich versuche, meine Schwangerschaft zu unterbrechen: Ich nehme heiße Bäder, trinke unmögliche Tees, laboriere mit obskuren Kräutern und springe von Tischen und Stühlen, um eine Fehlgeburt einzuleiten. Vergeblich. Später werde ich glücklich sein, ein Kind zu haben. In den Schwangerschaftsmonaten aber spüre ich nichts von einem solchen Glück.
Ich sage Mischa jetzt, daß ich ein Kind erwarte.
Er sieht mich nur an, schweigt, zuckt die Schultern und verläßt die Wohnung.
Ich bin wie betäubt, irre in den Straßen umher, achte nicht darauf, daß ich zu leicht angezogen bin, und hole mir eine schwere Nierenerkältung. Ich muß wochenlang liegen und viel Flüssigkeit zu mir nehmen. Mein Leib quillt auf; man könnte meinen, ich bekäme Zwillinge. Als ich wieder aufstehen kann, gehe ich häufig spazieren, um der häuslichen Atmosphäre zu entrinnen.
Es ist später Nachmittag. Ich komme von einem meiner Spaziergänge zurück. Mein Zimmer ist besetzt. Mischas Mutter und die Amme nähen und flicken; sie haben ihre Sachen verstreut, als wollten sie länger bleiben.

Im Künstlertheater des berühmten Regisseurs Konstantin Stanislawskij *lernt Olga das natürliche Spiel, mit welchem sie später dem Stummfilm ein neues Gesicht geben wird.*

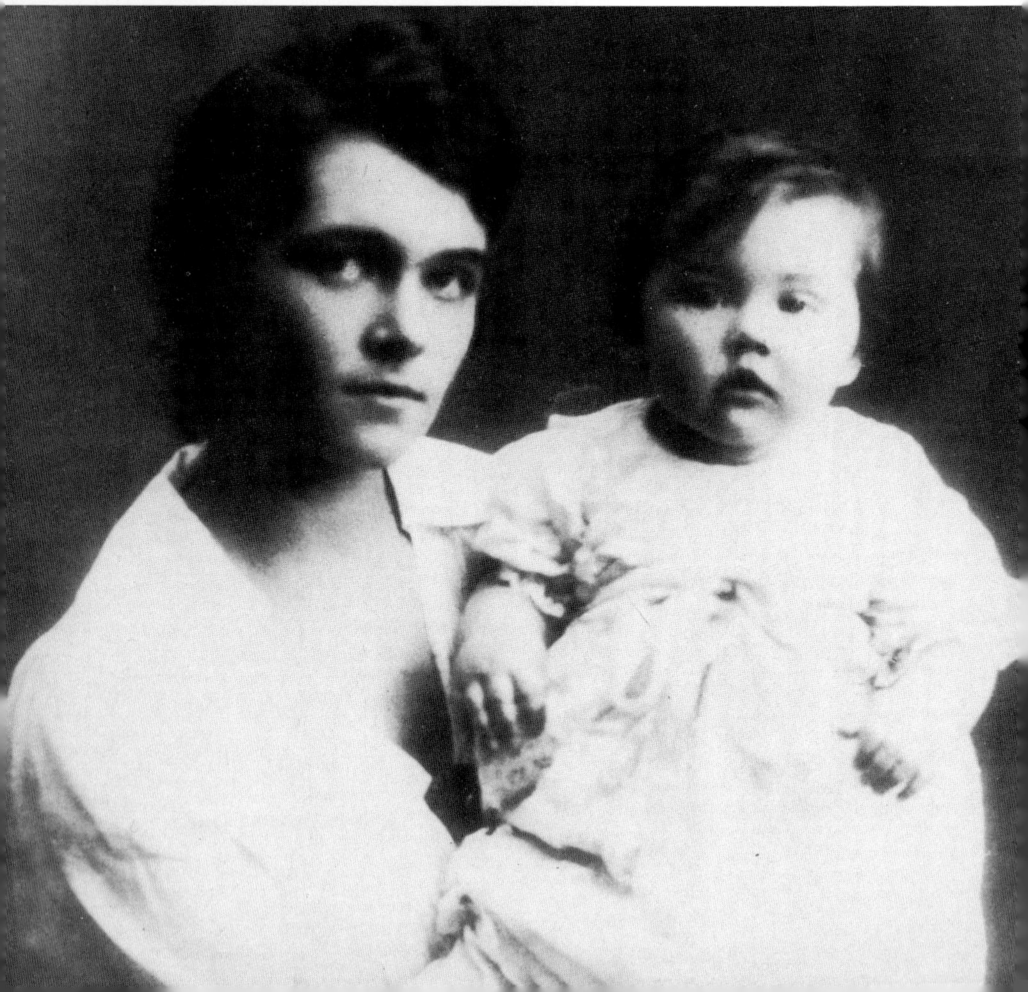

Ich bitte sie, in ihr Zimmer zu gehen; sie wechseln Blicke wie zwei heimliche Verschwörerinnen in einem Schauerstück. Die Amme grinst blöd; Mischas Mutter sagt kein Wort und näht. Mit meinem aufgedunsenen Leib fällt es mir schwer zu stehen. Ich suche nach einem Stuhl. Auf den Stühlen in meinem Zimmer sitzen Mischas Mutter und die Amme. Ich gehe zur Tür des Nebenraumes, in dem die beiden Frauen sonst wohnen.
Die Tür ist verschlossen. Ich höre ein Mädchen kichern.
Minuten später kommt Mischa mit diesem Mädchen heraus, ›übersieht‹ mich, winkt seiner Mutter und der Amme leichthin zu und sagt lachend:
»Jetzt könnt ihr wieder rein ...«
Drei Wochen vor der zu erwartenden Niederkunft fahre ich mit meinem Mann und seiner Mutter zur Erholung aufs Land – in eine sogenannte Datscha bei Moskau, eines jener kleinen, recht primitiven Häuschen, die man nur für einen kurzen Aufenthalt mietet.
In der Nähe der Datscha ist ein Tennisplatz. Mischa spielt gut Tennis. Ich begleite ihn zum Platz.
Als wir ankommen, hört ein junges Mädchen mit einer Freundin eben auf. Mischa schlägt dem Mädchen noch eine Partie vor und lächelt charmant: »Vielleicht kann ich Ihre Rückhand ein wenig verbessern ...«
Sie spielen und flirten. Sie flirten nach dem Spiel so hemmungslos weiter, daß mir die Nerven durchgehen:

Mit 17 Jahren heiratet Olga Tschechowa heimlich ihren Cousin, den Schauspieler Michael Tschechow *(oben). Die Ehe scheitert. Nach ihrer Scheidung muß sie sich in den Wirren des Bürgerkriegs und der Revolution mit der kleinen* Ada, *ihrem Kind aus der Ehe mit Tschechow, hart durchkämpfen.*

Ich schreie Mischa an; Tränen stürzen mir aus den Augen.
Mischa ist irritiert oder richtiger, er ist von meiner ›Szene‹ peinlich berührt.
Ich starre ihn wütend an. Ich weiß noch nicht, daß es sinnlos ist, einen Mann mit Tränen halten zu wollen.
Mischa läßt mich einfach stehen.
Später, gleich nach unserer Scheidung, wird er das Mädchen heiraten ...
Ich verlasse den Tennisplatz so schnell, wie es mein Zustand zuläßt, und achte nicht darauf, wohin ich laufe. Ich will in den Wald und einfach Beeren sammeln – nicht denken und nicht mehr nachdenken. Der Wald ist hier tief und unwegsam. Ich kenne ihn nicht.
Stunden verrinnen. Plötzlich wird es dunkel. Ich suche verzweifelt nach einem Weg. Aber ich sehe nichts mehr. Um mich herum sind nur noch Schatten. Es ist Nacht.
Angst überfällt mich – und die Furcht vor Bären.
Ich will auf einen Baum klettern und dort den Morgen abwarten. Aber ich komme auf keinen Baum mehr hinauf; ich bin zu schwer und zu unförmig.
So verkrieche ich mich in ein Gebüsch. Ich friere. Aber die Erschöpfung ist stärker. Ich schlafe ein.
In der Morgendämmerung höre ich Äste knacken und ein Geräusch, das ich von Kindheit an kenne: das brummende Grunzen eines Bären.
Merkwürdigerweise schrecke ich nicht hoch. Ich werde nicht einmal richtig wach. Ein Alptraum scheint mich im Halbschlaf zu schütteln oder ein visionärer Wachtraum meine Sinne zu leiten: Ich ahne in nächster Nähe Gefahr und bleibe doch ganz ruhig; ich folge einem weißen Fleck, der ineinanderfließende Traumbilder erhellt. Der Lichtschein entfernt sich. Ich laufe

ihm wie in Trance nach, Meter oder Kilometer, ich kann es nicht unterscheiden.
Dabei spüre ich ganz deutlich den heißen Atem des Bären im Nacken.
Plötzlich schlage ich mit dem Kopf hart auf und werde übergangslos wach. Ich bin in einer Waldschneise gegen ein Holzfuhrwerk gelaufen.
Schüsse zerreißen die Stille.
Der Bauer auf dem Kutschbock setzt blaß sein Gewehr ab und starrt mich entgeistert an. Seine Schüsse haben den Bären vertrieben.
»Du bist wie irr vor ihm hergerannt«, stammelt er erschrokken, »in deinem Zustand – heilige Mutter Gottes steh' mir bei . . .!«
Er bekreuzigt sich. Sein Stoßgebet scheint erhört zu werden: Er bringt mich sicher auf die Datscha zurück.
Mischas Mutter fährt mit mir sofort nach Moskau in die Klinik. Mischa bleibt auf der Datscha; er verspricht nachzukommen, wenn es soweit ist.
In der Klinik schütteln mich Schmerzen. Während der Geburt schwanke ich zwischen Leben und Tod.
Das Leben siegt.
Ich bringe meine Tochter Ada zur Welt. Es ist eine Welt, in der Krieg herrscht und in der sich die Russische Revolution ankündigt.
Das Chaos beginnt . . .
Mischa sieht seine Tochter vorerst nicht. Er kommt von der Datscha nicht zurück nach Moskau in die Klinik. Aber Wochen danach sind wir alle wieder vereint: Mischa, seine Mutter, die Amme und ich mit der kleinen Ada. Und es ist alles wie vorher. Auch durch das Kind ändert sich nichts.

Ich beschließe, mich von Mischa zu trennen.
Da geschieht etwas, womit wir nicht mehr gerechnet haben: Mischa erhält seinen Gestellungsbefehl.
Zunächst glauben wir noch an einen Irrtum; denn er ist nicht gesund. Er erkundigt sich. Als er dann von der militärischen Dienststelle nach Hause kommt, ist er angetrunken.
»Sie brauchen jeden Mann!« schreit er höhnisch. »Gesund oder nicht gesund, jetzt kommt jeder dran!« höhnt er weiter, greift nach einer Schüssel und wirft sie gegen die Wand.
Die Scherben fliegen. Der Krach wirkt befreiend auf ihn. Für einen Moment ernüchtert, flüstert er entschlossen und bestimmt:
»Ich gehe nicht in den Krieg. Ich nehme kein Gewehr in die Hand. Ich schieße auf keinen Menschen ...«
»Sie werden dich nach Sibirien schicken«, sage ich leise, »oder sie werden dich aufhängen ...«
Mischa hebt die Schultern: »Sollen sie ...«
Er trinkt weiter, unaufhörlich, bis zur Besinnungslosigkeit. Ich versuche ihn aufzuhalten, nehme ihm das Glas weg, schüttele ihn und schreie ihn an: »Du hast abends Vorstellung!«
Er stößt mich weg und trinkt weiter.
Seine Mutter sieht ihm regungslos zu.
»Warum tust du nichts?« frage ich sie verzweifelt.
Sie winkt gleichgültig ab: »Das ist wie bei seinem Vater, der soff drei Tage hintereinander, dann wochenlang keinen Tropfen und plötzlich wieder Tage und Nächte, ohne aufzuhören. Ich kann nichts machen ...«
Ich gehe zu Stanislawskij und erkläre ihm, was mit Mischa ist. Er hört mir aufmerksam zu. Diesmal verstehe er, daß Mischa trinkt, meint er und betont: ›... diesmal ...‹

Ich begreife ihn nicht.
Stanislawskij erläutert mir Einzelheiten: Er habe schon öfter Vorstellungen umdisponieren müssen, weil Mischa volltrunken war. Offenbar wisse ich wohl davon nichts ...?
»Ich habe keine Ahnung«, sage ich erschüttert.
Stanislawskij glaubt mir. Zunächst, ergänzt er, habe er für Mischa einen anderen Schauspieler eingesetzt, um die Vorstellungen zu retten. »Aber das Publikum macht das nicht mehr mit. Die Besucher wollen Michael Tschechow sehen. Er ist ein so ungewöhnlich begabter und faszinierender Schauspieler, daß die Leute für ihn einfach keinen Ersatz akzeptieren.«
Stanislawskij gibt Anweisung, das Stück, in dem Mischa heute abend spielen soll, abzusetzen und ein anderes zu disponieren.
Ich bitte Stanislawskij flehentlich, alles zu versuchen, um Mischa vom Kriegsdienst zu befreien: »Er geht nicht – sie werden ihn abholen und aufhängen ...«
Stanislawskij bekommt Mischa frei.
Mischa erfährt, daß ich bei Stanislawskij war. Er liegt mir dankbar zu Füßen und schwört, nie mehr zu trinken und auch keins ›dieser Mädchen‹ mehr mitzubringen.
Zwei Wochen später kommt er wieder nachts mit einem ›dieser Mädchen‹ nach Hause, und wenige Tage danach betrinkt er sich besinnungslos.
Als er nüchtern ist, verlasse ich mit meiner kleinen Tochter die Wohnung – für immer. Ich sage ihm, daß ich mich scheiden lassen werde.
Er folgt mir und schwört erneut, nie mehr etwas zu trinken, wenn ich zu ihm zurückkehre.
Ich kehre nicht zurück.
Trotzdem rührt er seit diesem Tage keinen Tropfen Alkohol

mehr an. Er heiratet sehr bald das junge Mädchen vom Tennisplatz.
Ich werde ihn in Deutschland wiedersehen. Er wird in einem Film unter meiner Regie eine Hauptrolle spielen . . .

Im Bürgerkrieg

Nach meiner Trennung von Mischa muß ich zusehen, wie ich mir mein Geld verdiene. Ich stecke in einer tiefen materiellen wie seelischen Krise. Was meine finanzielle Lage betrifft, so hilft mir Mama – gegen den Willen meines Vaters – so gut sie kann. Doch ist in mir nun der Ehrgeiz erwacht, zu beweisen, daß ich mich auch ganz allein in der Welt zurechtzufinden weiß. So gehe ich tagsüber in das Büro einer Weinhandlung, erledige deren Korrespondenz, lerne zugleich Schreibmaschinenschreiben, Stenographie, Betriebskunde, Buchhaltung. Abends schnitze ich Schachfiguren, die ich für wenig Geld an einen festen Abnehmer verkaufe, der sie wiederum für respektable Summen weiterveräußert. Aber ich halte mich über Wasser und manchmal empfinde ich gar eine Spur von Genugtuung, wohl weil ich fühle, daß ich härter werde und tauglicher für eine Zukunft, die noch vieles für mich bereithält.

Mit Ministerien, die von Zarskoje Sselo nach Moskau verlegt werden, kommen schließlich auch meine Eltern hier an. Ich wohne mit der kleinen Ada bei ihnen.

Jetzt herrschen schon Chaos und Anarchie. Hunger und Kälte sind unvorstellbar. Um ein paar armselige Kartoffeln zu beschaffen, laufen meine Schwester und ich zehn Kilometer und mehr über Land. Für einen gefrorenen Milchwürfel, der meine Tochter am Leben erhalten soll, sind wir einen Tag lang unterwegs. Aber wir bringen den Würfel nicht nach Hause:

Abends, bei der Rückkehr, stoßen wir vor der Stadt auf Wegelagerer – ausgemergelt und ausgehungert wie wir selbst. Sie nehmen uns den Milchwürfel ab. Ich erzähle ihnen weinend von meiner Tochter. Sie zucken die Schultern: Hinter riesigen Schneebergen stehen ihre Frauen versteckt. Sie kommen jetzt hervor – fast jede von ihnen hält ein Baby auf dem Arm.

Am nächsten Tag haben wir mehr Glück. Nach stundenlangem Herumirren gibt uns ein Bauer Milch und einige Kartoffeln. Wir bringen beides durch. Die Kartoffeln werden zu Eisklumpen. Zu Hause tauen wir sie auf; die Schalen pellen wir ab, trocknen sie, drehen sie durch den Wolf, bräunen sie in der Bratpfanne – selbstverständlich ohne Fett – und genießen das so gewonnene Pulver als – Kaffee. Sofern wir Brennmaterial haben. Holz ist nämlich mindestens so schwer zu beschaffen wie Nahrung. Wir stehlen es im Wald – unter Lebensgefahr. Wir schleppen Äste und Stämme nach Hause, zersägen und zerhacken sie – auch das immer im Schutz der Dunkelheit und darauf gefaßt, von Aufpassern oder neidischen Nachbarn erwischt, angezeigt und eingesperrt zu werden. Einmal können wir einen Bauern mit einem wertvollen Brillantring bestechen. Er wirft uns nachts zehn Birkenstämme vors Haus und verschwindet schleunigst; denn Holz zu handeln ist streng verboten. Meine Schwester und ich schleppen die schweren, nassen Stämme von der Straße auf den Dachboden unseres dreistöckigen Hauses. Fünf Stämme haben wir schon nach oben gewuchtet. Als wir wieder hinunter kommen, fehlen von den restlichen fünf – zwei. Also haben Nachbarn zugegriffen oder Häscher – oder Polizisten. Sie werden im nächsten Hausflur auf uns warten, uns niederschlagen oder uns verhaften. So lassen wir die drei Stämme liegen. Das bedeutet dreimal weniger klafterweise Holz, das sind weniger heiße Wassersuppen und einige Stunden weniger Wärme, um uns unsere erfrorenen Glieder aufzutauen. Wir weinen vor Wut. Aber unsere Angst, dieses armselige Leben zu verlieren, ist noch weit stärker.

Wir gehen nach oben, stechen schmerzende Blasen auf, die wir uns beim Holzschleppen geholt haben, und ziehen uns Dutzende von Splittern aus den Händen. Dann versammeln wir uns alle um unser kleines Öfchen, das wir zärtlich ›Burschujka‹ (kleine Bourgeoisie) nennen.

Wir haben gelernt, ganz kleine Holzstückchen so unter Feuer zu halten, bis Schneewasser, Nässe und Feuchtigkeit aus den großen Stücken zischend herausgedampft sind. Wir fächeln und pusten bis zur Erschöpfung, um die trägen Flammen zu schüren. Schmutzig, verrußt und mit rot entzündeten Augen starren wir dann glücklich in die Glut.

Die Stämme sind sehr bald verbrannt. Weitere Streifzüge bleiben erfolglos. Wir finden auch keinen Bauern mehr, der uns gegen Schmuck ›Nachschub‹ liefert.

Wir stehen frierend in der Bibliothek und fixieren verstohlen die Bücher meines Vaters.

Die kleine Ada schreit ...

In unserer Wohnung herrschen seit Tagen mehrere Grad unter Null. Mein Vater bemerkt unsere Blicke zu seinen Büchern; sie sind für ihn unersetzlich, sie sind ein Schutzwall, hinter den er sich zurückzieht, um im Chaos geistig zu überleben.

Die kleine Ada schreit stärker ...

Mein Vater nickt uns zu und zeigt auf einige seiner weniger wertvollen Bücher. Wir verbrennen sie. In den nächsten zwei Jahren bleibt kein Band mehr übrig ...

Ich kann Ada nicht mehr stillen. Ich bin zu ausgemergelt und

völlig kraftlos. Meine Mutter erinnert sich daran, daß der berühmte Sänger Schaljapin eine kaum faßbare Vergünstigung genießt: Er darf sich eine Kuh halten ...
Meine Eltern sind mit Schaljapin befreundet. Ich gehe zu ihm. Unterwegs begegnet mir ein Bauer mit einem Pferd. Ich bleibe verwundert stehen und bin fast sicher, daß mich eine Halluzination narrt; Pferde nämlich sind aus dem Stadtbild so gut wie verschwunden: Pferdefleisch ist eine Delikatesse geworden.
Mit mir bleiben andere stehen. In ihren Blicken lauert Gier; denn was sich hier die Straße hinunterschleppt, ist nur noch ein wandelndes Gerippe und längst fällig, tot zusammenzubrechen.
Das Pferd bricht zusammen. Die Sekunden sind da: Noch vor dem letzten Atemzug schneiden und reißen die Leute lederharte Fetzen aus dem dürren Leib. Der Bauer zetert und schreit. Zwei Männer schlagen ihn zusammen.
Schaljapin gibt mir sofort Milch, als er hört, daß die kleine Ada sonst verhungert. Und er legt noch etwas knochentrockenes Schwarzbrot dazu.
Ein Wunder geschieht: Ich bringe Milch und Schwarzbrot unbehelligt heim.
Zu Hause kaue ich Bissen für Bissen des trockenen Brotes gründlich durch und schiebe den weichgekauten und eingespeichelten Pampf meiner Tochter in den Mund.
Ada quiekt vor Wonne ...
Es ist das Jahr, da die Lage reif für die Revolution ist. Im dritten verlustreichen Kriegswinter erreicht die Vertrauenskrise um den Zaren und seine von verantwortungslosen Ratgebern bestimmte Politik einen gefährlichen Höhepunkt. Konsequenzen sind fällig.
Eine von der bürgerlichen Linken gestützte provisorische Re-

gierung unter Fürst Lwow und Miljukow zwingt den Zaren, am 15. April 1917 abzudanken. Der Zar und seine Familie werden im sibirischen Jekaterinburg interniert.
Die von den Ententemächten und den USA tolerierte provisorische Regierung bekommt die gegen den Zaren ausgerufene Revolution nicht in den Griff. Im Mai 1917 reißt der Sozialrevolutionär Kerenskij die Macht an sich und scheitert an der von den Alliierten gewünschten Fortsetzung des Krieges gegen Deutschland und die Mittelmächte.
Finnland, die Ostseeprovinzen, die Ukraine, der Kaukasus und Innerasien bereiten die Loslösung vom Russischen Reich vor. In dieser Situation können die radikalen Bolschewiki unter Führung des im April 1917 aus der Schweiz nach Rußland zurückgekehrten Lenin am 7. November in Petrograd (Petersburg) und anschließend auch in Moskau die Macht ergreifen. Die Bolschewisten schließen im März 1918 mit den Mittelmächten (Deutschland, Österreich, Ungarn u. a.) Frieden; sie treiben die ›Allrussische Verfassunggebende Versammlung‹ der gemäßigten sozialistischen Parteien auseinander und bilden die Russische Sozialistische Föderation der Sowjetrepubliken.
Bürgerkrieg bricht aus.
Die berühmt-berüchtigten Kämpfe zwischen ›Rot‹ und ›Weiß‹ – zwischen der ›Roten Armee‹ und der ›Weißen Armee‹ Admiral Koltschaks – toben bis 1921. Koltschaks Armeen stehen in Sibirien, in der Ukraine und im Kaukasus; er wird in seinem Kampf gegen die Bolschewisten und deren Sonderfrieden mit den Mittelmächten von den USA, England, Frankreich und Japan unterstützt. Der Admiral bildet in Sibirien eine bürgerliche Regierung und ernennt sich im November 1918 zum Reichsverweser.

Von diesem politischen Hintergrund hängt das weitere Schicksal meines Vaters ab: Er ist noch unter dem Zaren Eisenbahnminister geworden und geht nach Ausbruch der Revolution zwangsläufig mit Koltschak nach Sibirien. Er nimmt meine Mutter und die kleine Ada mit. Dort in Sibirien, so hoffen wir, in einer der großen Kornkammern Rußlands, wird die Kleine nicht verhungern müssen.

Bevor Koltschak mit seinen Truppen im sibirischen Jekaterinburg eintrifft, ermorden die Bolschewisten im Juli 1918 den Zaren und seine Familie. Von einem jungen Rotarmisten, der behauptet, dabeigewesen zu sein, erfährt Mama später Einzelheiten:

Die Herrscher-Familie wurde in einem Keller erschossen, als letzte die Zarin. Ihr lastete man die Vererbung der tückischen Bluterkrankheit auf den Thronfolger an, ihr schrieb man Rasputins Favoritenrolle bei Hofe zu (der Wundermönch wurde bereits 1916 umgebracht), sie war mehr noch als der Zar verhaßt und sollte – als letzte Strafe gewissermaßen – mit ansehen müssen, wie alle anderen vor ihr starben.

Nach der Hinrichtung wurden der Zar und seine Familie verbrannt, die Asche in alle Winde verstreut.

Elisabeta, eine Schwester der Zarin, und einige Verwandte mußten in einen Kohlenschacht springen. Elisabeta sprach den Jüngeren bis zuletzt Mut zu: »Du courage, mes enfants, du courage ...«

Niemand, der damals und danach in Rußland lebte, zweifelt daran, daß der Zar, die Zarin und alle ihre Kinder liquidiert worden sind. Gerüchte, die von heimlicher Flucht und Rettung der ganzen Familie, zumindest aber der jüngsten Zarentochter Anastasia wissen wollen, gehören ganz sicher ins Reich der Fabel. Die grausame Wahrheit wird durch nichts aufgehoben, weder von Sensationsberichten in der internationalen Presse, nach denen die Zarenfamilie angeblich 1917 in einem versiegelten Waggon ins Ausland gebracht worden sein soll, noch von Gerichtsverfahren um die Identität einer gewissen Anna Anderson mit der Zarentochter Anastasia. Man sollte, meine ich, auch diese Toten ruhen lassen.

Admiral Koltschaks Armee und Regierung hatten nach Anfangserfolgen Rückschläge und sind sehr bald alles andere als eine einheitliche Kraft gegen die Rote Armee: Nationale und politische Gruppen intrigieren gegeneinander, kämpfen um die Vorherrschaft oder versuchen, sich gegenseitig auszuschalten – durchaus auch direkt und brutal.

So bricht eines Nachts eine bewaffnete Horde unter Führung eines Zivilisten in das Haus meiner Eltern ein.

Mein Vater soll abgeführt werden.

Meine Tochter ist krank und liegt mit hohem Fieber im Bett.

Noch bevor mein Vater reagieren kann, handelt meine Mutter: Sie holt Ada aus dem Bett, stellt sich mit dem Kind schützend vor meinen Vater und herrscht die Gruppe an:

»Was hat euch der Genosse Minister getan?!«

Und entschlossen setzt sie noch nach: »Wenn ihr meinen Mann erschießen wollt, dann nur über meine Leiche und – über die Leiche dieses Kindes!«

Ada weint jämmerlich.

»Abtreten!« schreit der Anführer seine Leute an, »wartet draußen!«

Die Horde zieht sich murrend zurück.

Meine Eltern schweigen verwirrt. Der Anführer sieht sie prüfend an und wendet sich dann plötzlich an meine Mutter:

»Sind Sie nicht Tante Lena?«

Mama nickt verblüfft.
»Sie haben meiner Schwester und mir das Leben gerettet! Kennen Sie mich nicht mehr? Ich bin – Isaak Haifetz ...«
Der Mann küßt meiner Mutter dankbar die Hände.
Und das ist der zeitgeschichtliche Hintergrund dieses so merkwürdigen Vorgangs:
In Südrußland gab es schon zu Zarenzeiten öfter Pogrome gegen den jüdischen Teil der Bevölkerung. Der Blutrausch des Pöbels wurde von der Regierung ein bis zwei Tage bewußt geduldet. Erst dann griff Militär ein, um ›Ruhe und Ordnung‹ wiederherzustellen. Bei einem dieser Aufstände war es Mama gelungen, eine jüdische Familie mit zwei Kindern bei uns zu verstecken. Die Familie zog später in eine andere, weniger gefährdete Gegend. Eins der Kinder war Isaak Haifetz. Er hat ›Tante Lena‹ nicht vergessen ...
Während meine Eltern mit der kleinen Ada in Sibirien sind – wir hören zwei Jahre nichts voneinander –, bekommen meine Schwester und ich in Moskau zwangsweise Einquartierung: Jede Ecke in jedem Raum ist mit Strohsäcken und Matratzen belegt. Die Heizungen sind geplatzt, die Wasserleitungen abgeschaltet, die sanitären Anlagen funktionieren durch den strengen Frost nicht mehr. Trinkwasser holen wir von einem entfernten Brunnen.
Unsere Einquartierten halten nichts von einfacher Ordnung; statt ihre Exkremente in Eimern hinunterzutragen, benutzen sie unbekümmert die nächstbeste Zimmerecke als ›Klosett‹. Als die Temperaturen in den Zimmern über null Grad ansteigen, breitet sich im ganzen Haus infernalischer Gestank aus. Kommentar unserer ›Gäste‹: »Nu – nitschewo ...« (»Na – und?!«)
In dem uns noch verbliebenen Zimmer bauen meine Schwester

und ich uns aus letzten Perserteppichen ein kleines Zelt, gerade so groß, daß unser ›Iglu‹ durch unsere eigene Körperwärme erträglich temperiert wird. Ein winziger Ofen steckt sein Rohr aus einem Fenster und qualmt rußend vor sich hin – sofern wir Holz haben und uns süßgefrorene Kartoffeln zubereiten können.

Selbstredend gibt es auch kaum noch Seife – dafür Holzasche, aus der wir ›Ersatzseife‹ fabrizieren. So komme ich zu meinen ersten chemisch-kosmetischen Erfahrungen ...

Die Läden sind geschlossen, außer einigen wenigen Bäckereien. Dort gibt es ab und zu etwas Brot auf Marken.

Dagegen kann auf öffentlichen Märkten jeder verkaufen, was er will und hat, ausgenommen Schmuck und Juwelen. Natürlich wird fast nur getauscht – Geld ist sowieso nichts mehr wert –, und die Leute vom Lande sind kleine Könige; denn sie haben zu bieten, was dem Städter fehlt: Nahrung.

Eine alte Bäuerin kann ich mit Mamas Pariser Pailletten-Abendkleid betören. Sie zieht das Kleid gleich über ihren rustikalen Rock und läßt sich von der Familie bewundern. Ich mache mich mit einem Laib strohigem Brot und einem Sack gefrorener Kartoffeln schleunigst auf und davon.

Trotz allem spielen wir weiter Theater. Wir – das sind junge Schauspieler und ich, die Einakter aufführen und dies, dem Zuge der Zeit entsprechend, für Naturalien. Wir sind zwanzig Männer und Frauen und nennen unser improvisiertes Tournee-Theater ›Sorokanoschka‹, was soviel wie ›Vierzigfüßler‹ heißt. Auf den Vorhang aus alten geschnorrten Stoffresten sticken wir unser ›Markenzeichen‹, einen Wurm mit vierzig Füßen.

Natürlich haben wir trotz unserer erspielten Naturalien meist Hunger; aber wir leiden nicht so sehr darunter wie viele an-

dere. Unsere Ideale helfen uns über manches hinweg. Nicht immer allerdings und nicht über alles:
1918 fahre ich für unser Schauspiel-Studio nach Kostroma an der Wolga. Ich will Kartoffeln und Mehl organisieren. Reisepapiere und Ausweise beschaffe ich mir im Kultur-Kommissariat. Gewöhnliche Sterbliche dürfen überhaupt nicht reisen. Aber Ärzte und Schauspieler genießen auch unter den Bolschewisten gewisse Vorrechte.
Es verkehren kaum Züge, fahrplanmäßig schon gar nicht. Allenfalls schleppt irgendeine ausrangierte Dampf-Lok einige Güterwagen durch die Gegend. In diese Wagen sind provisorisch schmale Bänke eingebaut, auf denen wir zusammengepfercht ins Ungewisse zockeln, Stunden oder auch Tage, niemand weiß es im voraus.
In der Mitte des Wagens steht ein Öfchen, dessen Rohr durch die Decke nach außen ragt. Jeder hat seine eigene Wasserkanne dabei, um unterwegs Tee zu kochen. Das ist unerläßlich; denn die Züge stehen oft lange und unberechenbar auf freier Strecke.
Ich habe Glück: Nach ›nur‹ 24stündiger Fahrt bin ich schon in Kostroma. Wegen eines Übernachtungsscheins gehe ich zum Kommissariat.
Ich werde in einen kleinen, ungeheizten Raum mit etlichen

Die bolschewistische Revolution *von 1917 bringt eine schwere Umstellung für die ehemals großbürgerliche, zarentreue Familie. Oben: Der Sturm auf den Winterpalast führt zur Etablierung des Lenin-Regimes. Unten: Im ganzen Land werden Zarendenkmäler gestürzt, bis die Bolschewisten schließlich im Juli 1918 Zar Nikolaus II. und Zarin Alexandra mit allen ihren Kindern erschießen.*

Graden unter Null eingewiesen und lege mich todmüde auf einen Strohsack. Offenbar mußten auch die Wanzen hier längere Zeit ›fasten‹: Sie fallen, kaum, daß ich eingeschlafen bin, buchstäblich über mich her. An Schlaf ist nicht mehr zu denken. Ich zünde mit einiger Mühe eine feuchte Kerze an und beobachte fassungslos den geradezu konzentrischen Angriff der Blutsauger auf meinen ausgezehrten Körper; sie kriechen aus allen Winkeln und Ecken hervor, sie haben es eilig, als ginge es um einen Wettlauf; andere lassen sich von der Decke traubenweise auf mich herunterfallen.

Ich fliehe.

Die Frage ist nur, wohin: Für Zivilisten besteht ab Mitternacht striktes Ausgehverbot.

Ich gehe trotzdem auf die Straße. Die nächste Militärstreife verhaftet mich. Für den Rest der Nacht werde ich verhört. Die Soldaten grinsen, als ich ihnen den ›Aufmarsch der Wanzen‹ in allen Einzelheiten schildere; sie fühlen sich von meinem ›Solo-Sketch‹ großartig unterhalten. Da ich außerdem ›ordnungsgemäße Papiere‹ nachweisen kann, verläuft mein Verstoß gegen das Ausgehverbot glimpflich; ›Ärzte und Schauspieler ...‹

Bei Morgengrauen werde ich entlassen. Auf dem Schlitten eines Bauern fahre ich über den gefrorenen Fluß zur anderen Seite der Stadt; eine Brücke gibt es nicht.

Der Bauer ist gutmütig und hilfreich. Er klopft bei Bekannten an, sagt ihnen, woher ich komme und was ich möchte. Wenig später kann ich Kartoffeln und Mehl in seinem Schlitten verstauen.

Er erledigt noch einiges. Dann fahren wir zurück zur Wolga.

Olga Tschechowa 1919 als Bühnenschauspielerin in Moskau.

Da hören wir von weitem ein merkwürdiges Dröhnen. Der Bauer treibt sein Pferd an. Ich frage ihn, was dieses Krachen zu bedeuten hat. Er hebt schweigend die Schultern. Ich sehe ihm an, daß er sehr genau weiß, was uns am Fluß erwartet. Er feuert sein Pferd noch mehr an, als ginge es um Sekunden. Das dumpfe Dröhnen ist jetzt ganz nah.

Als wir die Wolga erreichen, weiß auch ich, warum es der Bauer so eilig hatte; und doch, so scheint es, haben wir den Wettlauf verloren:

Das Eis ist an einigen Stellen bereits aufgebrochen; die Schollen stauen sich und schneiden uns den Rückweg ab.

»Was können wir tun?« frage ich hilflos.

Der Bauer schiebt seine Fellmütze in den Nacken: »Nichts ...«

›Wenn ich den Zug nach Moskau nicht kriege‹, überlege ich fieberhaft, ›kann ich erst in drei Tagen wieder fahren, wobei noch gar nicht sicher ist, ob wir bis dahin über den Fluß kommen. Außerdem ist meine Reisegenehmigung befristet ...‹

Ich rede auf meinen gutmütigen Bauern ein. Er wiegt nachdenklich den Kopf, zögert noch, dann ringt er sich zu einem Kompromiß durch:

Um das Gewicht besser zu verteilen, soll ich mit einem anderen, unbeladenen, Schlitten vorausfahren; er selbst wird mit seinem Schlitten und meinen gehamsterten Lebensmitteln nachkommen. Er verhandelt mit einem Freund, der in der Nähe sein Gehöft hat. Der Freund stimmt zu. Ich bekomme einen leeren Schlitten ...

Vorsichtig und ängstlich tastet sich das Pferd durch den orkanartigen Sturm über das Eis. Ich entdecke eine schmale Fahrspur, die noch zu halten scheint. Langsam, endlos langsam überqueren wir den Fluß.

Als wir wieder festen Boden unter den Kufen haben, scheinen

mir nicht Minuten, sondern Stunden vergangen zu sein. In diesem Augenblick höre ich durch den tosenden Sturm hindurch einen grellen Schrei. Ich drehe mich um und sehe, wie der Bauer mit Pferd und Schlitten im Strom versinkt.

Ich begreife nicht gleich; ich hoffe noch, daß meine Sinne mich täuschen:

Das Eis bricht. Der Wagen rutscht sekundenschnell von einer treibenden Scholle in den reißenden Fluß. Der Bauer wird ins Wasser geschleudert. Das Pferd bäumt sich noch einmal hoch auf und wird dann mitgerissen. Beide haben keine Chance mehr: Nachdrängende Eisklötze decken sie zu.

Ich breche weinend zusammen.

Als ich wieder zu mir komme, sieht mich ein Mann mit verrußtem Gesicht besorgt an.

Ich rede wie irr auf ihn ein: Warum, frage ich ihn, bin ich nach Kostroma gefahren – wegen erfrorener Kartoffeln und einer Handvoll Mehl. Wenn ich das heil nach Hause gebracht hätte, wäre unser Hunger auch nicht länger als einige Stunden gestillt gewesen. Aber: Ich bringe es nicht nach Hause. Kartoffeln und Mehl schwimmen in der Wolga. Und ein Mensch ist dafür gestorben. Warum ...?! Ich schreie dem Mann die Frage ins Gesicht. Er versteht mich nicht.

Er ist Lokomotivführer und hat den Auftrag, mit seiner Maschine wichtige Kurierbriefe nach Moskau zu fahren. Er wird nur von seinem Heizer begleitet.

Ich flehe ihn an, mich nach Moskau mitzunehmen. Natürlich, er darf keine ›unbefugten Personen‹ befördern, trotzdem ... Er berät sich mit seinem Heizer. Der fährt sich ratlos durch seinen wuschligen Bart: Wenn mich unterwegs eine Militärstreife aufstöbert, sind sie ihre Stellung los – oder noch einiges mehr ...

Sie geben mir etwas Brot und Tee. Während ich gierig esse und trinke, überlegen sie weiter. Ich suche in ihren Augen zu lesen, wie sie sich entscheiden werden.

Der Lokomotivführer hebt die Schultern. Ich halte den Atem an. »Also gut«, sagt der Lokomotivführer. Der Heizer greift sich noch einmal in seinen strubbligen Bart, dann nickt auch er.

Ich gebe dem Lokomotivführer einen Kuß.

»Hmm«, brummt er wohlgefällig.

Sie verstecken mich im Holz des Tenders.

Die Fahrt dauert neun Stunden. Zweimal muß neues Holz gefaßt und Wasser getankt werden.

Beim ersten Mal haben wir Glück. Der Lokomotivführer kennt die Soldaten, die die Maschine und den Tender während des Aufenthalts kontrollieren sollen. Er scherzt mit ihnen, lenkt sie ab, sie nehmen ihre Sache nicht so genau.

Beim zweiten Mal haben wir Pech. Weder Lokomotivführer noch Heizer haben die kontrollierenden Soldaten je gesehen. Die lassen sich auch nicht ablenken ...

Ich liege, dem Ersticken nahe, unter einem Stapel Holz. Einer der Soldaten rüttelt an den Stämmen im Tender. In den nächsten Sekunden wird er mich entdecken.

Da höre ich Rufe – und gleich danach entfernte Schüsse. Der Soldat läßt von dem Holz ab. Er wird mit seinem Streifen-Kameraden von einem dritten zurückkommandiert. Offenbar ist irgendwo eine Schießerei im Gange.

Trotz beißender Kälte perlt mir Schweiß von der Stirn.

Der Lokomotivführer fährt weiter.

Mehrere Kilometer vor Moskau muß ich die Maschine verlassen. Lokomotivführer und Heizer entschuldigen sich: Nach Moskau direkt können sie mich nicht mitnehmen; sie würden ihr Leben riskieren.

Ich stapfe müde durch den Schnee. Tränen rinnen mir übers Gesicht.

Stunden später stehe ich vor unserem Haus. Ich habe kein Kraft mehr, die Treppen allein hochzukommen. Meine Schwester stützt mich.

Eine Kollegin aus dem Schauspiel-Studio erwartet mich. Sie sieht mich fragend an und sucht mit hungernden Augen nach einem Päckchen oder Paket, das ich von meiner ›Hamsterfahrt‹ doch eigentlich mitgebracht haben müßte.

Ich schüttele den Kopf. Dann sinke ich lautlos zusammen.

Am 7. Februar 1920 erschießen die Bolschewisten Admiral Koltschak. Seine ›Weiße Armee‹ und seine bürgerliche Regierung in Sibirien haben aufgehört zu bestehen. Die Sowjets schließen Frieden mit Polen und unterschreiben Bündnisverträge mit Sibirien, der Ukraine und dem Kaukasus. Die ›Union der Sozialistischen Sowjetrepubliken‹ ist Realität geworden.

Meine Eltern kehren mit der kleinen Ada nach Moskau zurück.

Mein Vater – Minister unter dem Zaren und bei Koltschak – ist als Spezialist für Brücken- und Viaduktkonstruktionen auch den Sowjets so wichtig, daß sie auf seine Sachkenntnis beim Wiederaufbau nicht verzichten wollen. Er arbeitet weiter wie bisher. Nur die Unterschriften leisten andere – ehemalige Schlosser und Rangiermeister zum Beispiel.

Ich sehe meine Tochter nach zwei Jahren zum ersten Mal wieder. Sie kennt mich nicht mehr. Für sie ist Mama inzwischen die ›richtige Mutter‹ geworden. Sie sträubt sich, mir ihre Händchen zu geben. Ich umarme sie. Es dauert Wochen, bis sie meine Liebkosungen erwidert.

Dank Tante Olgas Beziehungen stellt mir Kultusminister

Lunatscharski im Januar 1921 eine sechswöchige Reisegenehmigung nach Deutschland aus.
Die Fahrt ist abenteuerlich. Normalen Zugverkehr gibt es noch nicht. Ein- bis zweimal in der Woche fahren Züge mit Kriegsgefangenen – Deutschen, Österreichern, Ungarn und anderen – nach dem Westen; von Fall zu Fall nehmen sie einige Zivilisten mit. Der Mann einer Schulfreundin von mir leitet einen deutsch-österreichischen Kriegsgefangenentransport. Ich stelle mich unter seinen Schutz.
Mein Reisegepäck ist leicht – in jeder Beziehung:
Ich bin noch nicht 24, habe eine herrliche Jugend, wenige, aber erfüllende Schauspielerjahre, eine kurze, deprimierende, gescheiterte Ehe und Kriegs- und Revolutionsjahre hinter mir, die mich in ganzer Härte getroffen und – gelehrt haben, vieles zu verstehen, Toleranz zu üben und zwischen Wichtigem und Unwichtigem zu unterscheiden. Wirklich wichtig, lebenswichtig ist nur wenig; das weiß ich inzwischen.
Was ich an äußeren Dingen sonst noch auf diese Reise mitnehme, ist in einem Satz gesagt: einen alten, gewendeten Mantel meiner Mutter, ein dünnes Kopftuch, ein Paar Stiefel mit Pappsohlen aus Teppichstoff und einen Ring.
Der Ring ist nicht nur kostbar – er soll meinen Aufenthalt in Deutschland finanzieren –, er ist auch gefährlich: Schmuck hat als Verkaufs- oder Tauschobjekt gewissermaßen internationalen Kurswert. Nach Schmuck wird von den Kontrolleuren der Roten Armee auf dieser Fahrt deshalb immer wieder gefahndet. Wer mit einem Ring oder einem Halsband erwischt wird, hat seine Reise auf der nächsten Station beendet. Ich ›trage‹ meinen Ring ständig unter der Zunge und spreche damit unauffällig und mühelos – dank meiner Sprechausbildung in der Schauspielschule ...

Auf dem Anhalter Bahnhof in Berlin erwartet mich eine Freundin. Wir kennen uns aus Petersburg und Moskau. Sie hat in Rußland einen Österreicher geheiratet und ist – nunmehr Österreicherin – durch die Repatriierungskommission schon zwei Jahre vor mir ›herausgekommen‹.
Sie erkennt mich in meinem Aufzug nicht gleich. Ich nehme das Kopftuch ab. Jetzt fällt sie mir um den Hals und stammelt etwas von ›dünn‹ und ›ausgezehrt‹.
»Wie kann ein Mensch nur so ausgezehrt sein«, flüstert sie erschüttert.
Ich bin in Deutschland – in einem armen, von Krieg und Inflation geschüttelten Deutschland und dennoch in einem reichen Land, wenn ich an die Armut in Rußland denke.
Meine Freundin schleppt mich ins nächste Café und bestellt Kuchen mit Schlagsahne.
Ich kann nicht widerstehen.
»Du bleibst für immer?« fragt sie.
Ich schüttele den Kopf und antworte ganz undamenhaft mit vollem Mund: »Nein, sechs Wochen.«
Ich bleibe für immer.
Moskau sehe ich erst nach dem Zweiten Weltkrieg wieder – als Gefangene in Sonderhaft, die der sowjetischen Regierung ›interessante Einzelheiten‹ über deutsche Nazi-Größen erzählen soll.
Vorerst ist es noch nicht soweit. Einstweilen lege ich mich – kaum in Berlin angekommen – ins Bett:
Mein geschwächter Magen rebelliert gegen Kuchen und Schlagsahne. Seine ›Rache‹ dauert mehrere Tage.

Deutschland und der Stummfilm

Mein Bett steht in der Groß-Beeren-Straße in einem typischen Berliner Pensionszimmer. Wie viele Wirtinnen kleiner Pensionen in sogenannten guten Wohngegenden, hat auch meine Dame des Hauses ihren Mann als Offizier im Krieg verloren. Sie hat bessere Tage gesehen und benimmt sich entsprechend. Sie ist in allem leicht reserviert, gleichwohl aber doch sehr darum bemüht, daß mein Magen wieder in Ordnung kommt. Sie gibt dem Zimmermädchen genaue Anweisungen und hält, genau wie ich, in solchen Fällen viel von Kamillentee. Unsere Verständigung auf dieser Basis funktioniert vorzüglich; sonst verstehen wir einander kaum: Ich spreche nur einige Worte Deutsch und sie kein Wort Russisch.

Meine Freundin dolmetscht. Sie ist überhaupt mein ›guter Engel‹ in diesen ersten Wochen in Berlin.

Als ich wieder einigermaßen auf den Beinen bin, gehen wir zum Juwelier. Mein geschmuggelter Ring ist ›fällig‹.

Der Juwelier ist klein, glatzköpfig und behende; er hüpft wie ein Gummiball um uns herum, fordert uns unablässig auf, Platz zu nehmen, redet wie ein Wasserfall, prüft den Ring, nein: zelebriert, wie ein gewiefter Juwelier einen Ring prüft, spitzt anerkennend die Lippen und nennt einen Preis, der meine Freundin blaß werden läßt. Ich sehe sie fragend an. Es ist ein Preis weit unter Wert.

Wir stehen auf.

Der Juwelier umhüpft uns weiter, pausenlos redend, stöhnt

über die miserablen Zeiten, wiederholt wild gestikulierend »miserabel, miserabel«, will hundert Mark dazulegen und jammert, daß er mit diesem Preis dann eigentlich schon so gut wie pleite sei.

Natürlich ist er keineswegs pleite. Im Gegenteil: Das einzige, was in dieser Zeit der ›rasenden Inflation‹, der galoppierenden Geldentwertung, noch Bestand hat, sind Sachwerte und Schmuck. Meinen Ring wird unser fixer Juwelier weiterverkaufen, wenn die Mark wieder stabil geworden ist.

Aber was nützt's. So lange kann ich nicht warten. Ich brauche Geld für die notwendigsten Dinge des täglichen Bedarfs. Also weine ich meinem hübschen Ring noch eine kleine unsichtbare Träne nach und lege ihn dem Juwelier auf den Tisch. Anschließend gehe ich mit meiner Freundin Schuhe kaufen, richtige Schuhe. Ich behalte sie gleich an und lasse meine russischen Teppichschuhe mit Pappsohlen einpacken. Ich schreite aus dem Schuhgeschäft wie eine Fürstin aus dem Ballsaal.

Im übrigen schlage ich mich mit allerlei Gelegenheitsarbeiten durch. Ich schnitze wieder Schachfiguren und beginne zu modellieren, erst nur zu meinem eigenen Vergnügen, bald aber auch im Auftrag einer zunehmenden Anzahl von Kunden. Zu einem guten Teil sind es russische Emigranten. Durch sie eröffnen sich mir neue Freundeskreise, erweitere ich meine persönlichen Beziehungen.

Eines Tages nimmt mich meine Freundin zu Bekannten mit, und die wiederum laden mich zu einer kleinen Abendgesellschaft ein, auf der ich, wie sie sagen, Filmleute treffen werde. ›Filmleute‹ sind mir noch kein Begriff; in Rußland habe ich nur Theater gespielt ...

Ich treffe nicht nur irgendwelche Filmleute; ich begegne zum ersten Mal Erich Pommer, einem der wenigen wirklich überragenden Produzenten, die in Deutschland je gearbeitet haben.

Pommer war schon vor dem Krieg bei der Berliner Filiale der französischen Filmfirma Gaumont, wurde im Krieg zum Balkan abkommandiert, um dort das Bild- und Filmamt (das BUFA) zu leiten, und ist jetzt Direktor der Decla Bioskop, eine der wenigen Firmen, die noch nicht von der großen Ufa aufgekauft wurden.

Pommer kennt die Entstehungsgeschichte der Ufa und hat gegen ihre Gründung protestiert. Er weiß, daß Generalquartiermeister Ludendorff und Georg von Stauß, Direktor der Deutschen Bank, noch im Kriege zur Gründung der Universal Film AG (Ufa) zusammenfanden, der General, um der feindlichen Filmpropaganda eigene Propaganda entgegenzusetzen, der Bankdirektor zunächst nur, um Ölinteressen und wirtschaftliche Aktivitäten seines Hauses auf dem Balkan hinter einer Filmfirma zu tarnen, genauso, wie das bereits eine konkurrierende Gruppe der Schwerindustrie – Krupp, Thyssen, Stinnes – mit der Deutschen Lichtspielgesellschaft (DLG) tat.

Mit 25 Millionen Mark wurde die Ufa unter Reichsbeteiligung ins Leben gerufen. Daß nach dem Krieg für Herrn von Stauß der wirtschaftliche Tarncharakter der Firma wegfiel und ihr eigentlicher Zweck – Filme herzustellen, zu verleihen und aufzuführen – jetzt gleich monopolartig in den Vordergrund trat, steht auf einem anderen Blatt; und daß wenig später auch Erich Pommer zur Ufa gehört, ist wieder ein anderes Kapitel.

Als ich mir in Berlin mein erstes Paar Schuhe kaufe und auf dieser Abendgesellschaft ›mit Filmleuten‹ bin, ist Pommer

jedenfalls Direktor der Decla Bioskop, ein Direktor, der vom Handwerk seiner Firma nicht nur viel, sondern alles versteht und der das hat, was den großen Produzenten – diese eigenartige Mischung zwischen Kaufmann und Künstler – ausmacht: Gespür. Pommer hat sich bereits Fritz Lang als Regisseur aus Wien geholt und ist jetzt mit einem Mann im Gespräch, der ursprünglich einmal Friedrich Wilhelm Plumpe hieß, was seiner eleganten, noblen und kühlen Herren-Erscheinung hohnsprach. Er nennt sich jetzt Friedrich Wilhelm Murnau und ist dabei, als Regisseur Filmgeschichte zu machen.
Murnau bereitet den Film ›Schloß Vogelöd‹ vor, einen Kriminalfilm, wenn man so will, und doch einiges mehr, einen – unrealistischen Kriminalfilm, wenn es das gäbe. Zwischen dem, was geschieht, und dem, was die Handelnden ahnen, lösen sich die Grenzen ständig visionär auf. Die Hauptrolle, eine junge Schloßherrin, ist noch nicht besetzt.
Sie wird gesucht und – gefunden:
Ich soll sie spielen, soll, das heißt, ich erhalte einen Vertrag. Indessen: Was soll ich eigentlich spielen?
Ich lasse mir das Drehbuch eiligst ins Russische übersetzen und finde das, was daraus werden soll, sehr interessant, nur: Was ist Film ...?
In Rußland habe ich keinen gesehen. Vom Hörensagen weiß ich, daß das in meiner Heimat mehr eine Beschäftigung für Artisten ist, ›gelernte Schauspieler‹ haben damit kaum etwas zu tun. Kurz: Ich war noch nie im Kino ...
Also laufe ich, um Erfahrungen zu sammeln, in Berlin von einem kinematographischen Musentempel in den anderen. In wirrer Reihenfolge sehe ich Reißer, Krimis, Dramen, Aufklärungs-, historische, Liebes-, Abenteuerfilme und Klamotten. Ich bin zunächst von den meisten Filmen ganz und gar

nicht begeistert. Welch übertriebene, gekünstelte Bewegungen! Welch pathetische, lächerliche Gesten . . .!
Obwohl ich nahezu keinen der deutschen Untertitel lesen kann, begreife ich den Inhalt der Filme recht gut, denn im Handlungsablauf ist ja alles auf den optischen Ausdruck abgestellt. Und von hier aus fängt auch das mir völlig unbekannte Medium an, mich besonders zu interessieren:
Der bildhafte Ausdruck, in den alles miteinbezogen wird – Landschaft, Dekorationen, Gesichter –, bietet viele und vielfältige Möglichkeiten, auch im übertragenen Sinne von den Kulissen weg zum Natürlichen und Realistischen hinzukommen. Das ist es, was der Film noch braucht und was ich ihm geben möchte: das Natürliche im Ausdruck. Mit einer Geste oder einer mimischen Andeutung, die die Zuschauer in der zehnten Theaterreihe schon gar nicht mehr wahrnehmen würden, auch den letzten Platz im Kino zu erreichen, optisch so zu erreichen, daß das Wort fast überflüssig wird – das alles fasziniert mich.
Stanislawskijs Erziehung zum natürlichen, milieugerechten, realistischen Spiel eröffnet mir hier, so begreife ich, ein ganz neues Wirkungsfeld.
Ich unterhalte mich mit Murnau darüber. Ich möchte wissen, ob er meine Faszination von den optischen Möglichkeiten dieses merkwürdigen neuen Mediums Film teilt.
Er hört mir aufmerksam zu und ist sehr angetan von den Gedanken seiner ›jungen Schloßherrin‹. Genau das ist es, sagt er – Bildkompositionen, ›Gesichtslandschaften‹ mit unendlich vielen zarten, heiteren, traurigen, lustigen oder starken Regungen sind für viele angesehene Bühnenschauspieler entscheidender Anlaß, zu filmen, auch wenn vielem, was da so gedreht wird, noch Jahrmarktsgeruch anhängt.

Meine Partner in ›Schloß Vogelöd‹ sind namhafte deutsche und österreichische Bühnen-Kollegen: Paul Hartmann, Julius Falkenstein, Rosa Valetti, Arnold Korf und viele andere.
Eines Tages geht es dann los. Und mit diesem Tag brechen zunächst einmal meine Vorstellungen von dem neuen Wirkungsfeld, das ich künstlerisch und innerlich engagiert zu erobern gedenke, restlos zusammen.
Das Atelier gleicht einem größeren Glaskasten. Jede Ecke ist ausgenutzt, und vielerlei geschieht gleichzeitig: In der einen Ecke läuft die Kamera für eine bestimmte Einstellung, die Akteure ›mimen‹; in der anderen Ecke reißen stämmige Atelierarbeiter eine bereits ›abgedrehte‹ Dekoration weg; und auf einem dritten Eckplatz bauen Kollegen von ihnen nach dem bekannten Berliner Motto: ›Wo soll'n det Klavier hin?‹ eine neue Szenerie auf. Alles schreit, stößt, hämmert, schiebt, flucht, lacht, stöhnt durcheinander. Eine Krachorgie. Wolken von Staub quellen auf. Durchatmen ist unmöglich.
Und ein Klavier gibt es auch – ein richtiges Klavier. Es steht mitten im Raum. Vor den Tasten sitzt ein junger Musikus mit der Aufgabe, durch heitere oder melancholische Weisen die Akteure in Stimmung zu bringen. Der junge Mann improvisiert, sieht ›ins Weite‹, hat den sanft irren Blick eines verhinderten Genies, komponiert innerlich bereits an einer ›großen Symphonie‹, während sich Menschenknäuel an ihm vorbeiwälzen und jeder einzelne so tut, als sei der andere schwerhörig: Regisseur, Kameramann, Schauspieler, Beleuchter, Aufnahmeleiter, Friseure, Assistenten und viele, viele mehr ...
Drei Tage lang versuche ich, mich in diesem Tollhaus zu behaupten, mich zu konzentrieren, mit dem Krach fertig zu werden und mit dem Durcheinander der Szenenfolgen; denn

es wird ja nicht chronologisch gedreht, also nicht so, wie die Handlung abläuft, sondern stückweise so, wie die Dekorationen aufgebaut sind. Man kann nicht ›durchspielen‹ wie auf der Bühne, man dreht Einzelheiten vom Schluß, aus der Mitte oder auch vom Anfang des Drehbuchs. Das erfordert enorme Konzentration. Die ist für mich in diesem Höllenlärm nicht zu schaffen.

Ich verlasse das Atelier. Mehr noch: Ich löse mir gleich eine Fahrkarte. Ich bin fest entschlossen, nach Rußland zurückzufahren und dort wieder Theater zu spielen ...

Mein ›optischer Traum‹ ist ausgeträumt.

Er ist es nicht; im Gegenteil: Er fängt erst an.

Murnau kommt zu mir und packt mich an meiner empfindlichsten Stelle. Er meint, was ich da mache, sei ja wohl unkollegial. Er sagt das ganz leise.

Ich werde blaß und kehre reumütig ins Atelier zurück. Vorher allerdings stelle ich eine Bedingung, die es bis dahin in der Filmgeschichte sicher noch nicht gegeben hat: Ich verlange von der Decla Bioskop schriftlich, daß bei Proben und bei Aufnahmen absolute Ruhe zu herrschen hat. Ob ich den Herren nun als Schauspielerin oder auch nur als ›neuer Typ‹ interessant genug bin, ich weiß es nicht: Ich bekomme jedenfalls die Zusage und – sie wird eingehalten.

So kann auch der ›Stimmungs-Musikus‹ nach Hause gehen und seine ›große Symphonie‹ schreiben – oder auch nur ins nächste Atelier, um dort weiter zu improvisieren. Er läßt sich über seine Zukunftspläne nicht aus, schließt behutsam den Klavierdeckel, behält seinen ins Weite gerichteten Blick und entschwebt nach draußen, als habe es in diesem Glaskasten nur einen wirklichen Künstler gegeben: ihn.

Noch während ›Schloß Vogelöd‹ gedreht wird, erhalte ich ein

neues Angebot. Ich sage zu, ohne lange zu überlegen, und versäume dadurch meinen Rückreise-Termin.

Ich bleibe in Deutschland.

Der erste Rückschlag kommt bei der Premiere von ›Schloß Vogelöd‹, der erste innere Rückschlag für mich ...

Ich sitze in der Loge des Premierenkinos und bin verzweifelt. Ich finde mich häßlich, ungelenk und unbeholfen. Ich möchte weglaufen ...

Mein persönlicher Eindruck wird von niemandem geteilt – auch nicht von der Kritik.

Da ›Schloß Vogelöd‹ als Roman im Ullstein-Verlag erschienen ist, dem große Tageszeitungen und Illustrierte gehören, setzt jetzt überdies eine enorme Publicity für mich ein. Die Illustrierten bringen Titelseiten. Ich werde ›aufgebaut‹ und ›fliege‹ von Film zu Film. *›Die Tschechowa‹* wird an den Besetzungsbörsen der Produktionen und Verleihfirmen künftig als ›gute Aktie‹ gehandelt.

Selbstverständlich gehe ich diesen Weg nicht unangefochten. Ich bleibe selbstkritisch; und ich bekomme durchaus auch kritischen Neid zu spüren, meist von Kolleginnen, die nicht von der Bühne, sondern auf Grund ihres blendenden Aussehens zum Film gekommen sind: »... na ja, sie kommt eben aus Rußland, sie spricht nur gebrochen Deutsch, allein das macht sie interessant ...«

Kritik dieser Art trifft mich besonders. Ich will beweisen, daß ich mehr zu bieten habe als ein offenbar gut zu fotografierendes Gesicht und einen aparten Akzent:

Oben: »Schloß Vogelöd« *ist Olga Tschechowas erster Film. V. l.:* Paul Hartmann, Paul Bildt *(1921).*

Unten: In dem Stummfilm »Nora« *(1923) mit* Anton Edthofer.

Ich melde mich bei dem bekannten Sprach- und Gesangspädagogen Professor Daniel an.
Ich will Deutsch lernen, obwohl das Publikum zu Stummfilm-Zeiten die Sprache nicht zu hören bekommt. Es ist einfach richtig und besser, im Atelier die jeweilige Landessprache zu verstehen. Das gehört zu Schauspielern, die international eingesetzt werden oder eingesetzt werden wollen. Ich habe das später in Paris, London und Hollywood bestätigt gefunden – schon in der Stummfilmzeit, natürlich erst recht, als der Film ›das Sprechen lernte‹. Seitdem, will mir scheinen, wird auf die Sprache als Ausdrucksmittel oft zuviel Gewicht gelegt.
Manchmal stelle ich mir vor, was von manchen jungen Schauspielern noch übrigbliebe, wenn sie im Film ohne Sprache auskommen müßten. Nun ja ...
Mit meinem ›Deutsch-Engagement‹ bei dem berühmten Professor Daniel kommt ein Risiko auf mich zu, an das ich bei meinem spontanen Entschluß gar nicht so recht gedacht habe: Der Professor kostet nämlich Geld – viel Geld. Und wir haben Inflation.
Geld, das ich vormittags einnehme, ist am Nachmittag nur noch einen Bruchteil wert; die Nennsummen klettern katastrophal. Wir rechnen nur noch mit Millionen, Billionen und Trillionen. Die Gagen werden zwar tageweise ausbezahlt; doch was nützt das, wenn ich am Ende eines Tages nur noch wertlose Scheine in der Hand habe. Einige Kollegen sind geschickter als ich, sie handeln ihre Gage in Dollarwährung aus ...
Mein Vertrag indessen ist kein ›Dollarvertrag‹; was ich be-

In »Moulin Rouge« *(1929) gelingt Olga Tschechowa eine der glanzvollsten Leistungen der Stummfilmzeit.*

komme, hinkt der Marktlage täglich mehr hinterher. In meiner Ahnungslosigkeit allen geldlichen Dingen gegenüber bin ich ein armer ›Star‹. Meine Gage reicht oft kaum für die Miete.

Aber dieses schwindelerregende Inflationskarussell bringt mich trotzdem nicht aus der Fassung. Wenn ich an einem Tag mal gar nichts mehr habe, denke ich an Rußland; dort habe ich seit 1916 nur von der Hand in den Mund gelebt, wenn ich überhaupt etwas in der Hand hatte ... Und außerdem: Ich bekomme viele und schöne Aufgaben; die bringen mich über die Zeit hinweg und zudem beruflich auch noch weiter. Da ist – zum Beispiel – ›Der verlorene Schuh‹ nach dem Grimmschen Aschenputtel-Märchen unter der Regie von Ludwig Berger mit Mady Christians, Paul Hartmann, Hermann Thimig und mir in den tragenden Rollen.

Dr. Berger ist ein überaus sensibler, sehr kultivierter und ebenso eigenwilliger Regisseur. Er setzt bei Erich Pommer nicht nur diesen Märchenfilm durch – ein ›Märchenfilm für Erwachsene‹, daran mußte sich auch ein so weitsichtiger Mann wie Pommer erst gewöhnen –, er läßt im Atelier auch einen ganzen fränkischen Bauernhof stilecht aufbauen – mit Federvieh, Hunden, Katzen, Kühen, Stallungen und einer Molkerei. Nicht nur dieser Hof entsteht, auch ein Park, große Schloßsäle, eine Glaskutsche und was sonst noch alles dazu beitragen kann, daß dieser Märchenfilm später auch Erwachsene in der ganzen Welt verzaubert.

Der Bauernhof spielt während der Drehzeit noch eine Rolle, die nicht im Drehbuch vorgesehen ist:

Meine Kollegen und ich stehen zu einer Szenenprobe auf dem Hof. Das liebe Vieh um uns herum gackert, miaut, bellt und blökt. Bergers Übersensibilität macht ihn zuweilen reizbar

und unbeherrscht. Er ist mit der Probe nicht zufrieden und läßt sich dazu hinreißen, Kollegen als das zu titulieren, was in den Ställen lauthals blökt – als Rindviecher.
Einer der Kollegen weigert sich weiterzuspielen.
Berger läuft rot an.
Ich muß hemmungslos lachen.
Berger funkelt jetzt mich an und fragt, was das soll.
Ich antworte weiter lachend: »Das Rind, Herr Berger, ist doch ein so wertvolles Tier, fällt Ihnen nichts anderes ein, wenn Sie jemanden beleidigen wollen . . .?«
Berger ist sozusagen ›platt‹. Er entschuldigt sich sofort bei den Kollegen. Wir probieren noch einmal; die Szene läuft wunderbar. Berger ist zufrieden, krault einer Kuh zärtlich den Nacken und wirft mir einen schalkhaften Blick zu.
›Das Meer‹ nach dem Roman von Bernhard Kellermann – eine weitere Aufgabe für mich – entsteht auf einer kleinen bretonischen Insel vor Brest. Dort gibt es nur wenige Fischerhäuser, eine Kirche und zwei Leuchttürme. Ein winziger Laden ist noch da, in dem man schlechterdings alles kaufen kann, wenn man will, auch lebende Schafe und Ziegen.
Die Welt ›da draußen‹ ist hier weit weg; nur zweimal in der Woche legt ein Passagierdampfer aus Brest an.
Ich spiele ein Fischermädchen, das mich auch persönlich sehr bewegt; das Mädchen hat hellseherische Fähigkeiten und bewahrt damit Schiffe und ihre Besatzungen vor dem Untergang. Männlicher Hauptdarsteller ist Heinrich George – schwer und breit gebaut, leiblichen Genüssen zugetan, erdgebunden, dynamisch, vital, mit einer heiseren, leicht keuchenden Stimme. Wer ihn so sieht, kommt nicht auf den Gedanken, daß er einmal Musiker werden wollte. Als Junge ist er Lehrling beim Stettiner Magistrat und denkt zwischen Ak-

tenstößen nur an seine Geige oder an seinen Taktstock, den er zu Hause versteckt hat und mit dem er ein großes Symphonieorchester dirigieren möchte ...

›Ersatzweise‹ wird er Schauspieler, macht ›in der Provinz‹ schnell Karriere und kommt schon als ›gelernter Mime‹ zu Max Reinhardt nach Berlin. Die Gegensätze in ihm bleiben: der baumstarke Kerl, der den ›Götz von Berlichingen‹ wie kaum ein anderer ›auf die Bretter stellt‹; der nachdenkliche, leise, betroffene Grübler als ›Richter von Zalamea‹ oder der kindlich rührende, gutmütige und gutgläubige ›Postmeister‹, als den ihn Millionen auch heute noch kennen.

Auf der kleinen bretonischen Insel ißt und trinkt George wie immer reichlich und mit Genuß. Aber ich habe ihn nie betrunken erlebt. Er ist immer Herr seiner Sinne und seines Textes. Und in der Arbeit stellt er an sich selbst und an andere höchste Ansprüche, probt unermüdlich, sucht nach Nuancen, feilt sie aus. Frühmorgens fährt er mit den Fischern auf Langustenfang; er lebt mit ihnen, um seine Rolle weniger ›spielen‹ zu müssen.

Das Wetter ist wechselhaft. Meist ziehen Nebelschwaden über die Insel. Da unser Film fast nur Außenaufnahmen hat, sind wir aufs Wetter angewiesen. Die Arbeit zieht sich unprogrammgemäß hin.

George erwartet seit langem seine Freundin aus Norddeutschland. Sie ist unterwegs, das weiß er, und zwar mit einer riesigen Dogge. Wegen dieser Dogge bekommt sie von den französischen Behörden keine Erlaubnis, auf die Insel überzusetzen. Ihre Bemühungen um eine Sondergenehmigung dauern Wochen und bleiben vorerst erfolglos.

George freundet sich mit einem französischen Fischermädchen an, ohne ›Tiefgang‹ sicherlich; die Tage werden halt lang, wenn man nichts weiter zu tun hat, als auf einen Sonnenstrahl zu warten. Aber die Einheimischen – verschlossen, mißtrauisch und eigensinnig wie häufig Menschen auf kleinen, vorgelagerten Inseln – sehen die Sache anders:

Für sie sind und bleiben wir Fremde, auch wenn wir gut miteinander auskommen. Und das Fischermädchen, mit dem George sich trifft, ist – verlobt. George denkt sich nichts dabei; das Mädchen vielleicht auch nicht . . .

Eines Tages kommt der Verlobte vom Festland auf die Insel zurück. Er begegnet George auf einer der kleinen Inselstraßen. Er hat diese Begegnung gesucht; denn er denkt sich etwas mehr dabei, als er von Georges Rendezvous mit seinem Mädchen erfährt.

Die beiden Männer fixieren sich und schätzen sich ab: Der Fischer ist so groß wie George, doch weniger füllig. Aber: Er ist nicht allein. Er hat zwei Kollegen dabei.

George versucht dem Fischer klarzumachen, daß er mit seinem Mädchen nichts gehabt habe. Die drei lächeln nur ungläubig. Dann nehmen sie George in die Mitte und schlagen zu. Sie unterschätzen ihn: George wehrt sich mit Bärenkräften und besten Gewissens. Die drei müssen fast so viel einstecken wie er selbst. Aber ein gezielter Hieb des Fischers wirft ihn dann doch um.

Er liegt auf der Straße wie ein gefällter Baum.

Zwei Tage danach tuckert ein Boot auf die Insel zu: Georges Freundin samt riesiger Dogge und Sondergenehmigung treffen ein. George sieht aus wie ein Boxer nach 15 Runden. Seine Freundin erkennt ihn kaum wieder; aber sie glaubt ihm, daß er sich bei Aufnahmen zu unserem Film etwas zu realistisch geprügelt habe . . .

Irgendwann ist ›Das Meer‹ dann doch abgedreht. Kurz vor-

her gründen wir einen Antihammel- und Antilangusten-Club. Denn von Ziegenkäse und Ziegenmilch abgesehen essen wir nichts anderes als Hammelfleisch und Langusten, wobei besonders die Langusten keineswegs so schmecken, wie sich das Gourmets vorstellen. Vielleicht üben die Fischer geheime Rache an uns wegen Georges ›Techtelmechtel‹ mit einer der Ihren, vielleicht halten sie es auch grundsätzlich mit Fremden so: In jedem Fall verkaufen sie uns nur ältere Jahrgänge. Wir können diese greisen Tiere überhaupt nur dadurch genießen, daß wir sie tagelang in gebeizten Landwein legen und dann auf offenem Feuer grillen.
Nach zwei Monaten lege ich Kleidung und malerische Tracht des bretonischen Fischermädchens Rosseherre ab. Wie immer, wenn ein Film beendet ist und wir nach wochenlanger Arbeit auseinandergehen, ist es ein schmerzhafter Abschied. Ob hier – in ›Das Meer‹ – oder wenig später in ›Nora‹ nach Ibsen unter Bertold Viertels Regie mit Lucie Höflich, Ilka Grüning, Fritz Kortner und Toni Edthofer – immer ist es schmerzlicher Verzicht auf ein ›zweites Ich‹, auf das Ich der Figur, mit der ich mich identifiziert habe.

Berliner Gesellschaft

Schöner Lohn meines Sprachfleißes überrascht mich Mitte der zwanziger Jahre und bringt mir gleichzeitig einen frühen Höhepunkt meiner Karriere:
Ich – Russin mit mittlerweile fast perfekten deutschen Sprachkenntnissen – bekomme am Berliner Renaissance-Theater einen Jahresvertrag. Gründer und Intendant des Theaters ist Theodor Tagger, der als Ferdinand Bruckner, wie er sich später nennt, nach expressionistischen Dichtungen Stücke schreibt, in denen er mit psychoanalytischen Mitteln arbeitet und eine ›absolut realistisch auszuspielende Dramatik‹ anstrebt. Sein Drama ›Verbrecher‹ kommt in Max Reinhardts Deutschem Theater mit Hans Albers in einer der Hauptrollen heraus. Albers und Bruckner werden damit schlagartig berühmt.
Ich spiele im Renaissance-Theater unter anderem in d'Anunzios ›Die tote Stadt‹ und erhalte eine Bombenrolle: ›Therese Raquien‹.
Ich lerne Walter Franck, Lina Lossen und vor allem Ernst Deutsch kennen.
Deutsch – nach dem Zweiten Weltkrieg bei uns ein einmaliger und unübertroffener ›Nathan der Weise‹ – ist hier schon eine überragende Persönlichkeit, ein geistig hochstehender, echter ›Chevalier‹, ein Ästhet mit großen, nachdenklichen Augen und mit feingliedrigen, musischen Händen.
Er verwöhnt gern Frauen und schickt ihnen ebensogern Blu-

men – aber nur in Töpfen. »Damit sie länger leben«, pflegt er zu lächeln. Wenn er ins Zimmer tritt, klärt sich die Luft. Dissonanzen gibt es in seiner Umgebung nicht. Bei aller Kollegialität hält er doch immer auf freundschaftliche Distanz; er liebt das ›Sie‹. Ich kenne keine Kollegen, zu denen er ›du‹ gesagt hätte – ein Lord unter den Schauspielern.

Ich bin glücklich, bei meinem ersten deutschen Theaterengagement mit ihm auf der Bühne des Renaissance-Theaters zu stehen.

Die wirren, turbulenten, produktiven, deprimierenden, optimistischen, rastlosen, hektischen zwanziger Jahre halten auch für mich übergangslos Gegensätze bereit:

Nach dem Renaissance-Theater mit dem hochkultivierten Ernst Deutsch – das Moulin Rouge in Paris. Ich spiele dort am Originalschauplatz unter der Regie von E. A. Dupont in einem französischen Film die Hauptrolle, einen Revuestar, der auf den Brettern dieses weltberühmten Etablissements echt wirken muß. Mit Schauspielerei allein, auch mit noch so hingebungsvoller Schauspielerei, ist es hier nicht getan, zumal der Regissur Varieté-Erfahrung hat. In einer ›Pause vom Film‹ leitete er ein Jahr ein Varieté in Mannheim.

Also lerne ich wie eine zünftige Artistin Steppen und akrobatischen Tanz; denn im aufwendigen Ausstattungs-Finale werde ich – zum Beispiel – von sechs athletisch gebauten Negern durch die Luft gewirbelt, hochgestemmt und hinausgetragen. Doch verglichen mit einer anderen Szene ist dieses Finale nur ein leichtes Säuseln:

Ich trete mit einer riesigen Python-Schlange auf; laut Drehbuch hat sie sich lüstern um meinen fast nackten Körper zu winden. Sie macht das hervorragend.

Bei den endlosen Stell- und Lichtproben ist für mich noch

ein Double engagiert, die Frau eines Dompteurs. Sie weiß mit Schlangen, vor allem mit dieser, besonders gut umzugehen. Und sie erzählt mir viel vom Wesen dieses geheimnisvollen, ungeliebten Reptils. Schlangen, so erfahre ich zum Beispiel, spüren instinktiv das Geschlecht eines Menschen, mit dem sie in Berührung kommen. Männliche Tiere werden in Varietés deshalb mit Artistinnen, weibliche mit Artisten ›gekoppelt‹; Pythons, also auch meine ›Partnerin‹, sind auf diesem Gebiet hochempfindlich, sagt mir die Dompteuse noch ...

Die Aufnahmen zu ›Moulin Rouge‹ ziehen sich hin, weil wir Bühne und Zuschauerraum immer erst nach Schluß der letzten Vorstellung benutzen können. Unserer Python ist das gleichgültig; sie ist am Drehplan desinteressiert und häutet sich ganz ungeniert. Also muß sie, die ›ihre Szene‹ nun schon im Schlaf beherrscht, ausgetauscht werden. Nachfolgerin ist trotz intensiver gegenteiliger Bemühungen eine – Schlangendame ...

Die Dompteuse sieht mich, und ich sehe die Dompteuse an. Wir denken beide das gleiche – wir denken an die ›erotischen Reaktionen‹ der Pythons.

Die Dompteuse legt sich die neue Python zunächst wie immer dekorativ um die Schultern. Das Tier sträubt sich. Um die Schlange besser in den Griff zu bekommen, wickelt sich die mutige Frau das Tier jetzt auch noch um den Leib.

Ein, zwei Sekunden geht alles gut, die Python scheint überrascht zu sein, aber dann geschieht es:

Das Reptil zieht sich blitzschnell zusammen – ein leises Knacken, und die Frau bricht zusammen. Mit gebrochenem Oberschenkel und gesprungenem Schlüsselbein wird sie weggetragen.

Die Szene muß ›in den Kasten‹. Auch nach diesem Unfall.

Jetzt bin ich dran.
Ich lege mir die Schlange um die Schultern und spüre schon ihren Widerstand. Ich habe nur einen Gedanken: ›Wenn du jetzt zitterst, wenn das Reptil merkt, daß du Angst hast, ist es aus ...‹ Ich beschwöre den Regisseur, daß er mir die im Drehbuch genüßlich aufgeschriebenen ›lasziven Windungen‹ der Schlange erspart. Dupont murrt, »eben das«, grinst er, »eben das ...« Die Schlange macht eine gefährliche Bewegung ...
Die Kamera läuft, fängt die drohend schlingelnden Zuckungen der Python eben noch ein ...
Ich lächle, wiege mich in den Hüften.
Bevor sich die Schlange wie eine Schlinge um meinen Körper legt, springen Dompteure auf mich zu – sie bekommen mich frei. Nur der Bruchteil einer Sekunde hat gefehlt ...
Der Regisseur ist hingerissen.
Ich lächle noch immer mein starres Lächeln, suche Halt, fasse sinnlos in die Luft und sinke lautlos zu Boden.
Nächster Gegensatz zu ›Moulin Rouge‹ in Paris:
Meine Familie, mein weiteres Leben in Berlin.
Die Inflation ist überwunden. Wirtschaftlich ist eine gewisse Beruhigung eingetreten. Auch ich brauche Ruhe, innere Ruhe und persönlichen Halt. Ich brauche meine Familie. Es fehlt mir nicht an Freunden, guten Bekannten und ganz sicher auch nicht an Verehrern; sie sind zahlreich und meinen es mehr oder weniger ernst – meist weniger ...
Eine Frau mit ›Sex-Appeal‹, Schauspielerin, prominent, international beschäftigt, Flirts durchaus nicht abgeneigt und zu all dem auch noch alleinstehend – das ist genau das, was viele ›Herren der besseren Gesellschaft‹ als Freiwild betrachten. Ich gebe mich schutzsuchend unnahbar. Ich bin es gar nicht.

Mein Gefühl und mein Herz ziehen immer wieder die Grenze zwischen Spiel und Ernst.
Ich akzeptiere längst, daß der intime körperliche Kontakt zwischen Mann und Frau das ›Parfüm‹ einer Romanze ist, sofern menschlich ›alles stimmt‹, aber: Ich komme von meiner inneren Abwehr nicht los; ich fürchte, mich zu verlieben, in einer neuen Ehe ›zu landen‹ und dadurch wieder unfrei zu werden. Meine erste Ehe taucht in solchen Momenten wie ein Alptraum aus der Vergangenheit auf ...
Mein Vater ist inzwischen in Leningrad gestorben; meine Schwester ist in Rußland verheiratet und hat eine Tochter: Marina Ried, sie wird später auch Schauspielerin werden. Familiär also ist Mama freier als bisher. Sie kann zu mir kommen, und vor allem: Sie kann meine Tochter Ada mitbringen.
Ich miete mir am Hansa-Platz eine leere Dreizimmerwohnung, schaffe mir einen Hund und Möbel an und warte sehnsüchtig auf Ada und Mama ...
Natürlich ist unser Wiedersehen – wie immer in solchen Fällen – ganz anders, als wir es uns vorstellen:
Jahre liegen zwischen uns. Ada ist ein junges Mädchen geworden, das von mir nicht mehr viel weiß; und Mama ist älter geworden, selbstverständlich – trotzdem: Wir sind wieder zusammen und nach nicht allzu langer Zeit auch wieder glücklich miteinander.
Ich fühle mich geborgen.
Mama ist binnen kurzem in den Geschäften unserer Gegend als ›die großzügige russische Dame‹ bekannt. Sie kennt Deutschland von ihren Reisen, aber sie hört nie auf, darüber zu staunen, daß man hier alles grammweise kauft.
»Bei uns in Rußland kauft man nicht nach Gramm, sondern

nach Pfunden, und wenn etwas verdirbt, wirft man's eben weg!« pflegt sie zu sagen, sie, die an die feudale Wirtschaft einer versunkenen Epoche gewöhnt und nicht mehr bereit ist, sich selbst einzugestehen, daß es dieses Feudalwesen auch in Rußland längst nicht mehr gibt – von Deutschland ganz zu schweigen ...

Ich mache ihr vorsichtig klar, daß dieses ›bei uns in Rußland‹ nicht mehr stimmt. Sie geht darüber hinweg und bleibt bei Einkäufen ›die vornehme ausländische Dame mit der leichten Hand‹, an die sich ein Geschäftsinhaber am Hansa-Platz noch Jahrzehnte nach ihrem Tod lebhaft erinnert. Doch unsere Harmonie ist durch Mamas Eigenheiten ungetrübt.

Aus meiner familiären Geborgenheit und einer gewissen beruflichen Sicherheit heraus kann ich jetzt auch meinem ersten Mann Michael Tschechow und seiner Frau, dem ›Mädchen vom Tennisplatz‹, helfen, in Berlin neu anzufangen. Mischa will nämlich Rußland verlassen. Er kann das nur, wenn er in Deutschland Wohnung und Beschäftigung nachweist.

Ich miete für ihn und seine Frau bei uns in der Nähe eine Zweizimmerwohnung; das ist relativ einfach. Schwerer ist die Beschäftigung, sehr viel schwerer: Berlin wartet nicht auf Schauspieler aus Rußland, die kein Wort Deutsch sprechen ...

Nach verschiedenen Mißerfolgen gehe ich zu einem Produzenten, den ich gut kenne. Und ich habe Glück. Der Produzent ist älter. Er erinnert sich noch an Mischa als Schauspieler bei Stanislawskij. Er entzündet sich an dem Gedanken, ›mal einen Russen, dazu noch einen berühmten Stanislawskij-Mann, im deutschen Film ganz groß 'rauszubringen‹.

Ich schöpfe Hoffnung. Der Produzent sieht mich an: »Und Sie, Olga Tschechowa, seine ehemalige Frau, werden in diesem Film Regie führen!«

Ich glaube, mich verhört zu haben. Der Produzent wiederholt, was er eben sagte. Seine Idee gefällt ihm jetzt noch besser. So entsteht unter meiner Regie mit Michael Tschechow, Otto Walburg, Curt Bois, Paul Hörbiger, Herbert Marshall und anderen einer der letzten deutschen Stummfilme. Titel: ›Narr seiner Liebe‹ nach dem französischen Roman ›Poliche‹.
Im Atelier herrscht das für die Stummfilmzeit typische ›babylonische Sprachengewirr‹, wenn, wie hier, Stab und Rollen international besetzt sind. Wir sprechen deutsch, englisch, französisch und russisch.
Mit Mischa spreche ich russisch. Er ist sehr froh darüber, in seinem ersten Film im Ausland Regieanweisungen in seiner Heimatsprache zu hören; das macht ihn sicherer, nach kurzem Übergang spielt er gelöst und frei.
Der Film wird – nicht zuletzt auch wegen seiner französischen Romanvorlage – in Frankreich ein großer Erfolg.
Der erste Schritt für Mischa in Deutschland ist getan, den nächsten muß er selbst tun: Er muß Deutsch lernen. Er ist sprachbegabt und lernt schnell. Ich mache ihn mit Max Reinhardt bekannt; und er wird engagiert!
So schließt sich wieder ein Kreis.
Wer hätte das damals vorausgesehen, als ich in einer Moskauer Klinik zwischen Leben und Tod schwebte, während Mischa mit dem ›Mädchen vom Tennisplatz‹ flirtete und ich seine Tochter zur Welt brachte? Unsere Trennung schien endgültig zu sein.
Jetzt lebt er mit seiner Frau in Berlin in unserer Nachbarschaft. Und Ada, seine Tochter, besucht ihn. In einem fremden Land lernen sie sich zum ersten Mal in ihrem Leben näher kennen.
Ada begreift, daß sie ›einen Papi hat‹ . . .

Die ›goldenen zwanziger Jahre‹ klingen aus.
Ich verstehe nicht, warum sie so genannt werden. Wie selten zuvor und wie kaum je danach in sogenannten friedlichen Zeiten liegen Glanz und Elend, Schall und Rauch, Talmi und Produktivität, Hektik und Extreme, Reichtum und Not, Verwirrung und Hoffnung, Verrücktes und Normales, Geist und Ungeist so dicht nebeneinander. Und fast alles ist da, was sich später, nach dem Zweiten Weltkrieg, leicht abgewandelt wiederholen wird: Mini-Röcke, Nacht- und Nacktclubs, Rauschgift, Charleston, Jazz ... Zwei Dinge allerdings sind ganz anders, als sie es später sein werden: die politische und die wirtschaftliche Landschaft. Von einigen wenigen wirklich Reichen abgesehen gibt es in den ›goldenen Zwanzigern‹ keinen breitgestreuten Wohlstand, im Gegenteil: Das Millionenheer der Arbeitslosen wächst wöchentlich um einige Zehntausende. Und Politik ist ausschließlich Sache der – Politiker, guter und schlechter Politiker und zahlreicher Parteien, von denen die großen ihre halbmilitärisch aufgezogenen Organisationen auf die Straße schicken, um ihren Argumenten im wahren Sinne des Wortes mehr ›Schlagkraft‹ zu geben:
Täglich schießen, stechen oder schlagen politische Gegner aufeinander los. Täglich gibt es Verwundete und Tote. Mit Politik aber haben Wissenschaftler, Ärzte, Forscher, Schriftsteller, Pädagogen und Künstler nichts zu tun; sie wollen damit – im Gegensatz zu später – nichts zu tun haben. Leider ...
In den Literaten-Cafés und Künstlerkneipen wird über Kubismus, Impressionismus, Expressionismus, Dadaismus und allen möglichen sonstigen ›Ismus‹ heiß diskutiert – nur nicht über den Nationalsozialismus. Den nimmt niemand ernst. Hitler gilt als schreiender Gernegroß ...
In den Abendgesellschaften trifft sich das geistige Berlin, ver-

sammeln sich Begabte und Außergewöhnliche, die später Leidtragende, Sympathisanten, Nutznießer oder auch Gegner des sogenannten ›Dritten Reichs‹ sein werden:
Bei den Ullsteins, der großen jüdischen Zeitungsverleger-Familie, lerne ich Thorak kennen, der später für den ›Führer‹ Kolossal-Monumente meißeln wird, aber auch Udet, der als Kunstflieger berühmt ist, unter niedrigen Spree-Brücken hindurchfliegt, später zu einem der prominentesten nationalsozialistischen Flieger-Generale werden und sich im Konflikt mit den Machthabern erschießen wird ...
Ich sehe Colin Roß, den bekannten Reise-Schriftsteller, Verleger Ernst Rowohlt, die erste Rennfahrerin Berlins, Fräulein von Siemens, ihren prominenten Kollegen Hans Stuck; ich unterhalte mich mit »Tennisbaron« von Cramm, »Stardirigent‹ Wilhelm Furtwängler, Thomas Mann und vielen, vielen anderen auf diesen äußerst anregenden Abendgesellschaften. Politisch sind wir alle mehr oder weniger abstinent; zumindest geben wir uns so. Ich sage ›wir‹, weil ich mich einschließe. Auch ich nehme den ›schreienden Gernegroß‹ nicht zur Kenntnis. Daß er in einigen Jahren Reichskanzler sein wird und ich bei ihm zu Gast sein werde, ahne ich nicht. Wenn mir das jemand voraussagte, würde ich ihn auslachen.
Vorerst bin ich Gast eines ganz anderen Politikers, eines Mannes, der im Begriff ist, Deutschland auf dem internationalen Parkett wieder Ansehen zu verschaffen: Reichsaußenminister Gustav Stresemann.
Ich spreche ihn drei- oder viermal auf Empfängen. Er ist nicht nur Diplomat der alten Schule, kunstverständig, belesen, sozial in Denken und Handeln, er ist auch liebenswürdig und im persönlichen Kontakt von zauberhaftem Charme.
Rußland interessiert ihn. Alles, was ich ihm über meine Hei-

mat sagen kann, ist für ihn wichtig, scheint mir. Er läßt durchblicken, daß sich, unabhängig von den gegensätzlichen politischen Systemen, Deutschland – »das Land der europäischen Mitte« – und Rußland – »das Land, in dem sich Europa und Asien begegnen« – nicht feindselig gegenüberstehen dürfen.
Stresemann sorgt auch dafür, daß ich einen deutschen Paß bekomme.

Olga Tschechowa führt Regie in »Der Narr seiner Liebe« *(1930).*

Erlebnis Amerika

Mit dem Film geht es, was mich persönlich betrifft, ›mal 'rauf und mal 'runter‹, durchaus nicht immer ›'rauf‹.
Es gibt da ein bitteres, aber treffendes Wort: Jeder Schauspieler ist so gut wie sein letzter Film. Das heißt, wenn sein jeweils letzter Film ›ankommt‹, also ›Kasse macht‹, ist alles in Ordnung. Wenn er nicht ankommt, also nicht genug einspielt, kann der Schauspieler so glänzend gewesen sein wie nie zuvor, er ist dann eben nicht mehr ›gut‹ – nicht mehr gut für den nächsten Erfolg, den jeder Produzent will und auch braucht. Diese ›Regel‹ ist erbarmungslos und trifft jeden – auch mich.
Ich fahre auf dem Ozeanriesen ›Europa‹ nach New York. Die ›United Artists‹ haben mich nach Hollywood engagiert. Ich sitze mit Bekannten beim Frühstück. Wie jeden Tag seit meiner Abfahrt steht für mich ein frischer Veilchenstrauß auf dem Tisch, tagtäglich über Fleurop von einem Verehrer nachgesandt.
Von welchem?

Oben: Michael Tschechow, *Olga Tschechowas ehemaliger Mann (rechts), mit* Otto Wallburg *in seiner ersten deutschen Filmrolle. Unter Olga Tschechowas Regie spielt er den Poliche in* »Der Narr seiner Liebe« *(1930). Unten: Olga Tschechowa in »Liebe im Ring« (1930) mit* Max Schmeling *(links) und* Kurt Gerron.

Ich lasse die Verehrer gedanklich Revue passieren – die ernster zu nehmenden Verehrer. Ein immer wieder reizvolles Spiel.
Meine Bekannten plaudern mit mir. Ich höre nicht so recht zu. Sie bemerken meinen versonnenen Blick auf die Veilchen und lächeln verständnisvoll: Jede Frau bleibt Evas Tochter ...
Ein Steward bringt mir ein Telegramm. Ich beachte es zunächst nicht. Ich habe meine ›Verehrerliste‹ reduziert und einen bestimmten Herrn ›eingekreist‹. Der also ist es, freue ich mich, öffne nebenbei das Telegramm, lese es und – werde aus allen Veilchenträumen gerissen.
Mama telegraphiert lakonisch:
›Film Zwei Krawatten ausgepfiffen – stop – drüben bleiben – stop‹
Die gute Mama – sie fürchtet die erbarmungslose Regel vom jeweils letzten Film; die hat sie inzwischen auch kennengelernt. Der Veilchenstrauß ist mir erst einmal verdorben ... Dabei war ich gerade auf diese Rolle so stolz. Ich hatte in Frack und Zylinder gesteppt und gesungen und sah, wie ich fand, sehr passabel aus. Mein Partner war der berühmte Sänger Michael Bohnen. Es handelte sich um die Verfilmung eines Stücks, das Marlene Dietrich und Hans Albers als Revue am Berliner Theater kreiert hatten. Der Film endete mit einem Lied von Michael Bohnen: ›Ich hab' Heimweh, ich will nach Haus ...‹
Die kessen Berliner sangen, wie mir später erzählt wird, ›frei nach Schnauze‹ mit:
›Ich habe Bauchweh, ich will nach Haus ...‹
Eine Schiffsreise ist vorzüglich geeignet, abzuschalten und zu vergessen. Ich vergesse also auch dieses Telegramm, freue mich unbeschwert auf den Veilchenstrauß am nächsten Morgen und

lasse mich durch nichts mehr davon abhalten, die Reise zu genießen.
Das Meer ist stürmisch; aber ich werde nicht seekrank. Für die Überfahrt von Cuxhaven nach New York braucht die ›Europa‹ fünf Tage und sechs Nächte. Es sind einige interessante Leute an Bord, wie man sie sonst auf so knappem Raum selten antrifft:
Ich lerne den Automobilkönig Henry Ford kennen. Als er mir vorgestellt wird, fällt mir eine Anekdote ein, die man sich zu dieser Zeit über ihn erzählt:
Ford-Autos – für die ganze Welt in Millionenstückzahlen auf Fließband gelegt – sind alle schwarz. Es gibt auch von anderen Firmen kaum Autos in anderen Farben. Gerade deshalb schlägt ein Manager Ford vor, den Leuten auch einmal ›bunte Autos‹ anzubieten. Ford stimmt listig lächelnd sofort zu: »Die Leute können bei mir Autos in jeder Farbe kaufen – sofern die Farbe Schwarz ist ...«
Von meinem Kabinenfenster aus kann ich beobachten, wie Ford täglich bei Sonnenaufgang eine Stunde lang im Geschwindmarsch das Schiffsdeck durchmißt; zwei Sekretärinnen keuchen neben ihm her und nehmen im Dauerlauf sein Diktat auf. Ford ist schon sehr betagt, dabei ganz schlank und auf eine sportlich-nervige Art ›verwittert‹.
Ein anderer berühmter Mann, Fritz von Opel, hat auch seine originellen Eigenheiten: Er schießt seine Flugmodelle von Bord in den Ozean ab.
Und dann reisen noch Max Schmeling und sein Trainer Max Machon mit. Schmeling ist Boxweltmeister aller Klassen; sein nächster Kampf in den USA steht bevor.
Noch vor einigen Monaten war er mein Partner und Liebhaber in ›Liebe im Ring‹. Ich hatte ihn – den treuherzigen

Burschen und Boxmeister – zu verführen. Aber natürlich blieb er seinem Mädchen (Renate Müller) und dem Sport treu. Auf der Überfahrt erinnern wir uns an die Aufnahmen und lachen fast soviel wie damals im Atelier. Denn ausgerechnet ich, die ich Max als ›Lebedame‹ zu becircen hatte, bekam – Mumps. Ich hatte mich bei meiner Tochter und meiner Nichte angesteckt.

Da Schmelings Boxtermin in New York bereits feststand, mußten wir weiterdrehen. Ich schleppte mich müde und elend ins Atelier, mit steifem Hals und kleinen, verschwollenen Augen, die in den aufgedunsenen Backen fast verschwanden. Eine tolle ›Lebedame‹! Ein hoher Hermelin-Kragen verbarg die Hälfte meines Kopfs, ein malerisch drapierter Tüllschleier ließ eben noch Nase und Äuglein erkennen.

Regisseur Schünzel war von dieser Aufmachung entzückt: »Endlich«, flachste er ironisch, »strahlen Sie mal richtigen Sex-Appeal aus, Olga . . .!«

Von da an hatte ich im Atelier meinen Spitznamen weg: ›Sexy-Olga‹.

Die ›Europa‹ wird in den New Yorker Hafen manövriert. Scharen von kleinen Kuttern umschwärmen wie Hornissen den Ozeanriesen. Reporter kommen an Bord. Jeder von ihnen wittert, sucht und findet bei den Prominenten Stoff für Sensationsmeldungen . . .

So ist – zum Beispiel – unserer Einfahrt das Gerücht vorausgeeilt, ich hätte mich ›auf hoher See mit Max Schmeling verlobt‹.

Die Situation ist alles andere als angenehm; denn Max hat gerade seine spätere Frau Anny Ondra kennengelernt. Ich spreche verzweifelt mit seinem Trainer Machon. Der tröstet mich gelassen:

»Mach dir nichts draus. Wir sind halt in Amerika. Und Klappern gehört zum Handwerk. Anny wird's schon nicht tragisch nehmen. Sie weiß ja, was von der Presse ...«

Ich bin mit den Schmelings seitdem gut befreundet. Anny Ondra ist im deutschen Film eine Art weiblicher Chaplin, Max eine starke Persönlichkeit.

Ich habe viele Sportler erlebt, viele auch, die von ihren Managern ›gemacht‹ wurden; Max läßt sich nicht ›machen‹ und nicht verkaufen. Er ist pflicht- und zielbewußt. Niemand muß ihn zum Training treiben. Alles, was er erreicht und besitzt, ist das Ergebnis eigener, ungewöhnlicher Leistungen.

Bevor ich nach Hollywood weiterreise, gönnen mir die Herren der United Artists drei Tage in New York. Spätestens am zweiten Tag tut ihnen das sicherlich schon leid. Ich trete mitten ins amerikanische Fettnäpfchen:

Als ich in Paris ›Moulin Rouge‹ drehte und unter anderem mit sechs farbigen Boys einen rassigen Charleston zu tanzen und zu steppen hatte, habe ich mich mit dem Choreographen und dessen Frau angefreundet, beides Schwarze aus New York. Ich versprach, sie zu besuchen, wenn ich einmal ›hinüberkäme‹.

Jetzt bin ich da und besuche sie. Wir gehen zusammen aus – auch ins Negerviertel. Die echten Jazzkapellen dieser hochmusikalischen Farbigen faszinieren mich.

Wir verabschieden uns, »so long ...«

Am nächsten Morgen schütten mich meine United-Artists-Betreuer mit schweren Vorwürfen zu. Ich bin ihnen gewissermaßen entwischt. Wenn sie auch nur im entferntesten geahnt hätten, mit wem ich meinen Abend verbringen wollte, hätten sie mich ›eingeschlossen‹. Sollte die Presse aufgreifen, daß ich – eine prominente europäische Schauspielerin mit Hollywood-Engagement – in New York nichts anderes zu tun weiß, als mit Negern auszugehen, dann könnte das für die United Artists Grund genug sein, meinen ›Vertrag zu überprüfen‹:

»Gegen Sensationen für Schlagzeilen haben wir nichts, Madame, im Gegenteil, aber diesen Skandal könnten wir uns nicht leisten ...«

Ich begreife ›diesen Skandal‹ überhaupt nicht. Ich schüttele den Kopf, schweige und wundere mich über das arme fortschrittliche Amerika ...

Der Santa-Fé-Expreß dampft mit uns vier Tage quer durch den Kontinent. Ich lebe angenehm, fast schon luxuriös. Mein Ankunfts-Ärger von New York verraucht allmählich.

Ich habe ein Abteil für mich; das Bett wird tagsüber in einen Klubsessel verwandelt. Klimaanlage und Waschraum sind eingebaut. Außerdem ist ein Friseur im Zug.

Morgens bestelle ich beim Küchenchef eines meiner Lieblingsgerichte; er serviert es regelmäßig abends zum Diner. Tagsüber lese ich im Aussichtswagen oder höre dort Musik.

In der Indianerstadt Albuquerque hat der Zug länger Aufenthalt. Die Eingeborenen umlagern, prachtvoll mit Federn geschmückt, den Zug. Wir können in Mengen Souvenirs kaufen. Ich handele mit einem alten, verwitterten Häuptling besonders lange um eine schöne Indianerpuppe für meine Tochter. Für den stolzen Preis von 60 Dollar gehört sie mir; ein Juwel unter den Puppen, zweifellos, für das ich noch eine beträchtliche Summe beim Zoll hinterlassen darf. In Deutschland entdecke ich dann, was auf einer Fußsohle der Puppe steht: ›Made in Germany‹ ...

Bei meiner Arbeit in Hollywood überwältigt mich die bahnbrechende Technik. Während man in Europa noch ernsthaft diskutiert, ob der Tonfilm überhaupt Zukunft hat, stehe ich hier in einem Atelier mit beweglicher Kamera, die mir entgegenkommt, die mir folgt und mich umkreist. Nicht nur ›der Ton‹, auch die Aufnahmetechnik ist um Jahre weiter als bei uns, eine reine Freude . . .

Ich drehe den Film in zwei Versionen, in Deutsch und Französisch, ins Englische werde ich synchronisiert.

Meine Eindrücke außerhalb der ›Traumfabrik‹ sind verwirrend und vielfältig. Ich sehe die prunkvollen Wohnsitze der großen Stars – ihr Luxus übersteigt jedes Maß –, die Villen von Douglas Fairbanks, Charlie Chaplin oder Harold Lloyd zum Beispiel. Und ich lerne Kollegen internationalen Ranges kennen: Gloria Swanson, Errol Flynn, Jean Gabin, Marlene Dietrich, Gary Cooper, Clark Gable, Adolphe Menjou, Mary Pickford und viele andere. Sie alle haben, wie jeder Mensch, ihre ›kleinen Schrullen‹.

Charlie Chaplin schlendert immer betont leger über den Sunset Boulevard, ißt dabei fast pausenlos russische Sonnenblumenkerne und spuckt sie ungeniert aus. »Das macht man doch in Rußland auch so, nicht wahr?« lächelt er mich schalkhaft an.

Adolphe Menjou dagegen macht aus jeder Mahlzeit einen Kult. Er übertreibt – für amerikanische Begriffe, nicht für französische. In dieser Beziehung bleibt er Franzose.

Mit Clark Gable – durch ›Vom Winde verweht‹ weltberühmt geworden – kann ich mich ein wenig in Russisch unterhalten; er stammt aus Polen, hat auch Rußland ein wenig kennengelernt und war in Polen einfacher Arbeiter, bevor ihn Hollywood entdeckte. Sein ›Hobby‹ ist das Austernlokal des amerikanischen Boxers Jack Dempsey.

Gary Cooper – Weltstar in ›12 Uhr mittags‹ – dreht zeitweilig im Nebenatelier. Ich habe noch nie einen Menschen soviel Zeitung lesen sehen. Er liest in jeder Drehpause, beim Essen, er liest, wo er geht und steht, buchstäblich in jeder freien Minute – jede Notiz und jede Anzeige. Zeitungen sind für ihn Inseln der Beruhigung und der Ruhe im hektischen Getöse Hollywoods. Seine Gelassenheit, sagte er mir, hat er vom Zeitunglesen.

Einmal allerdings scheitert er:

Er ist mit einer Spanierin befreundet; sie ist – was Wunder! – vom Temperament her das genaue Gegenteil von ihm. Sie redet gern und viel und findet Garys Einsilbigkeit hinter seinen ewigen Zeitungen zum Verrücktwerden.

Gary läßt sich, wie er meint, einen fabelhaften Trick einfallen: Er kauft ihr Schmuck. Bei jedem hübschen Armband, so kalkuliert er, wird sie vor Bewunderung eine Weile den Mund halten. – Er kalkuliert falsch. Sie hält bei jedem neuen Schmuckstück nur für Sekunden den Atem an und sprudelt dann vor Begeisterung schneller und anhaltender weiter als vorher. Bei 3000-Dollar-Schmuck-Rechnungen gibt Gary schließlich auf. »Ich muß mich von ihr trennen«, seufzt er. Das ist ungefähr der längste Satz, den ich von ihm gehört habe.

Ich bewohne während meines Hollywood-Aufenthalts einen hübschen Bungalow, rührend umsorgt von einem farbigen Ehepaar. Ich habe viel Prominenz zu Gast. Fast alle Kollegen möchten meine echt osteuropäische Küche genießen. Auch hier ist ›Russisch‹ interessant . . .

Aber heimisch werden, mich richtig ›zu Hause‹ fühlen, das gelingt mir nicht. Nicht nur das Klima setzt mir zu, auch mit der Mentalität und dem Lebensstil werde ich nicht fertig und vor allem nicht mit der Kehrseite des Glamours:

Scharen von hübschen Mädchen und gut aussehenden jungen Männern werden von der ›Traumfabrik‹ unablässig angezogen. Sie wollen entdeckt werden. Sie gehen ein großes Risiko ein. Unter Hunderten gelingt es vielleicht einer oder einem, die Statisterie aufzufüllen; ein oder zwei von zwei- oder dreihundert werden ›Edelkomparsen‹ – für einige Tage . . . Alle anderen warten, hungern, vegetieren und sinken Stufe um Stufe tiefer nach unten, bis sie am Straßenrand oder unter irgendeiner Brücke zugrunde gehen – gar nicht weit weg von den glanzvollen Fronten der Premieren-Paläste, in denen Stars und andere Prominente feierlich Uraufführungen zelebrieren.
Die Producer zucken – auf die Elendsgestalten in den Straßen angesprochen – bedauernd die Schultern: »Niemand hat sie gerufen . . .«
Ich verstehe nicht, daß eine so scheue und eigenwillige Persönlichkeit wie Greta Garbo in dieser Stadt so lange, wenn auch sehr zurückgezogen, leben kann.
Sofort nach Beendigung meines ersten amerikanischen Films will ich nach Europa zurückkehren. Es ist nicht einfach, aus dem Vertrag herauszukommen. Es gelingt mir trotzdem, für die amerikanische Gesellschaft drei weitere Filme in Paris statt in Hollywood zu drehen.

Der Einzug des Tonfilms

In Berlin soll ich in ›Die Nacht gehört uns‹ spielen, im ersten deutschen Tonfilm mit Hans Albers in der Hauptrolle. Terminschwierigkeiten stehen dagegen. Später werde ich in ›Peer Gynt‹ und in ›Die gelbe Flagge‹ Albers' Partnerin sein. Ich kenne ihn schon aus der Stummfilmzeit gut. Er spielt jahrelang kleine und kleinste Rollen. Und es sieht – was den Film angeht – ganz so aus, als sollten seine Eltern – geradlinige Hamburger Geschäftsleute – recht behalten mit ihrer Besorgnis, was ausgerechnet ihr Jüngster, ihr ›Jung‹, ›bei der Schauspielerei 'rumzutüdeln hat‹.

Optisch, sagen die Stummfilmleute, kommt Albers gar nicht an. Er soll sich ›erstmal seine viel zu große Nase operieren lassen‹. Er läßt sich nicht operieren; und er widerlegt die Stummfilmgewaltigen. Auf Berliner Bühnen nämlich ›kommt‹ er eines Tages glänzend ›an‹: in Bruckners ›Verbrecher‹ zum Beispiel oder in ›Rivalen‹ mit Fritz Kortner. Auf den Bühnen verhilft ihm zum Durchbruch, was ihn später auch in die Spitzengruppe der Tonfilmstars ›katapultieren‹ wird: seine Natürlichkeit, seine Gabe, Leichtigkeit ›zu servieren‹ (das Schwerste für jeden Schauspieler), und seine Stimme, kurz: sein Talent, alles mit, wie Regisseur Carl Froelich es nennt, ›unfrisierter Schnauze‹ zu spielen.

Der Tonfilm ›entdeckt‹ den Schauspieler Hans Albers; seit ›Die Nacht gehört uns‹ müssen sich seine Eltern nicht mehr fragen, warum ihr ›Jung bei der Schauspielerei 'rumtüdelt‹.

Film auf Film folgt: ›Der Greifer‹, ›Der Sieger‹, ›Quick‹, ›FP 1 antwortet nicht‹, in einem Jahr später ›Gold‹, ›Peer Gynt‹, ›Der Mann, der Sherlock Holmes war‹, ›Münchhausen‹ und viele andere.

Ich erlebe Albers in zwei Situationen, die typisch für ihn sind, typisch deshalb, weil sie seinen Humor, seine Selbstironie, seinen Mut und seine Charakterstärke zeigen:

Noch in der Stummfilmzeit drehen wir gemeinsam ›Die Gesunkenen‹. Im Nachbaratelier entsteht ein Zirkusfilm. Die Schlangendompteuse, eine ungewöhnlich rassige Spanierin, hat ihre Garderobe neben mir. Albers ist von der Señorita hingerissen. Er druckst bei mir in der Garderobe ein bißchen herum und fragt dann, ob ich nicht ›so ganz zufällig‹ ein kleines Rendezvous mit der aufregenden Spanierin arrangieren könnte, alldieweil ich doch direkt Wand an Wand mit ihr wohne …

Ich beschließe, dem ›blonden Hans‹ einen Streich zu spielen. Helfershelfer ist Hans Adalbert von Schlettow, Schabernack-Experte im Kollegenkreis. Er läßt sich auch gleich etwas einfallen: Die Schlange ›lebt‹ bei der Dompteuse in der Garderobe; sie hat zwar ihre Giftzähne nicht mehr, ist aber furchterregend lang und bevorzugt die Couch als Ruheplatz. Hier nun setzt Schlettow an:

Meine Garderobiere bestellt Albers, daß die Spanierin ihm ›ein Rendezvous gewährt‹.

Hans ist entzückt. Er klopft artig an die Tür, tritt ein, sieht sich um und – staunt: Da hat man ihm doch immer erzählt, daß die Spanierinnen besonders sittenstreng erzogen seien. Und was erblicken seine blauen Augen? – Die Señorita liegt schon auf der Couch …

Gesicht und Körper sind zwar unter einer Decke verborgen,

immerhin: das schwarze, betörend duftende Haar ist zu sehen und läßt alles andere ahnen.
Hans geht leise auf die Couch zu, zieht vorsichtig die Decke ein wenig weg und will die Spanierin mit einem leidenschaftlichen Kuß ›gleich richtig in Stimmung bringen‹.
Er beugt sich hinunter und – prallt entsetzt zurück:
Das ›betörend duftende Haar‹ entpuppt sich als Perücke; und unter der Decke zischt ihn die Schlange an und schießt auf ihn zu.
Albers rast aus der Garderobe und die Ateliergänge hinunter wie ein Besessener. Die Schlange verfolgt ihn. Er kann sie abschütteln ...
Die Schlange bleibt unauffindbar. Niemand von uns wagt sich mehr in die Gänge. Erst die Dompteuse findet ihr Riesenreptil wieder.
Albers ist stundenlang verstört.
Zwei Tage später gestehe ich ihm unseren Streich. Und ich sage ihm, daß wir uns bei aller Bestürzung doch sehr das Lachen verbeißen mußten, als wir ausgerechnet den Mann so rennen sahen, der sonst auch bei gefährlichsten Filmaufnahmen vor nichts zurückschreckt und alles selber machen will.
Albers beweist Humor und Selbstironie. Er nimmt es uns nicht übel. Er lacht, daß ihm die Tränen über die Backen rollen.
Jahre später lacht niemand, der die Szene miterlebt:
Wir drehen in den letzten Kriegswochen in Prag den Kriminalfilm ›Shiva und die Galgenblume‹. Der ›Reichsprotektor für Böhmen und Mähren‹, Wilhelm Frick, ›gibt sich die Ehre‹, uns zum Abendessen auf den Hradschin einzuladen.
Albers und ich überlegen uns, unter welchem Vorwand wir absagen können. Diese ›Muß-Essen‹ sind jetzt noch deprimierender als vorher. Man weiß nicht, was man wenige Wochen

vor Kriegsende mit hohen Naziführern noch reden soll. Uns fällt als Ausrede nichts ein, was Frick nicht als Affront aufgefaßt hätte.

Also gehen wir.

Die Atmosphäre ist eisig. Wir essen von wertvollen Porzellantellern, die das Monogramm der Besitzer, der ehemals reichsten jüdischen Familie Prags, tragen. Die Familie ist ›in Schutzhaft‹.

Nach dem Essen spöttelt ›Reichsprotektor‹ Frick über deutsche Schauspieler, die sich von ihren jüdischen Frauen nicht scheiden ließen. Frick ist ›Experte‹. Als ehemaliger Innenminister hat er maßgebenden Anteil an den ›Ariergesetzen‹.

Hans Albers ist zwar nicht mit einer Jüdin verheiratet, aber befreundet – mit Hansi Burg, die nach England emigrierte. Albers steht zu ihr. Als Frick weiterspöttelt, sagt Albers erzwungen ruhig:

»Herr Reichsprotektor, bei uns Schauspielern gibt es ein ungeschriebenes Gesetz: Über Abwesende lästern wir nicht ... Lassen Sie mich bitte ins Hotel fahren.«

Frick wird einen Schein blasser und gibt Anweisung, einen Wagen bereitzustellen.

Albers erhebt sich und geht. Ich schließe mich an.

Im Hotel warten wir darauf, daß uns die Gestapo holt. Es geschieht nichts. Wir erfahren nie, welchem ›Wunder‹ wir das zu verdanken haben.

Im ersten deutschen Tonfilm mit Hans Albers kann ich 1929 zu meinem Bedauern aus Termingründen also nicht mitspielen.

Die Filmgeschichte hält einen Trost für mich bereit: Mein erster Tonfilm wird später zu den Filmklassikern gezählt: ›Die drei von der Tankstelle‹ mit Lilian Harvey, Willy Fritsch,

Heinz Rühmann (in seiner ersten Filmrolle) und Oskar Karlweis. Der Film wird nicht zuletzt durch seine schmissigen Schlager von Werner Richard Heymann weit über die Grenzen hinaus zu einem großen Erfolg.
Einer der chansonähnlichen Schlager heißt: ›Ein Freund, ein guter Freund, ist das Beste, was es gibt auf der Welt . . .‹
Es muß Gründe haben, daß sich Freunde in mich verlieben, mich verehren, mich bewundern, aber kaum einer von ihnen mir einen Heiratsantrag macht. Und es muß innere Gründe haben, die bei mir liegen, daß ich vor solchen Anträgen noch immer Angst habe, daß mir häusliches Leben niemals so viel bedeuten könnte wie eine Rolle, in der ich aufgehe.
Auch jetzt, da über Deutschland drohende politische Wolken aufziehen, ist meine Sehnsucht nach immer neuem Leben und Erleben durch erfüllende Aufgaben stärker als der Hang zur Geborgenheit an der Seite eines Mannes.
Ehe, das ist für mich häusliche Bindung und Belastung – nicht nur seit meiner ehelichen Jugendtorheit in Rußland. Vielleicht bin ich in dieser Beziehung egozentrisch, zu egozentrisch, weil ich in meinen Beruf verliebt bin. Ich will nichts wissen von den täglichen kleinen Sorgen, mit denen sich jeder herumzuschlagen hat. Glücklicherweise behelligen mich weder meine Mutter noch meine Schwester, die jetzt auch bei mir wohnt, mit Banalitäten des Alltags. Sie nehmen mir einfach alles ab – auch die Lösung größerer Probleme: die Erziehung meiner Tochter Ada und meiner Nichte Marina zum Beispiel. Mein Beitrag zum häuslichen Leben beschränkt sich auf die häufig wiederkehrende Frage: »Brauchst du Geld?«
Auch nach den Schulzeugnissen erkundige ich mich pflichtschuldigst – oder nach Marinas Fortschritten in der Ballettschule von Tatjana Gsovsky.

Marina hatte in Rußland mit drei Jahren Kinderlähmung; zunächst also muß erreicht werden, sie wieder voll bewegungsfähig zu machen; das kostet Energie und Kraft. Unser ›weiblicher Familienrat‹ beschließt, sie zur Tänzerin ausbilden zu lassen, ein ungewöhnlicher Weg bei einem kleinen Mädchen mit einem lahmen Bein, sicher. Aber das Experiment gelingt: Marina ist sehr musikalisch, sie macht mit, sie kräftigt das behinderte Bein; und nach einigen Jahren hat sie die Krankheit überwunden.

Vielleicht spüren Freunde, daß in meiner Umgebung zuviel ›weiblicher Familienrat‹ und bei mir selbst von Jugend und Erziehung an zuviel Selbständigkeit ist für die dauernde Gemeinsamkeit mit einem Mann und für die Bindung in einer Ehe.

Ich meine, vielleicht spüren das die echten Freunde, von den anderen will ich gar nicht erst länger sprechen, von jenen Kollegen, die mit nahezu jeder attraktiven Kollegin wechselweise oder parallel Amouren ansteuern, oder von jenen ›Herren der Schöpfung‹, die eine Dame mit Sex-Appeal flugs und ohne längeres Vorspiel in der Horizontalen sehen und völlig außer Fassung geraten, wenn die Dame von ihnen vor allem anderen menschliche Qualitäten erwartet . . .

Daß meine Tochter Ada mich Anfang 1933 vor ähnlich voll-

»Die Drei von der Tankstelle« *(1930) ist Olga Tschechowas erster Tonfilm. Im Bild oben von links:* Heinz Rühmann, Gertrud Wolle, Kurt Gerron, Lilian Harvey, Willy Fritsch, Fritz Kampers, Olga Tschechowa, Oskar Karlweis. *Einer der beliebtesten Filme jener Zeit ist* »Liebelei« *(unten): Olga Tschechowa spielt unter der Regie von* Max Ophüls *mit* Wolfgang Liebeneiner.

endete Ehetatsachen stellt wie ich meine Eltern Anno 1914, kommt sicherlich auch nicht von ungefähr; Einsicht und Erkenntnissen geht ja öfter das – Abenteuer voraus:
Ada kommt zu mir ins Zimmer und sagt schlicht und fest:
»Mama – ich muß dich sprechen.«
Ich schreibe an einem Brief und frage zerstreut:
»Was gibt's denn?«
»Ich möchte – heiraten.«
Ada ist sechzehneinhalb. Ich war damals sechzehn. Ich versuche, gelassen zu bleiben:
»Muß das sein ...?«
»Ja.«
Ich lege den Federhalter hin:
»Es muß – oder du möchtest ...?«
»Ich möchte ...!«
Sie sagt das wirklich mit einem unüberhörbaren Ausrufungszeichen. Schon in diesem Augenblick ist mir klar, daß ich mit weiteren Fragen nur noch der Form genügen kann. Also genüge ich der Form, um das ›mütterliche Gesicht‹ zu wahren:
»Wer ist denn der Glückliche?«
»Franz Weihmayr – du kennst ihn ...«
Natürlich kenne ich ihn. ›Franzl‹ ist ›Star-Kameramann‹ und hat unter anderem auch einige Zarah-Leander-Filme gedreht. Aber daß Ada und er – nun ja ...
Ada wird Frau Weihmayr. Das Glück dauert nicht länger als seinerzeit meine ›Kinder-Ehe‹ ...
Doch bald begehe auch ich wieder einen Fehler mit unerhörten Folgen: Von – wie ich zunächst glaube – ehrlichen und geschäfts-

Unter Gerhard Lamprechts *Regie spielt Olga Tschechowa 1933 in* »Ein gewisser Herr Gran«.

tüchtigen Kaufleuten lasse ich mich davon überzeugen, daß es an der Zeit wäre, endlich – mit ihnen gemeinsam – eine eigene Filmfirma zu gründen. So entsteht die »Olga-Tschechowa-Film-Ltd. London–Paris«. Freilich bin ich, in kaufmännischen Dingen noch unbewandert und von der Ehrlichkeit meiner Partner nur allzu überzeugt, auch noch naiv genug, die volle Prokura an die besagten Geschäftsleute zu übertragen, mit meinem Vermögen zu haften und mich selbst jeden Mitspracherechts zu entäußern. Mit Kopfschütteln werde ich später als erfahrene Unternehmerin an diese Dummheit zurückdenken.

Zunächst gefällt mir das ganze ausgezeichnet. Ich bin stolz auf meine – meine eigene! – Produktion. Wir drehen den Streifen »Diana«, der schon gleich heftigen öffentlichen Disput auslöst, weil er – für die damalige Zeit ziemlich freizügig – das Problem der lesbischen Liebe berührt. Der Kassa scheint es gut zu gehen, und wenn ich Geld brauche – viel ist es nie –, hebe ich den gewünschten Betrag vom Firmenkonto ab. So wird auch wieder einmal – vielleicht ist das zu jener Zeit mein einziger wirklicher Luxus – ein neuer Wagen fällig. Ich kaufe ihn und schreibe der Autofirma einen Scheck aus. Da ereignet sich etwas, was mich aus allen Wolken fallen läßt:

Der Direktor meiner Bank bittet mich, ihn aufzusuchen. Dann macht er mir klar, daß ich noch ganze 30 Mark auf dem Konto habe und mein Verhalten bei entsprechender Deutung gar den Tatbestand einer strafbaren Handlung erfülle. Noch mehr: Das Bankhaus Stern in Leipzig unterbreitet mir ungedeckte Wechsel in Höhe einer viertel Million Reichsmark.

Die verantwortlichen Herren meiner Gesellschaft sind getürmt, wie sich bald herausstellt. Ein wahrer Run von Gläubigern setzt ein. Ich bin verzweifelt, weiß keinen Ausweg.

Da geschieht ein Wunder:
Ein älterer Herr, groß und grauhaarig, ein Gentleman wie aus dem Bilderbuch, stellt sich bei mir vor: als Herr Stern, Chef des Bankhauses Stern in Leipzig. Ohne große Einleitung erklärt er mir, daß er, nicht zuletzt im Hinblick auf das nahende Versöhnungsfest der Juden, nicht mehr länger mein Gläubiger sein wolle und meine Schuld somit als getilgt betrachte.
»Ich verehre Sie als Frau und Künstlerin. Ich will nicht zulassen, daß Sie verzweifeln. Nein, Sie müssen in Freiheit weiterschaffen ...«, fügt er hinzu, während ich ihn fassungslos anschaue – fassungslos vor allem über das Wunder, daß es einen solchen Menschen gibt. Ehe ich mich richtig erholt habe, hat er mir die Hand geküßt und ist verschwunden ...
Ich werde das Glück haben, auch ihm einmal zu helfen ...

Bei Hitler und Goebbels

Hitler ist Reichskanzler geworden und Dr. Joseph Goebbels sein ›Reichsminister für Volksaufklärung und Propaganda‹. Veränderte Sitten und Gebräuche in diesem ›Dritten Reich‹ kündigen sich für mich durch eine ungewöhnliche Einladung an: Eines Tages läßt mir Mama im Atelier telefonisch ausrichten, das Reichspropagandaministerium erwarte mich am Nachmittag auf dem Empfang des Herrn Ministers. Der ›Führer‹ und Reichskanzler werde anwesend sein.

Mama, ganz Dame ›alter Schule‹, ist empört: Was sind das für Manieren, eine Dame telefonisch morgens für den Nachmittag gewissermaßen zu einer Einladung zu befehlen . . .?

Ich wundere mich weniger über ›diese Manieren‹ als über die Mißachtung festgelegter und – kostspieliger Drehzeiten. In der Regel wird von sieben Uhr früh bis 19 Uhr gedreht. Wer gleichzeitig Theater spielt, muß direkt vom Atelier in seine Garderobe fahren und ist kaum vor 23 Uhr frei.

Ich berichte meinem Regisseur also vom Anruf des Propagandaministeriums und hoffe insgeheim, daß die Firma ablehnt. Aber Regisseur und Produktion genehmigen, disponieren um, ›drehen mich früher ab‹. Ein ungewöhnlicher Vorgang. Noch ein ungewöhnlicher Vorgang. Später ist ohnehin jeder Wunsch des Propagandaministeriums gleichsam ein Befehl oder wird zumindest so aufgefaßt.

Davon deutet sich schon etwas an. Der Produzent ahnt die Entwicklung offenbar richtiger voraus als ich.

Mir ist Dr. Goebbels lediglich als ein Mann geschildert worden, der Berlin für die Nationalsozialisten ›erobert‹ hat, ohne Zweifel über geschliffenen Intellekt verfügt und ein fähiger Propagandist ist. Die respektlosen Berliner witzeln über ihn, er schliefe nicht in seinem Bett, sondern in seiner ›großen Klappe‹.

Jetzt also ist er ›Reichsminister für Volksaufklärung und Propaganda‹, und sein ›Führer‹ Adolf Hitler ist Reichskanzler – aber nicht lange, erzählt ›man‹ sich. In dieser zerbröckelnden Republik ohne Republikaner brauchen national-konservative Kreise Hitler als ›Trommler‹ gegen die anschwellende kommunistische Gefahr. Wenn er lange genug ›getrommelt‹ hat, wird er wieder abberufen – so denkt ›man‹ sich das ...

Ich bin erst um 17 Uhr ›abgedreht‹. Abends habe ich Vorstellung. Also hat sich der ›Staatsempfang‹ von selbst erledigt, meine ich; denn bis ich mich frischgemacht und umgezogen habe, vergeht mindestens eine Stunde und dann ...

Weiter komme ich nicht in meinen Überlegungen:

Als ich das Atelier verlassen will, eilt ein kleiner Wichtigtuer vom Propagandaministerium auf mich zu und holt mich ab. Er fährt mich so wie ich bin – im Sportkostüm – in die Wilhelmstraße. Unterwegs kann ich mir gerade noch eine Rose fürs Knopfloch besorgen, um nicht ganz ›nackt‹ bei einem ›Staats-Tee‹ zu erscheinen.

Im Ministerium werde ich zunächst Frau Magda Goebbels vorgestellt. Sie fragt mich sanft tadelnd: »So spät, Frau Tschechowa?«

»Ich komme direkt von der Arbeit, Frau Goebbels, außerdem hat man mich erst heute morgen per Telefon eingeladen ...«

Frau Goebbels läßt nicht erkennen, ob sie mich verstanden hat.

Vor dem Raum, in dem den Gästen der Tee serviert wird, steht Hitler in Zivil. Er spricht sofort von meinem Film ›Die brennende Grenze‹, der gerade uraufgeführt wurde. Ich spiele eine polnische Revolutionärin. Hitler ›überschüttet‹ mich mit Komplimenten.
Mein erster Eindruck von ihm: schüchtern, unbeholfen, obwohl er sich gerade Frauen gegenüber österreichisch-liebenswürdig gibt; nichts von ›Dämonie‹, Faszination oder Dynamik – ein Eindruck übrigens, den ich mit vielen teile, die Hitler im kleinen Kreis erleben. Erstaunlich, nahezu unfaßbar ist seine Wandlung vom monologisierenden Langweiler zum fanatischen Aufpeitscher, wenn er ›vor den Massen‹ steht. Hier reißt er Tausende und später Millionen mit – wer will das bestreiten.
Im Teeraum treffe ich bekannte Kollegen: Werner Krauß, Eugen Klöpfer, Heinrich George, Käthe Dorsch, Georg Alexander, Willy Fritsch und viele mehr, kurz: alles, was in Berlin ›Rang und Namen‹ hat.
Hitler bemüht sich vergeblich, charmant zu sein, Goebbels ist es. Wie immer höhensonnengebräunt, versprüht er Witz und verstreut mühelos Aperçus. Der von der Natur äußerlich benachteiligte, gehbehinderte kleine Mann genießt es sichtlich, Minister zu sein und Künstler um sich ›zu versammeln‹.
Der berüchtigte ›Reichsführer SS‹, Heinrich Himmler, beeindruckt mich etwa so wenig wie ein Katasterbeamter in Pension. Mit seinem rundlichen Spießbürgergericht steht er mehr oder weniger schweigsam herum und kommt sich sichtbar hilflos vor. Auf einem späteren Empfang gelingt es mir, ihn zu schockieren:
Ich erscheine tief dekolletiert. Er ist starr vor Staunen. »Wenn Frauen so viel Körper zeigen, macht ihn das wahn-

sinnig«, sagte mir jemand, der ihn näher kennt. ›Das paßt zu ihm‹, denke ich mir und ›rausche‹ an ihm vorbei. Mein Straßenkostüm auf diesem ›Staatstee‹ findet er offenbar schicklich. Die Konversation plätschert für den Rest des Nachmittags zähflüssig und nichtssagend dahin. Hitler spricht viel von seinen künstlerischen Ambitionen. Aquarelle, Skizzen und Zeichnungen aus seinen früheren Jahren werden herumgereicht. Nichts davon bleibt mir im Gedächtnis.

Ich verabschiede mich bald und fahre ins Theater.

Die nächste ›Einladung‹ ist nicht nur ungewöhnlich; sie ist tragikomisch, und sie hat etwas Gespenstisches:

Wir – prominente Kollegen und ich – sitzen nach der Vorstellung an langen Tischen im Hinterzimmer eines ›Parteilokals‹. Nichtskönner, von der Partei auf Funktionärssessel gehievt, ›präsidieren‹ in SA- und SS-Uniform. Sie haben sich's bequem gemacht. Vor ihnen liegen Schulterriemen und Koppelzeug mit Pistolen.

Sie dozieren eine Stunde über unsere ›Künstlerpflichten‹ im ›Dritten Reich‹ und ergehen sich dann in wüste Angriffe gegen Ausländer und jüdische Kollegen.

Als einer von ihnen Fritzi Massary – die ungekrönte Königin des berühmten Metropol-Theaters – angreift, erhebt sich Fritz Odemar, Vater des ›Fernseh-Kommissars‹ Erik Ode; er verbittet sich die Ausfälle gegen Fritzi Massary, Paul Morgan, Kurt Gerron, Felix Bressart, Camilla Spira und andere jüdische Kollegen in unser aller Namen. Er schlägt uns vor, die Versammlung zu verlassen.

Wir tun es.

Die Rache dieser kleinen bellenden ›Kunst-Köter‹ bekomme auch ich sehr bald zu spüren; ihre Macht reicht weit, wie sich jetzt zeigt:

Rollen, für die ich vorgesehen bin, werden umbesetzt – immer mit ›außerordentlichem Bedauern‹ selbstverständlich, mit hilflosem Schulterzucken.

Das geht ein Jahr so.

Ich habe keine nennenswerten finanziellen Reserven, von denen ich mit meiner Familie auf die Dauer leben kann. Also verkaufe ich mein Auto, entlasse den Chauffeur und lerne endlich – radfahren ...

Ansonsten strecke ich meine Fühler ins Ausland aus. Aber das ist nicht einfach und vorerst auch erfolglos. So bleibt nichts weiter übrig, als das nächste Stück ›abzustoßen‹: einen meiner Teppiche.

Da meldet sich Alfred Hitchcock aus London. Ich kann die Hauptrolle in dem Kriminalfilm ›Mary‹ spielen. Der Teppich ist gerettet.

Hitchcock lerne ich als klugen, liebenswerten Menschen mit entwaffnend trockenem Humor kennen; er wirkt alles andere als ›englisch‹ auf mich, eher russisch in seiner Rundlichkeit und gastfreundlichen Art.

In London gelingt es mir, einen Vertrag für Paris abzuschließen: Ich drehe ›L'argent‹ nach dem Roman von Zola.

Als ich eines Tages aus dem Atelier in mein Hotel an den Champs-Elysées zurückkomme, greift auch hier die Politik nach mir, genauer: nach meinem Auto. Es ist total beschädigt. Auf die Trümmer hingeschmiert steht: ›Boche, Schwein‹. Der Hintergrund: Deutsche Truppen waren unangekündigt in die seit dem Ersten Weltkrieg von Frankreich besetzten rheinischen Gebiete einmarschiert.

Ich fahre nach Deutschland zurück. Wer dafür gesorgt hat, daß ich wieder spielen darf, weiß ich nicht. Vielleicht trägt die positive Resonanz in der internationalen Presse dazu bei, mich wieder als ›deutsche Schauspielerin‹ zu akzeptieren, die mithilft, Deutschlands ›künstlerische Weltgeltung‹ aufzupolieren; in jedem Fall werde ich wieder beschäftigt. Mehr noch: Ich werde ›Staatsschauspielerin‹:

1935 klingeln eines Sonntags zwei Herren bei uns, bitten formvollendet, stören zu dürfen, weisen sich als Beamte des Propagandaministeriums aus, bauen sich feierlich vor mir auf und verlesen eine Urkunde: ich werde für meine ›Leistungen im Film und am Theater‹ zur Staatsschauspielerin ernannt.

Ich bedanke mich ›für die Blumen‹, die die Herren gar nicht mithaben, und stelle fest, daß auch anderen Kollegen ähnlich originell und unverhofft ›Staatsschauspieler‹-Ehre widerfährt; in der Tat eine Ernennung ehrenhalber übrigens, die kein Geld und keine Altersrente bringt, im Gegenteil: zunächst einmal gleich wieder Ärger; denn ich fahre einen ausländischen Wagen, einen gebrauchten Packard. Eine deutsche Staatsschauspielerin aber sollte ›nichts Ausländisches‹ fahren, läßt man mich wissen. »Es ist nicht erwünscht«, richtet mir Minister Goebbels über Kontaktleute aus. Es ist die Zeit, da in Deutschland alles deutsch zu sein hat. Ich antworte dem Minister über Kontaktleute zurück, daß ich für einen Mercedes – zum Beispiel – kein Geld habe, als Staatsgeschenk aber würde ich natürlich auch jeden anderen repräsentativen deutschen Wagen fahren. Goebbels wittert die Ironie. Staatswagen seien für Staatsschauspieler nicht vorgesehen, höre ich von ihm über Dritte. Das Autothema hat sich erledigt.

Ich drehe in dieser Zeit einen meiner schönsten Filme und einen der bekanntesten deutschen Filme überhaupt: ›Maskerade‹ mit Paula Wessely, Adolf Wohlbrück, Peter Petersen, Julia Serda, Walter Janssen, Hans Moser – Regie: Willi Forst.

Es ist die Entdeckung der jungen Schauspielerin Wessely für den Film und zugleich ihr Triumph. Ihre unverwechselbare Stimme, ihre zauberhafte Natürlichkeit und ihre liebenswerte Ausstrahlung bringen sie über Nacht ganz nach oben.

Es ist ein großer Erfolg für Adolf Wohlbrück, der hier beweist, daß er als kultivierter Bonvivant weit mehr kann als gut aussehen (er emigriert später nach England, weil irgendein Großelternteil ›nicht arisch‹ ist, findet dank seiner Sprachbegabung dort sofort Anschluß und kehrt nach dem Krieg gereift und noch sicherer und kultivierter in seinen schauspielerischen Mitteln nach Deutschland zurück).

Und es ist vor allem ein Film des überragenden Regietalents Willi Forst. Mit ›Maskerade‹ erweist er sich für seine ganze Regielaufbahn als Meister des filmischen Kammerspiels. Er ist unbestechlich und unbeeinflußbar, diszipliniert, pünktlich, genau, dabei immer behutsam und nie laut, aber sehr bestimmt und voller Respekt für echte Leistungen seiner Mitarbeiter.

Er besetzt Stab und Rollen nach der ›Harmonielehre‹; es gibt keine ›Stars‹ – wie bei einem guten Orchester gibt es bei ihm nur Könner – als Mitwirkende am gesamten Werk.

Das geht so weit, daß er – zum Beispiel – für ›Burgtheater‹ von Werner Krauß ›Probeaufnahmen‹ macht, bevor er sich endgültig für ihn entscheidet. Natürlich nicht, weil er Krauß, der seit Jahrzehnten zu den Großen am Theater und beim Film gehört, ›ausprobieren‹ will. Aber Forst kennt Krauß' Scheu vor Großaufnahmen. Immer, wenn die Kamera dicht an ihn heranfährt, wird Krauß nervös, er mag ›das Monstrum‹ nicht, er fängt an zu zittern wie als Kind beim Fotografieren.

Forst nimmt Krauß diesen Kindheitskomplex; und er kann

umsetzen, was ihm gerade bei ›Burgtheater‹ vorschwebt: Großaufnahmen als Stilmittel.

Ich habe das Vergnügen, mit Forst nach ›Maskerade‹ und ›Burgtheater‹ noch ›Bel ami‹ zu machen. Er spielt die Titelrolle selbst und singt unnachahmlich ›Du hast Glück bei den Frau'n, bel ami . . .‹ – einen Schlager, der so gar nicht in diese ›heldische Zeit‹ paßt und wahrscheinlich gerade deshalb so unwahrscheinlich populär wird.

Ich filme jetzt wieder pausenlos und spiele ›nebenbei‹ Theater en suite: ›Aimée‹, ›Der Blaufuchs‹, ›Die sechste Frau‹ und anderes.

›Meine Damen‹ zu Hause – Mama, meine Schwester, meine Tochter Ada und meine Nichte Marina – nennen mich ihren ›Schlafburschen‹: Ich fahre vor sieben Uhr früh ins Atelier und komme meist erst gegen Mitternacht aus der Vorstellung zurück.

Politisch verändert Berlin inzwischen sein Gesicht:

Der ›Marschtritt der braunen Kolonnen‹ und ein Meer von Hakenkreuzfahnen prägen immer häufiger diese Stadt und ihr Leben. Die ›Gleichschaltung‹, die Ausrichtung aller auf die nationalsozialistische Ideologie geht an niemandem und nichts vorbei – auch nicht am Film und am Theater. Trotzdem ist Berlin noch immer das Mekka aller Künstler und Könner; und zum Ärger des Ministers für Volksaufklärung und Propaganda halten sich gerade unter den Schauspielern hartnäckig – Individualisten. Zum Beispiel Gustaf Gründgens:

Ich habe noch kurz vor der ›Machtübernahme‹ mit ihm unter anderem in ›Liebelei‹ nach Schnitzler unter Max Ophüls' Regie gespielt.

Künstlerisch und menschlich besteht immer Spannung zwischen uns, nicht jene herzliche Kameradschaft, die mich mit vielen anderen Kollegen verbindet. Aber jetzt – im ›Dritten Reich‹ – verdient Gründgens meinen, nicht nur meinen: unser aller rückhaltlosen Respekt:

Als Generalintendant hält er die Preußischen Staatstheater von Goebbels und allen nationalsozialistischen Politisierungsversuchen frei. Er macht als Regisseur und Schauspieler großes, stilbildendes Theater und beweist auch persönlich jeden Tag neu Mut und diplomatisches Geschick:

Um seinen künstlerisch anspruchsvollen und von der herrschenden Ideologie freien Spielplan durchzusetzen und um politisch gefährdete Kollegen zu halten, ›verbündet‹ er sich mit dem ›Reichsmarschall‹ und preußischen Ministerpräsidenten Hermann Göring.

Göring hat Emmy Sonnemann, ehemals Schauspielerin am Staatstheater, geheiratet. ›Staatsrat‹ Gründgens macht über sie dem preußischen Ministerpräsidenten klar, daß allein er Schirmherr der Preußischen Staatstheater in des Wortes wahrer Bedeutung sein könne, wenn dieses Theater ›Insel der Kunst und Kultur‹ bleiben soll.

Göring nützt als Schirmherr mit Wonne jede Gelegenheit, Goebbels, den er sowieso nicht leiden kann, zu beweisen, daß die Staatstheater ihn nichts angehen. Goebbels schäumt. Göring deklariert im Hinblick auf ›nichtarische‹ Schauspieler und deren Frauen: »Wer Jude ist, bestimme ich ...«

Natürlich weiß Gründgens, daß nicht Görings Kunstverstand – den er nicht hat – ihn seine Rolle als Schirmherrn genießen läßt, sondern seine Eitelkeit, seine Aufgeblasenheit und seine arrogante Scharlatanerie. Gründgens kennt besser als Außenstehende Görings anderes Gesicht. Er weiß, daß sich hinter seiner rundlichen Jovialität, die ihn populär macht, ein brutaler Zyniker verbirgt, ein Mann, der schon Jahre vor den Judenpogromen politische Gegner zu Hunderten umbringen ließ. Trotzdem geht Gründgens sein ›Bündnis‹ mit Göring ein, um das Staatstheater und sein Ensemble zu retten – eine kühne und von Jahr zu Jahr gefährlicher werdende Gratwanderung …

Unter ganz anderen Gesichtspunkten Individualistin, Persönlichkeit, unbeirrbar und unnahbar, ist und bleibt Adele Sandrock.

Adele – wir alle nennen sie voller Respekt so – ist für den ›Kinonormalbesucher‹ die ›komische Alte‹ des deutschen Films. Sie leidet darunter. Ihr Schicksal hat tragikomische Züge: Einst eine schöne Frau, glanzvolle Bühnen-Salondame, später gefeierte Heroine des Burgtheaters, gastiert sie mit ihrer Paraderolle, der ›Kameliendame‹, in ganz Europa.

Die Schönheit welkt, das Pathos bleibt, die Zeiten ändern sich: Was einst überwältigend an Geste und Stimmgewalt war, ist nicht mehr gefragt oder – wirkt lächerlich.

Adele Sandrock bleibt eine respektvolle Erscheinung; als Schauspielerin indessen findet sie – wie andere auch – den Absprung ins Alter nicht. Sie droht, vergessen zu werden, in der Anonymität zu versinken. – Es geht ihr schlecht.

Da entdeckt irgend jemand ihre zwerchfellerschütternde Wirkung. Sie wird wieder beschäftigt als – ›komische Alte‹.

Persönlich und privat überspielt sie dieses Fach, lebt in Erinnerungen an ihre große Zeit, ignoriert, was um sie herum geschieht, oder überdeckt vielerlei mit grimmigem Humor. Sie akzeptiert nur wenige. Mir läßt sie – immer hoheitsvoll – die Gnade ihrer Freundschaft zuteil werden. Sie nennt mich ›Mausi‹. Ich erlebe mit ihr heitere, aber auch sehr ernste Situationen:

Zu Willy Eichberger, einem jungen, blendend aussehenden Kollegen, sagt sie augenzwinkernd: »Sie gefallen mir schon, junger Mann, aber ich Ihnen nicht mehr, fürchte ich . . .«

Bei einer Aufnahme mit einem Baby, das splitternackt in der Wiege kräht, richtet Adele ihr Lorgnon auf die Stelle unter dem Bauchnabel und brummt: »Ein Junge – wenn ich mich recht erinnere . . .«

Eines Mittags kommt sie zu mir in die Garderobe und behauptet, daß unsere gemeinsame Maskenbildnerin meine Augen leuchtender schminke als ihre eigenen. Tatsächlich sind meine Wimpern blau gefärbt, Adeles Wimpern dagegen braun.

Sie beordert die Maskenbildnerin in die Garderobe und donnert sie an: »Sie wollen ein Star in Ihrem Fach sein?! Widersprechen Sie mir nicht! Wenn Sie es sein wollen, dann sorgen Sie gefälligst dafür, daß ich künftig genauso aussehe wie Mausi . . .!«

Ich verspeise währenddessen seelenruhig Piroggen, die mir meine Mutter mitgegeben hat.

»Was ißt du da?« examiniert sie mich streng.

Ich erkläre ihr, daß es sich um russische Kohlpastetchen handelt, die wir zu Hause selbst herstellen.

»Dann sag' deiner Mutter bitte, sie soll für mich auch welche backen – wo ich doch alles so liebe, was aus Rußland kommt«, sie hebt den Blick zum Himmel und gerät ins Schwärmen: »Wenn du wüßtest, wer mir da alles zu Füßen lag, als ich als ›Kameliendame‹ gastierte: sämtliche Großfürsten – zunächst einmal – einen von denen habe ich vernascht, und ich hätte auch den Zaren nicht verschont, glaube mir, aber leider . . . leider war er schon ein kranker Mann. Überhaupt – die Männer! Alles Feiglinge, meine liebe Mausi,

alles ... nun, sagen wir: fast alles Feiglinge. Ich kann schon verstehen, daß du nicht wieder verheiratet bist. Du weißt, daß Arthur Schnitzler meine große Liebe war ...?«
Ich zögere.
»Weißt du's, oder weißt du's nicht?« fragt sie mich mit leichtem ›Gewitterbeben‹ in der Stimme.
»Ich weiß es nicht«, sage ich gehorsam und wahrheitsgemäß.
»Nun«, triumphiert sie, »er war meine große Liebe! Aber frage nicht, was ich aufwenden mußte, um ihn zu erobern. Zunächst habe ich, wie sich das für eine Dame gehört, auf seine Liebeserklärung gewartet. Ich gab ihm reichlich Gelegenheiten dazu: im Theater, nach dem Theater, aber immer wich er einem Tête-à-tête aus. Dann erfuhr ich, daß er gern Austern aß. Also lud ich ihn in meine Wohnung ein, ließ aus dem Sacher einige Dutzend Austern und reichlich Champagner kommen. Wir genossen, Mausi, wir genossen – die Austern und den Champagner ... Und ich flirtete mehrere Zentimeter über die Grenze des Schicklichen hinaus. Die Uhr im Salon schlug, sie schlug wieder und sie schlug noch einmal. Und was, meinst du, geschah jetzt?«
»Ich nehme an, daß Herr Schnitzler jetzt ...«
»Papperlapapp, Herr Schnitzler«, unterbricht mich Adele pikiert und fährt gleich grollend fort: »Arthur griff nach einer neuen Flasche Champagner, da wurde ich energisch: ›Erst – marsch ins Bett‹! donnerte ich ihn an. Und du wirst es nicht glauben, Mausi ...«

»Maskerade« *(1934) – oben, mit* Peter Petersen *(l.) und* Walter Janssen *– und* »Burgtheater« *(1936) – unten, mit* Hans Moser *(l.) und* Werner Krauß *– zählen zu den unvergeßlichen Werken des künstlerischen Tonfilms.*

Adeles zerfaltete Züge verklären sich: »Das half ...«
Ich vermag nicht zu sagen, wieweit sie flunkert oder die Wahrheit sagt, wenn sie ihre Geschichten erzählt – wohl kaum jemand – außer ihr selbst – weiß das.
An einem anderen Tag bittet sie mich, sie zur Einladung ins Reichspropagandaministerium abzuholen. Sie besitzt kein Auto. Sie pflegt mit ihrer Schwester im Taxi zu fahren. Da sie aber prinzipiell nirgendwo allein hingeht, soll ich sie begleiten, denn ihre Schwester ist nicht eingeladen. »Diese Menschen wissen eben nicht, was sich gehört«, grollt sie.
Wir kommen also gemeinsam im Ministerium an, Adele, wie immer, in wallende Gewänder gehüllt, am Arm eine riesige Stickereitasche.
Partei- und Filmprominenz sitzt in ›bunter Reihe‹. Im Mittelpunkt thront unübersehbar – sie, umringt von andächtig lauschenden jüngeren und älteren Kollegen. Ihr Thema – selbstverständlich – ihre große Bühnenzeit am Burgtheater ...
Hitler kommt dazu und fängt, wie immer, sofort an zu monologisieren. Er kennt das Burgtheater aus seiner Jugend, erinnert sich begeistert an große Aufführungen und bedauert im gleichen Atemzug, daß da ›auch jüdische Schauspieler zu Ruhm und Ehren gekommen sind‹. Er will diesen Faden eben engagiert weiterspinnen, da geschieht etwas, was er bis zu diesem Augenblick ganz sicher noch nie erlebt hat: Er wird unterbrochen!
Adele sagt unbekümmert und unüberhörbar:
»Herr Reichskanzler, lassen wir dieses Thema. Ich möchte davon nichts hören. Aber – falls Sie es interessiert und unter

Mit Hans Albers *dreht Olga Tschechowa 1934 den Film* »Peer Gynt«.

uns: Meine besten Liebhaber waren immer Juden . . .!«
Hitler versteinert.

Adele erhebt sich, nickt würdevoll, brummt gelassen: »Au revoir, meine Herren«, wendet sich zu mir und fordert mich auf: »Bring' mich bitte nach Haus, Mausi.«

Ein letztes Mal spreche ich sie in der Klinik. Sie liegt dort schon seit Wochen mit einem Oberschenkelbruch und knurrt über die schäbige Zeit, die keine Kavaliere mehr kennt: »Statt russischen Kaviar schickt man mir Blumen, und schau dir die an, Mausi: Sehen sie nicht aus wie Kakteen . . .?«

An der Wand des Krankenzimmers hängt ein weißes Atlashemd mit kostbaren Spitzen, das ihr die Produktionsfirma unseres gemeinsamen Films ›Der Favorit der Kaiserin‹ zum Abschied geschenkt hat. Sie trug es im Film. Sie liebt dieses Hemd, weil es sie an ihre Triumphe als ›Kameliendame‹ erinnert. Damals trat sie in einem ähnlich kostbaren Gewand auf. Sie wünscht, daß man es ihr im Sarg anzieht.

Einige Tage danach ist sie tot.

Mein Leben mit Marcel

Ich drehe in Wien.

Der Mann, der bei den Aufnahmen zusieht, irritiert mich. Ich sträube mich dagegen. Was ist schon so Besonderes an ihm? Er sieht gut aus. Zugegeben. Viele sehen gut aus. Alsdann ...

Er lädt mich formvollendet zum Abendessen ins ›Sacher‹ ein.

Ich lehne ab. Natürlich ...

Natürlich lehne ich nicht ab. Warum eigentlich nicht? Ich weiß es nicht. Ich bin durcheinander.

Beim Diner beweist Marcel Robyns, daß er ein Mann von Format ist. Seine Konversation ist anregend, sein Charme ungewöhnlich. Ich erfahre, daß er belgischer Industrieller ist.

Ich ertappe mich bei merkwürdigen Gedanken:

Bisher, so sinniere ich, bist du immer für andere dagewesen, für Mama, die Kinder, Geschwister, Freunde, Bekannte ... Kein Opfer, sicherlich nicht. Aber: Wenn da nun plötzlich jemand wäre, der nur für dich lebte und arbeitete, der dich umsorgte und beschützte, wenn es sein müßte ...

Seltsames Gefühl.

»Darf ich Ihnen in Berlin meine Aufwartung machen, gnädige Frau ...?«

Ich sehe Marcel Robyns an und – schweige ...

Was ist mit meinen Prinzipien? Was ist mit meiner Überzeugung, daß ich ›eheuntauglich‹ bin?

In Berlin macht mir Marcel Robyns einen Heiratsantrag. Ich lehne ab.

Ich lehne wirklich ab: Mein Beruf und meine ›eingefleischte Selbständigkeit‹ ...
Mama rät mir, ›ja‹ zu sagen, ein ›eigenes Heim zu gründen‹. Ich werde ›nicht ewig‹ Schauspielerin sein können, sagt sie, und: »Vielleicht ist es gut, Deutschland eines Tages verlassen zu können, wenn die Dinge so weitergehen ...«
Ich denke darüber nach:
›... nicht ewig Schauspielerin sein‹ – sicher nicht. Seit Hollywood, seit ich dort erlebt habe, wie erbarmungslos für jeden über Nacht ›Schluß sein kann‹, weiß ich, daß ich Kosmetikerin werde. Ich bereite mich schon auf mein erstes Diplom in Paris vor.
Das also wäre dieser Punkt. Und der andere?
›... Deutschland eines Tages verlassen, wenn die Dinge so weitergehen ...‹
Welche Dinge?
Was hier an politischem Theaterdonner getrieben wird, geht doch vorbei – oder es ändert sich, wird wieder normaler. Die Leute können doch nicht gegen die ganze Welt ... und im übrigen: Wir sind zusammen – Mama, die Kinder, meine Schwester und ich. Wir leben unser Leben. Ich gehe von Film zu Film, spiele Theater, niemand tut mir etwas. Ich kann drehen und spielen, was und wie ich will ...
Sonst kann ich hier und da nicht mehr ganz so, wie ich gern möchte. Stimmt. Bei diesen geisttötenden offiziellen Einladungen zum Beispiel mit dieser merkwürdigen gespannten Atmosphäre und dem Mißtrauen, das fast jeder gegen jeden hat. Da möchte ich öfter absagen. Öfter schon – aber immer ...? Welche Frau läßt sich nicht gern bewundern ...? Deutschland verlassen ...?
Bisher habe ich immer Glück gehabt.

Marcel Robyns macht mir einen zweiten Heiratsantrag.
»Mit einer Frau, die ich liebe, gehe ich keine Liaison ein«, sagt er – und wirbt weiter. Er wirbt so lange, bis ich alle meine Prinzipien vergesse und ›schwach‹ werde.
Wir heiraten 1936.
Trauzeugen sind meine Tochter Ada und ihr Mann.
Nach der standesamtlichen Trauung trinken wir im Hotel Bristol ›Unter den Linden‹ ein Glas Sekt miteinander.
Für den Abend sind etwa vierzig Freunde in meine Stadtwohnung am Kaiserdamm eingeladen. Selbstverständlich kommen, wie immer bei uns, erheblich mehr. Es kommen auch Russen – das ist für diesen Abend nicht ohne Bedeutung ...
Die Stimmung ist von Anfang an gelockert und sehr bald ausgelassen. Und nahezu jeder beschwört Marcel, mich ja so zu lassen, wie ich bin, und nicht etwa eine ›hauptberufliche Hausfrau‹ aus mir zu machen.
Marcel fühlt sich sichtlich fremd unter diesem ungezwungenen Künstlervolk. Meine ›berufliche Besessenheit‹, von der so viel in launigen Reden und auch sonst bei jeder Gelegenheit gesprochen wird, hebt seine Stimmung nicht gerade. Er bleibt höflich, aber formell. Er mag darüber nachdenken, wie das aussehen soll, wenn er mich ›mehr für sich‹ haben möchte.
Er kommt mit seinen Gedanken nicht zu Ende, denn jetzt treten meine russischen Landsleute in Aktion: Sie lassen sich nicht davon abhalten, russische Hochzeitssitten zu zeigen, und zwar ›am lebenden Objekt‹, an Marcel selbst. Sie legen ihn auf ein ausgebreitetes Laken und schleudern ihn nach jedem Umtrunk dreimal in die Luft ...
Marcel ist verstört. Er versucht, aus dem Laken herauszuspringen. Dabei stürzt er so unglücklich, daß er wie ohnmächtig sekundenlang am Boden liegt.

Wir bringen ihn in eine nahe gelegene Klinik.
Der Arzt beruhigt mich: Es ist keine Gehirnerschütterung und organisch auch sonst nichts Ernstes, wohl mehr ein Schock – als Folge starker nervlicher und seelischer Beanspruchung.
Ich bitte Marcel, mir zu sagen, ob der Arzt recht hat. Aber er winkt ab und reagiert jetzt mit erstaunlichem Gleichmut: Wir sollen weiterfeiern. Er wünscht ausdrücklich, daß wir weiterfeiern. Wenn wir ihm ein bißchen Zeit lassen, wird auch er sich schon noch an die etwas rauhen ›deutsch-russischen Sitten‹ gewöhnen. Er lächelt.
»Und nun geh zu deinen Hinterbliebenen«, scherzt er.
Ich atme auf. Schließlich irren sich auch Ärzte manchmal. Marcel wirkt jetzt so gelöst ... Sieht so jemand aus, der in einer Krise steckt? Ich gebe ihm einen Kuß: »Bis morgen früh ...«
Wir ›Hinterbliebenen‹ feiern also weiter – und bis zum nächsten Morgen durch. Mit der ›Nachhut‹ bin ich um zehn Uhr wieder bei Marcel in der Klinik.
Ich erschrecke.
Meine Freunde verstehen sofort und lassen mich mit ihm allein. Im Gegensatz zu gestern abend ist Marcel abgespannt, nervös, in sich zusammengesunken. Der Arzt hat sich also nicht geirrt.
Ich bitte Marcel noch einmal, mir zu sagen, was ihn bedrückt.
Er spricht mühsam, in Stichworten:
In den Wochen vor unserer Hochzeit hatte er geschäftlich schwere Rückschläge. Seine Nerven waren so lädiert, daß er ein Sanatorium aufsuchen mußte. Am Hochzeitstag war er eigentlich noch Rekonvaleszent.
»Warum hast du mir nie etwas davon ...«
»Ich liebe dich«, unterbricht er mich.

»Ja, aber gerade dann, Marcel ...«
»Eine Sanatoriumsgeschichte am Anfang unserer Ehe ...?«
Ich schweige betroffen.
»Auf die deutsch-russische Feier war ich halt nicht gefaßt«, lächelt er bitter.
Marcel fährt sehr bald nach Brüssel zurück.
»Ich muß mit mir selbst ins reine kommen«, sagt er zum Abschied.
Am nächsten Tag drehe ich wieder. Der Film hat den beziehungsvollen Titel ›Liebe geht seltsame Wege‹.
Nach dem Film werde ich zu Marcel nach Brüssel fahren. Wir haben vereinbart, daß ich zwischen meinem Beruf in Berlin und unserem Privatleben in Brüssel ›pendele‹.
Inzwischen bekomme ich ein Bühnenangebot, das mich sehr reizt: ›Der Blaufuchs‹, ein ungarisches Boulevardstück. In Wien hat Leopoldine Konstantin in dieser Paraderolle geglänzt. Karl Schönböck soll mein Partner sein.
Schönböck kommt vom Meißner Theater. Mit dem Film ›Das Mädchen Irene‹ hat er als Partner Lil Dagovers einen überraschenden Erfolg. Im ›Blaufuchs‹ setzt er sich als Bühnenschauspieler in Berlin durch.
Zwei Wochen vor Probenbeginn fahre ich mit dem Wagen nach Brüssel.
Ein großes und geschmackvoll eingerichtetes Haus erwartet mich. Für eine Sekunde erinnere ich mich an die dunkle, geduckte Moskauer Dreizimmerwohnung meiner ersten Ehe.
Hier ist glücklicherweise alles anders.
Auch Marcel ist gegen unseren Hochzeitstag in Berlin wie ausgewechselt. Er ist wie in Wien beim Diner im ›Sacher‹: charmant, geistreich, kultiviert.
Wir verleben wunderbare Tage. Erst nach einer Woche wage

ich ihm zu sagen, daß ich bereits wieder einen Theatervertrag unterschrieben habe. Er ist überraschend verständnisvoll, läßt sich meine Rolle erzählen, freut sich schon darauf, mich an den Wochenenden in Berlin zu besuchen, und stellt mich seinen Freunden stolz vor: »C'est ma femme – Madame Tschechowa.«

Wir genießen die Zeit bis zu meiner Abfahrt wie ein Fest.

›Der Blaufuchs‹ ist ein großer Erfolg – und der Sechswochenvertrag wird um Monate verlängert... Marcel ist öfter in Berlin. Er ist unverändert. Er liebt seine ›besessene Frau‹, liest jede Kritik und unterläßt nichts, mich in unseren kurz bemessenen Stunden zu verzaubern...

Nach Brüssel komme ich erst wieder, nachdem ›Der Blaufuchs‹ abgesetzt ist. Inzwischen ist fast ein halbes Jahr vergangen. Marcel und ich haben vereinbart, daß jeder das Konto des anderen benutzt, wenn er ihn besucht. Auf diese Weise ›unterlaufen‹ wir die strengen Devisenbestimmungen. Ich darf zum Beispiel nur zehn Mark mit über die Grenze nehmen.

Am Abend meines Ankunftstages gibt Marcel eine Gesellschaft. Ich möchte vorher zum Friseur gehen. Meine zehn Mark reichen dazu im weltstädtischen Brüssel nicht. Ich bitte Marcel, mir Geld oder besser noch einen Scheck zu geben, damit ich mich wie vereinbart für die Dauer meines Aufenthalts seines Kontos bedienen kann.

Er sieht mich eigenartig gespannt an:

»Wozu brauchst du Geld?«

Die Frage bringt mich aus der Fassung – die Frage überhaupt: Muß ich zu diesem Thema Erklärungen abgeben? Soll ich ›Rechnung‹ legen? Traut er mir nicht? – Wie ist das möglich...?

»Zunächst für den Friseur«, sage ich verblüfft.

»Hast du nicht deine zehn Mark eingetauscht?«
»Aber – die reichen doch nicht.«
»Für einen billigen Friseur reichen sie . . .«
Ich schweige verwirrt.
Marcels Tochter aus seiner ersten Ehe tippelt herein, ein bezauberndes kleines Mädchen. Sie möchte, daß der Papi ihr eine neue Puppe schenkt.
Marcel schreibt einen Blanko-Scheck aus, klingelt nach der Haushälterin, gibt ihr den Scheck und trägt ihr auf, daß sie der Kleinen sofort die schönste Puppe Brüssels kauft . . . Der Preis – darauf weist er besonders hin – »der Preis spielt keine Rolle«.
Abends empfangen Marcel und ich seine Gäste.
Bei jedem neuen Gast wiederholt er, was er schon vor Wochen seinen Freunden fröhlich und stolz verkündete: »C'est ma femme – Madame Tschechowa.«
Aber in seinem Ton ist jetzt nichts mehr von Fröhlichkeit; er sagt es mit leisem, eigenartig gespanntem Ausdruck, den er schon am Nachmittag hatte, als er mich fragte: ›Wozu brauchst du Geld . . .?‹
›Warum demütigt er mich?‹ überlege ich – und lächle den Gästen gelassen entgegen.
Das kalte Büfett sprengt jedes Maß. Es fehlt nichts, was Gourmets mit höchsten Ansprüchen zu erwarten pflegen.
Gegen Mitternacht löst sich die Gesellschaft auf. Zwei, drei Freunde Marcels bleiben noch. Marcel schlägt vor, daß wir alle noch in eine Bar gehen.
Als wir eintreffen, stellt sich heraus, daß Marcel und seine Freunde hier sehr bekannt sind. ›Warum nicht?‹ denke ich. Aber es stellt sich noch etwas anderes heraus: Wir sind nicht in einer Bar, sondern in einem ›Etablissement‹. Marcel und

seine Freunde flirten mit den attraktivsten Mädchen, als wäre ich gar nicht vorhanden. Marcel verspricht Lou, einer besonders rassigen Schönheit, in der nächsten Woche wiederzukommen.

In der nächsten Woche habe ich in Berlin zu drehen ...

Ich bitte Marcel, mich nach Hause zu bringen. Seine Freunde bleiben noch.

Ich frage Marcel, warum er mich demütigt.

Er lächelt: »Du bist – meine Frau ...«

Ich begreife ihn nicht.

Marcel lächelt nicht mehr. Seine Augen sind unruhig, haben plötzlich einen krankhaften Glanz. Ich muß an den Berliner Arzt denken: ›... nervliche und seelische Überbeanspruchung ...‹ »Von meiner Frau erwarte ich«, sagt Marcel, »daß sie bei mir ist. Ich brauche sie. Ich brauche auch ihre körperliche Nähe, immer, jeden Tag und jede Nacht. Wenn sich meine – eigene Frau mir entzieht, gehe ich zu anderen Frauen ... ich muß es tun, verstehst du mich, ich muß das tun ...«

Ich schweige erschüttert. Dann frage ich leise:

»Wann habe ich mich dir entzogen ...?«

»Du bist Wochen, oft Monate weg.«

»Du hast gewußt, daß ich meinen Beruf nicht aufgebe. Du warst damit einverstanden.«

»Ich hatte gehofft, daß du mich eines Tages mehr lieben würdest als deinen Beruf. Und ich habe fest angenommen, daß du dieses – fürchterliche Land verlassen wirst ...«

»Ich werde meinen Beruf nicht aufgeben«, sagte ich eigenwillig und betont schroff, obwohl ich weiß, daß dieser Eigenwille für Marcel unerträglich ist.

Ich sehe ihn an.

Er hebt die Schultern: »Wenn es dich glücklich macht ...«

Wir sehen uns noch einige Male in Berlin oder in Brüssel. Nach jeder Trennung hoffe ich, daß wir uns verändert wiedersehen werden, daß uns die Monate dazwischen innerlich einander näherbringen. Aber ich irre mich. Marcel braucht die ständige körperliche Nähe ...

Bei meinem letzten Aufenthalt in Brüssel erfahre ich von Emigranten, daß es in Deutschland Konzentrationslager gibt; sie schildern Einzelheiten, berichten vom Terror der SS. Gerüchten in Deutschland habe ich bisher nicht geglaubt. Aber was die Emigranten mir jetzt erzählen, läßt keinen Zweifel mehr zu.

Mir fällt wieder ein, was Marcel hoffte: ›... daß du dieses fürchterliche Land verlassen wirst ...‹

Ich erinnere mich an den Bankier Stern, der mich einmal aus einer ausweglos scheinenden Lage errettet hat, und fahre zu ihm nach Leipzig. Tatsächlich hat er in Kürze das Schlimmste zu befürchten. So eile ich unverzüglich zu Göring.

»Was interessiert Sie dieser Stern?« fragt der skeptisch, lauernd.

Ich erzähle ihm von der Geschichte und stoße überraschend auf Verständnis. Was sind das nur für Menschen, die Tausende von Unschuldigen in Lager stecken und sich dann doch eines einzelnen erbarmen? Ist es vielleicht so, daß sie in einem Winkel ihres Bewußtseins die Schuld entdecken und sich nach einem ›guten Werk‹ freigesprochen fühlen?

Jedenfalls kommt Herr Stern nun ohne Umstände ins Ausland. Bis zu seinem Tod in den fünfziger Jahren führen wir eine lebhafte Korrespondenz, getragen von gegenseitiger Dankbarkeit.

Die Existenz von Lagern wird mir später auf beklemmende Weise bestätigt:

Goebbels legt mir nahe, Werner Finck zu warnen. Er ist Deutschlands bekanntester Kabarettist. Aber das wird ihn – so Goebbels – nicht vor ›bedauerlichen Konsequenzen‹ bewahren, wenn er fortfährt, ›das Dritte Reich zu verspotten‹. Die Gestapo habe keinen Sinn für Witz, Sarkasmus, Spott oder Ironie, ›ganz gleich, wie geistreich das alles verpackt ist‹. Finck müßte das natürlich wissen.

Ich spreche mit Finck. Natürlich weiß er es. Aber er spottet weiter. Er kann nicht anders. In diesem Staat kann er nicht anders. Eines Tages holen sie ihn. Ich bemühe mich vergeblich.

Goebbels ›widmet‹ Finck im ›Reich‹ einen Kommentar, eine Suada grimmiger Humorlosigkeit gegen die entlarvende Ironie eines brillanten ›Narren‹.

Die erste Warnung

Die Herren sind sehr höflich.
Ihre korrekten Manieren lassen nicht darauf schließen, daß sie Beamte der Geheimen Staatspolizei sind.
Sie wissen, daß ich mit besonderer Genehmigung ständig nach Belgien zu meinem Mann fahren darf (»Auslandsreisen sind nun mal genehmigungspflichtig ...«), sie wissen auch, daß ich meinen deutschen Paß behalten durfte, obgleich ich durch Heirat Belgierin geworden bin, das alles ist ihnen bekannt, selbstverständlich, und deshalb sind sie auch nicht hier, »obwohl ...« – der eine der beiden lächelt mokant – »so international treffen wir's selten an: der Mann Belgier mit Wohnsitz in Brüssel, die Frau Belgierin und gleichzeitig Deutsche mit Wohnsitz in Berlin, aber im zaristischen Rußland geboren, dazu noch die Mutter, Tochter und Nichte aus dem bolschewistischen Rußland eingewandert, nun ja ...«
Ich werde unruhig. Was wollen ›die höflichen Herren‹ wirklich?
Sie sagen es mir. Und sie wechseln sich dabei in ihren Fragen wie zufällig ab. – Ein Verhör ...?
»Aber wir bitten Sie, gnädige Frau, nicht im entferntesten. Nur ein paar Informationen. Nichts weiter als das ... die Einstellung Ihres Mannes zum neuen Deutschland, seine eigene und die seiner Freunde ... neutral, engagiert, kritisch ...? Er hat nie versucht, sie politisch zu beeinflussen ...? Nein, na bitte ... dann ist ja alles in Ordnung ... wir wollten uns

nur vergewissern ... eigentlich waren wir sicher ... aber wir müssen halt von Amts wegen allem nachgehen, was so vermutet wird, auch wenn wir's – anonym erfahren ... meist sind's Wichtigtuer oder Neidhammel – wie hier ... entschuldigen Sie die Störung, gnädige Frau. Heil Hitler ...!«
Die Herren deuten eine Verbeugung an und gehen.
Ich ›spiele‹ Lächeln und bringe sie zur Tür. Als sie draußen sind, atme ich tief durch.
War das die erste Warnung?
Ich kann nicht länger darüber nachdenken. Ich muß in die Vorstellung. Es ist die 100. Aufführung unseres Erfolgsstücks ›Aimée‹ von Heinz Coubier. Carl Raddatz und Paul Klinger sind meine Partner.
Goebbels mit Stab will uns zu unserem Jubiläum ›beehren‹. Das wird uns nicht aus der Fassung bringen. Goebbels' ›Zuneigung zur Kunst‹, vor allem zu ihren weiblichen Protagonisten, ist bekannt. Er läßt da kaum eine Gelegenheit aus.
Was mich an diesem Abend überrascht, ist etwas ganz anderes: Mama geht selten aus. Heute abend aber sitzt sie in der Direktionsloge. Und der Minister äußert in der Pause den Wunsch, sie kennenzulernen.
Durch das Guckloch im Vorhang beobachte ich die Begegnung. Merkwürdigerweise verläßt Goebbels die Loge schon nach wenigen Worten wieder. ›Unhöflicher Patron‹, denke ich mir.
Zu Hause, nach der Vorstellung, berichtet mir Mama voller Genugtuung Wort für Wort ihres Dialogs mit dem Minister:
»Was sagen Sie zu Ihrer Tochter, gnädige Frau? Hat sie bei uns nicht ganz hübsch Karriere gemacht? Haben wir sie nicht großzügig protegiert ...?«
»Sie, Herr Minister? Das halte ich für übertrieben. Meine Tochter hatte schon vor 1933 einen Namen – und nicht nur

in Deutschland. Von Ihnen dagegen habe ich erst nach 1933 gehört, viel gehört allerdings, das gebe ich zu – im Zusammenhang mit dem Beruf meiner Tochter . . .«

Ich schlafe in dieser Nacht schlecht. Jedes Geräusch macht mich wach. Ich habe schon öfter gehört, wozu Goebbels fähig ist, wenn er sich in seiner Eitelkeit verletzt fühlt.

Im Morgengrauen bremst ein Wagen vor unserer Tür. Ich stehe auf. Die Gestapo pflegt frühmorgens zu kommen, soviel weiß ich bereits.

Ich warte darauf, daß es klingelt. – Aber der Wagen fährt weiter.

Indessen: Dr. Goebbels und ›Aimée‹ sind wir vorerst noch nicht los:

Das Stück hat 150. Aufführung. Also wieder ein ›Jubiläum‹. Goebbels überreicht uns höchstselbst zwei Duell-Pistolen aus der Französischen Revolution, die im Stück als Requisiten eine wichtige Rolle spielen; er dediziert sie uns vergoldet – als Geschenk.

Raddatz haßt Goebbels; und er macht daraus – wann und wo auch immer – nie ein Hehl.

Seine Unbekümmertheit grenzt an Selbstmord:

»Eigentlich könnte ich Sie ja jetzt zum Duell fordern, Herr Minister – oder finden Sie, daß es schade wäre?« grinst er Goebbels an, als der ihm eine Pistole überreicht.

»Um Sie nicht«, pariert Goebbels, »nur wäre es ein wenig unfair von mir, denn ich bin ein guter Schütze, und Sie blieben garantiert auf der Strecke!«

Dieser Punkt geht an Goebbels – der nächste an Raddatz: Lida Baarova, die schöne, aparte Tschechin, ist die große Liebe des kleinen Doktors. Durch ›Barcarole‹ wird sie in Deutschland populär. In Kollegenkreisen und darüber hinaus ist bekannt, daß Goebbels Lida Baarova in ihrem Kladower Haus oft besucht. Er wird mit dieser Romanze eines Tages sogar seinen ›Führer‹ verärgern: Hitler rät Goebbels energisch, seine Komplexe wegen seines Klumpfußes und seiner kleinen ›völlig ungermanischen Figur‹ nicht dadurch zu kompensieren, daß er kraft seines Ministeramtes reihenweise mit schönen, hochgewachsenen Schauspielerinnen zu schlafen versucht. Und nun auch noch eine – Tschechin ... Er soll sich gefälligst um seine Familie und vor allem um seine Kinder kümmern oder – zurücktreten ... Goebbels tritt nicht zurück. Er trennt sich von Lida Baarova.

Aber soweit ist es noch nicht. Vorerst besucht er sie noch. Und er hält dabei stets ›auf Decorum‹: Vor oder nach seinem Rendezvous meldet er sich zu einem kurzen Besuch bei diesem oder jenem prominenten Kollegen der hübschen Lida Baarova an, um die Sache nach außen hin harmlos erscheinen zu lassen. So kommt er gelegentlich auch zu mir – sehr zu Mamas Unwillen. Sie ist durch nichts zu bewegen, die Honneurs zu machen oder ihre Freundlichkeitsmuskeln zu strapazieren. Wenn der Minister vorfährt, verschwindet sie. Daß ich ihn nicht vor der Tür stehenlassen kann, versteht sie gerade noch, mehr allerdings nicht.

Goebbels schaut also ›auf einen Sprung herein‹.

Ich sitze mit Raddatz und anderen Kollegen in meiner kleinen Hausbar im Zwischengeschoß, zu der eine schmale schmiedeeiserne Treppe hinaufführt. Auf dem oberen Absatz steht eine meterhohe Holzplastik, eine gotische Madonna. Die

Zu den bedeutendsten Tonfilmen der dreißiger Jahre zählt »Die Nacht der Entscheidung« *(1936). Im Bild eine Szene mit* Conrad Veidt.

Treppe selbst liegt im Halbdunkel und wird nur von einer Laterne mit zwei sanft schimmernden Kerzen erleuchtet. Das ist sehr stimmungsvoll und für den, der jede Stufe genau kennt, auch ungefährlich. Goebbels aber – gehbehindert und zudem eilig – verfehlt eine Stufe, stolpert über den Sockel der Plastik, bleibt daran hängen und – fällt rückwärts die Treppe wieder hinunter; noch im Fallen umklammert er krampfhaft die schwere Holzfigur, sucht vergeblich an der Madonna Halt ...

Meine Kollegen und ich springen auf; wir sind tief erschrokken – nur Carl Raddatz nicht. Er lacht schallend:

»Selbst für Sie mal was Neues, Herr Minister«, grinst er genüßlich, »mal ganz was anderes: Wie fühlen Sie sich denn in den Armen der heiligen Jungfrau ...?«

Von den Größten des ›Dritten Reichs‹ und ihren prominenten Gästen habe ich nur Goebbels ›fallen sehen‹ – andere indessen ›erlebe‹ ich oder lerne sie zumindest bei verschiedenen und verschiedenartigsten Anlässen kennen:

Göring, ›Reichsmarschall‹, ›Paladin des Führers‹, ›Reichsjägermeister‹, Uniformfetischist, versteht etwas von Repräsentation oder richtiger: Er versteht es, sich Leute zu engagieren, die Staatsempfänge im Äußeren zu einem ästhetischen Genuß machen.

Beim Empfang für König Paul von Jugoslawien ist das Charlottenburger Schloß nur mit Kerzen beleuchtet. Auf den Tischen steht wunderbares altes Porzellan mit kostbaren Glä-

Adele Sandrock – *hier in dem Film* »Der Favorit der Kaiserin« *(1935) – beeindruckt Olga Tschechowa mit ihrer unkonventionellen, starken Persönlichkeit. (V. l.: Adele Sandrock, Olga Tschechowa,* Willy Eichberger, Ada Tschechowa).

sern neben herrlichen Blumen – eine traumhafte Dekoration. Mein Tischnachbar ist Ernst Udet, zu dieser Zeit ›Des Teufels General‹, wie ihn Carl Zuckmayer später nennen wird, früher weltberühmter Kunstflieger, den ich, wie schon erwähnt, bei den Ullsteins öfter getroffen habe.

Mir fällt auf, daß Udet immer ein leeres Glas hat. Die Kellner ›übersehen‹ ihn. Ich frage ihn nach dem Grund. Er sagt mir leise, daß ›Hermann‹ (Göring) ihm Alkohol streng verboten habe. ›Hermann‹ guckt gerade nicht hin. Also vertauscht Udet blitzschnell sein leeres Glas mit meinem, prostet mir zu und trinkt mein Glas in einem Zug leer. Der ›Dreh‹ gelingt im Laufe des Abends noch einige Male. Udet ist bester Laune; er lacht wie ein großes sportliches Kind: Er hat Göring wieder einmal ein Schnippchen geschlagen.

»Unter Alkohol kann ich ihn noch ertragen«, flüstert er mir zu, »unter Alkohol kann ich sie alle gerade noch ertragen – nur unter Alkohol . . .«

Als Generalluftzeugmeister machen ihn Hitler und Göring 1941 für den Mißerfolg der ›Luftschlacht um England‹ verantwortlich. Er verübt Selbstmord.

Staatsempfang für Mussolini im Münchner ›Haus der Kunst‹. Meine Tochter Ada begleitet mich. Sie hat sich bis zuletzt gewehrt. So jung sie ist und politisch ganz sicher nicht engagiert, so ist sie doch vom Gefühl, von der Intuition her besorgt, wenn ich immer wieder offiziell in Erscheinung treten muß. Mama überzeugt sie davon, daß ich auch dieser Einladung folgen muß, wenn wir uns nicht alle gefährden wollen. Die Straßen rund um das ›Haus der Kunst‹ sind abgesperrt. Hinter einer Mauer von SS-Männern stauen sich die Neugierigen. Über Lautsprecher werden die eintreffenden Gäste angekündigt, die Menge applaudiert nach der jeweiligen Popularität. Als ›Zeremonienmeister‹ ist ein Herr in dunkler Rokoko-Kleidung tätig; er nennt vernehmlich die Namen der Eintreffenden ...

In der Halle stehen Hitler, seine ›Getreuen‹ und Herren des Protokolls; sie begrüßen jeden Gast einzeln.

Ada und ich werden an einen Tisch neben der Haupttafel im großen Saal geleitet. Der Saal ist fast schon gefüllt; auch die italienischen Gäste treffen sehr bald ein: Mussolini in Begleitung seines Schwiegersohnes, des italienischen Außenministers Graf Ciano, und des italienischen Botschafters in Berlin, Graf Attolico, umringt von einer Adjutantenschar. Ein bühnenreifer Auftritt, straffe Haltung in effektvollen Uniformen. Mussolini gelingt es, diese Haltung während des ganzen Diners beizubehalten ...

Nach dem Essen verteilen sich die Gäste auf verschiedene Räume. Ich werde gebeten, in einem kleinen Salon Platz zu nehmen, in den auch Mussolini mit einem Teil seiner Begleitung kommt.

Ada wird von einem Adjutanten an den Tisch des ›Führers‹ komplimentiert. Sie schimpft später über den ›verkorksten Abend‹. Hitler hat wieder einmal über angeblich phänomenale deutsche Erfindungen monologisiert, über synthetische Strumpffasern und ähnlich ›interessante Dinge‹.

Ich sitze beim Mokka zwischen Mussolini und Graf Ciano. Wir sprechen über deutsches und russisches Theater. Mussolini verliert im Laufe der Unterhaltung seine aufgesetzte ›Würde‹ und erweist sich als gebildeter und belesener Gesprächspartner. Über Politik wird nicht gesprochen.

Plötzlich verändert sich die Szene:

Goebbels und seine Frau kommen zu uns an den Tisch. Goebbels ist offenbar – wie öfter übrigens – nach Ironie zumute.

Er sagt etwas zu Ciano, was ich nicht genau verstehe, sein Gesicht indessen ›spricht Bände‹. Die Wirkung ist verblüffend: Ciano steht brüsk auf und verläßt den Raum. Goebbels geht ihm nach und versucht, ihm über den Dolmetscher zu erklären, daß er ihn mißverstanden haben müsse. Das nützt nichts mehr. Die Situation ist nicht zu retten, die Stimmung ist ›vereist‹.

Ada erscheint. »Ich halt's nicht mehr aus«, flüstert sie mir zu. Ich entschuldige mich. Wir gehen zur Garderobe.

Einer der Adjutanten vertritt uns den Weg: »Meine Damen – Sie können die Gesellschaft nicht verlassen, bevor der Führer geht.«

Ada entgegnet kühl und schlagfertig: »Wenn mir schlecht ist, darf ich tun, was ich will!«

Sie nimmt mich am Arm und läßt den Fahrer mit unserem Wagen ausrufen.

Von diesem Tage an werde ich von der Einladungsliste der Reichskanzlei gestrichen.

Auch der ›Führer‹ hält mich nicht mehr für würdig, mir ›fröhliche Weihnachten‹ zu wünschen – wie noch ein Jahr zuvor:

Ich drehe in Paris und habe am 23. Dezember schon mein Schlafwagenbett nach Berlin gebucht. Als ich ins Hotel komme, um meine Koffer zu holen, hat die deutsche Botschaft für mich ein überdimensionales Paket abgeben lassen, Schokolade, Pfefferkuchen, Nüsse, Gebäck. Die eigentliche Überraschung aber liegt auf dem Paketboden: Ein Hitler-Bild mit handschriftlicher Widmung. – Was tun . . .?

Ich habe, wie ich meine, eine fabelhafte Idee:

Ich verschenke den gesamten Paketinhalt – bis auf das Hitler-Bild. Schokolade, Pfefferkuchen, Nüsse usw. tausche ich

gegen ›Schmuggelware‹ aus: gegen kostbare Parfums und andere Geschenke. Und Hitler samt Widmung verdeckt diese sündhaft teure ›Zollware‹. Das Paket ist so schwer, daß es in meinem Schlafwagenabteil auf dem Boden stehenbleiben muß. Der Schaffner warnt mich gutmütig: »An der Grenze, gnädige Frau, gibt's kein Pardon. Die Zöllner und die SS wollen's wissen, da müssen Sie das Ding aufmachen . . .«
»Ich weiß«, lächle ich überlegen.
Der Schaffner behält recht. An der deutschen Grenze muß ich ›das Ding‹ öffnen. Und wieder lächle ich, aber nicht mehr überlegen, vielmehr angespannt, innerlich besorgt, ob ›der Coup gelingt‹.
Zöllner und SS starren auf das Konterfei ihres ›Führers‹. dann sehen sie mich an – überrascht, leicht mißtrauisch . . .
»Was is'n das?« fragt einer nicht eben sehr geistreich.
»Der Führer«, antworte ich trocken.
»Sein Bild – meinen Se wohl . . .«
»Eben . . .«
Jetzt kommt die entscheidende Sekunde:
Der Mann beugt sich zu dem Gemälde hinunter. Er bleibt gebückt stehen, als hätte ihn gerade ein Hexenschuß getroffen. Seine Augen weiten sich. Er entdeckt die Widmung, liest sie und flüstert andächtig mit:
›Frau Olga Tschechowa in aufrichtiger Bewunderung und Verehrung. Adolf Hitler.‹
Der Mann schnellt wie von der Tarantel gestochen hoch, reißt seinen rechten Arm in die Höhe, entbietet mir ein zackiges ›Heil Hitler!‹, gibt seinen Kameraden einen Wink und verläßt mit ihnen respektvoll mein Abteil.
Diese geschmuggelten Seifen und Parfums haben ›meinen Damen‹ und mir noch lange ganz besondere Freude gemacht . . .

Krieg und Theater

Marcel ist besser informiert als ich.
Wer, wie er, im Ausland gut oder besser informiert ist, weiß, daß es Krieg gibt.
Einiges in meiner Umgebung deutet darauf hin: Das Flugplatzgelände bei Kladow (ich habe bei Kladow mein kleines Landhaus) wird in Tag- und Nachtarbeit erweitert; das Gelände ist strenger bewacht als je zuvor und hermetisch abgeriegelt.
Die Rüstung läuft auf Hochtouren. Görings zynisches Wort von den ›Kanonen statt Butter‹ macht seit längerem schon die Runde.
Anderes wiederum läßt hoffen: Der Nichtangriffspakt mit Rußland, die betonten Friedensbeteuerungen der Machthaber.
Marcel läßt sich nicht beirren: »Es gibt Krieg . . .«
Wir sitzen am Kamin meines Kladower Häuschens. In der abendlichen Kühle verbreiten die Flammen Wärme und Gemütlichkeit. Hier fällt es schwer, an Krieg zu denken . . .
Marcel fragt mich, ob ich jetzt endlich – fünf Minuten vor zwölf – zu ihm nach Belgien kommen werde.
Ich zögere.
Ich versuche, mir darüber klarzuwerden, was das bedeuten würde: Da ist meine herzkranke Mutter, da sind meine Tochter und meine Nichte. Ich bin hier nicht allein. Sollen sie alle mitgehen . . .? Mama würde nicht mitgehen, das hat sie mir schon gesagt.

Marcel beseitigt über diesen Punkt jeden Zweifel: Er hat mich gemeint, nicht meine Familie. Das ist deutlich...
Und wie würde mein Leben in Belgien aussehen, wenn ich meine Familie in Deutschland ließe (was ich mir nicht vorstellen kann)... Könnte ich beruflich neu anfangen?
»Deinen Beruf brauchst du nicht mehr«, sagt Marcel, »du wärst meine Frau«.
Ich nicke nachdenklich:
Eben das, *nur* das – könnte ich nicht sein.
Ich erinnere mich an diesen Abend in Brüssel sehr genau – an Marcels Versuche, mir zu beweisen, was das heißt: ›... meine Frau...‹
Ich bin für diese völlige körperliche, seelische und materielle Abhängigkeit nicht geeignet.
»Du bleibst also?« fragt Marcel.
»Ja.«
»Ich verstehe dich.«
Ich sehe ihn überrascht an.
»Ich verstehe dich schon«, wiederholt er, »aber – ich kann mich nicht mehr ändern.«
»So wenig wie ich«, sage ich leise.
Marcel schlägt mir vor, daß wir uns scheiden lassen.
Wir reichen unsere Scheidung mit der Begründung ein, daß mir mein Beruf keine Möglichkeit läßt, eine geordnete Ehe zu führen. Die Begründung wird nicht akzeptiert.
Mein Anwalt erhält von einem Richter einen brauchbaren Wink: ›Widerstand gegen die Staatsgewalt‹ ist einer der wenigen Gründe, die im familienbewußten ›Dritten Reich‹ als Scheidungsmotiv anerkannt werden.
Wir inszenieren also die Scheidung auf dieser Basis.
Um einer möglichen Verhaftung zu entgehen, fährt Marcel

nach Brüssel. Mein Anwalt beschuldigt ihn in einem Schriftsatz der üblen Nachrede gegen den ›Führer und Reichskanzler‹ und mehrere Minister. Marcels Anwalt und mein Anwalt vertreten uns vor dem Scheidungsrichter. Unsere Ehe ist in wenigen Minuten geschieden ...

Bei Kriegsausbruch spiele ich in Berlin Theater.

Die Situation ist schwer zu erfassen: Während die ersten Toten als Helden gefeiert werden und menschliches Leid auf beiden Seiten von den Siegesfanfaren des ›Blitzfeldzuges gegen Polen‹ überdröhnt wird, spiele ich die allein überlebende ›Sechste‹ in der spritzigen Komödie ›Die sechste Frau‹ mit Will Dohm als Heinrich VIII.

Dohm ist hervorragend. Und er zelebriert trotz oder gerade wegen des inzwischen begonnenen Krieges Tag um Tag und Abend für Abend seine unnachahmlichen Feinschmecker-Sitten:

Schon vor Beginn der Vorstellung läßt er den Korken einer Sektflasche knallen, schließt die Augen, prüft die Temperatur, nickt beifällig, füllt sein Glas und trinkt den ersten Schluck mit verklärtem Gesicht. Dann wendet er sich mit genießerisch gespitzten Lippen einer Platte mit ausgesuchten Leckerbissen zu, die ihm die Firma Borchert allabendlich ins Theater schikken muß.

In den Pausen beschäftigt er sich sogleich wieder mit gewesenen oder kommenden Genüssen. Sagt ihm zum Beispiel ein Kollege: »Du bist heute grandios«, so unterbricht er eilfertig: »Siehst du, ich hab's gewußt, ich habe nämlich gestern abend über Wesen und Charakter der Könige nachgedacht, ich aß gerade eine Poularde ... Kinder, ihr könnt euch nicht vorstellen, wie die geschmeckt hat, ein Gedicht, sage ich euch, ein Gedicht ...«

Und er schildert Details, endlos, die Pause hindurch bis zum Auftritt.
Sagt ihm an einem anderen Abend ein Kollege: »Sei mir nicht böse, Will, du bist heute nicht in Form, du hast mir meinen Einsatz verpatzt«, so pariert er sofort: »Siehst du, ich hab's geahnt, der gestrige Abend ist mir nämlich nicht bekommen – mit ein paar Austern fing ich an ...«
Und es folgt die Schilderung seiner nächtlichen Speisenfolge, die leicht eine dreiköpfige Familie gesättigt hätte.
In der großen Pause zieht er sich völlig zurück, um eine knusprige Gans zu verspeisen. Eine weitere Flasche Sekt, sein Lebenselixier, hilft ihm dabei. »Man kann doch den Kaffee nicht trocken herunterwürgen«, lächelt er treuherzig.
Mein Kladower Haus wird in den ersten Kriegsmonaten noch mehr als vorher für viele gute Freunde und Kollegen zu einer Insel: O. E. Hasse, Walter Janssen, Karl Schönböck, Siegfried Breuer, Hubert (›Hubsy‹) von Meyerinck, Willy Fritsch, Carl Raddatz und viele andere geben sich bei uns die Klinke in die Hand, fahren ›raus nach Sibirien‹, wie Hasse scherzhaft sagt.
Solange der Vorrat reicht, holt sich jeder seinen Lieblingswein aus dem Keller und klönt ›über den Lauf der Welt‹.
Der Lauf der Welt ist derzeit unsicher. Niemand weiß so recht, was nach dem ›Blitzsieg‹ über Polen kommt. Unser aller Zukunft liegt im Nebel. Was Wunder, daß auch bei uns im Kollegenkreis immer häufiger die Frage diskutiert wird: ›Wenn man wüßte, was wird ...?‹ – Das geht bis ins Persönliche: Prophezeiungen, Hellsehen, Horoskope sind plötzlich Gesprächsthemen so mancher Abende und langer Nachtstunden.
Ich selbst bin nicht neugierig, zu erfahren, was mit mir morgen

oder übermorgen geschieht. Es würde mich belasten. Ich würde inaktiv reagieren. Und ich bin skeptisch, wenn die subtilen, unwägbaren ›Dinge zwischen Himmel und Erde‹ geschäftsmäßig betrieben werden . . .

Ich hatte – zum Beispiel – Gelegenheit, Berlins ›Star-Magier‹ Eric Jan Hanussen in der weltberühmten ›Scala‹ bei der Arbeit zu beobachten (ich spielte dort gelegentlich in Einaktern).

Von Hanussen sprach ganz Berlin. Auch bei Hitler war er durch günstige Voraussagen ›hoffähig‹ geworden. Inzwischen haben ihn weniger günstige Voraussagen das Leben gekostet; die Nazis brachten ihn um.

Ich meine, Hanussen war im Grunde nichts anderes als ein geschickter, außerordentlich talentierter und überdies geschäftstüchtiger Komödiant mit einer gewissen hellseherischen Gabe. Was sollte mir von ihm ›die Zukunft‹?

Und was sollen mir Horoskope?

Ich will nicht, daß man mir auf Jahr und Tag vorrechnet, was ich zu erwarten habe. Zudem gibt es noch einen anderen Grund, der mich an jedem Horoskop zweifeln läßt:

Nach dem orthodoxen Kalender bin ich am 13. April 1897 geboren. Im Jahr 1900 wird dieser alte russische Kalender mit dem europäischen gleichgeschaltet. Alle Daten schieben sich dadurch um 13 Tage hinaus. Seitdem ist in meinen Papieren als Geburtstag der 26. April eingetragen. Aus dem ursprünglichen ›Widder‹ ist von Amts wegen – simsalabim – ein ›Stier‹ geworden. Ich habe jetzt die Auswahl, welches ›Tier‹ mir ›sympathischer‹ ist, je nach der gerade fälligen Konstellation.

Aber unabhängig davon:

Die Astrologen stützen sich bei ihren Berechnungen bekanntlich auf Sonne, Mond und acht Planeten; sie arbeiten nach dem geozentrischen System und drücken dabei unsere winzige Erde in den Mittelpunkt des Kosmos. Was aber ist mit den Milliarden noch nicht erfaßter Sterne in anderen Sonnensystemen, die zweifellos existieren in einem Universum, dessen ganze Dimensionen vorerst noch unvorstellbar sind und wohl auch immer unzugänglich bleiben werden . . .? Und was hat es mit den sogenannten ›Erdstrahlen‹ für eine Bewandtnis, mit denen sich die exakte Wissenschaft bis heute noch nicht ernsthaft befaßt, obwohl es genügend Beobachtungen gibt, die darauf hinweisen, daß die Wirkung solcher Strahlen im Bereich des Möglichen liegt?

Mir scheint, man sollte Physik und Metaphysik nicht miteinander ›vermischen‹, beide folgen eigenen Gesetzen.

Ebensowenig aber bin ich geneigt, vorschnell als Aberglauben abzuqualifizieren, was sich der verstandesmäßigen Deutung heute noch entzieht.

In den ersten Kriegsmonaten, da ich diese Dinge mit meinen Kollegen diskutiere, weiß ich noch nicht, welche unerklärlichen Ereignisse auf mich warten:

Eine bekannte Chiromantin – zum Beispiel – studiert die Handlinien meiner Tochter Ada und sagt mir, daß ihre dritte Ehe sechs Jahre dauern, aber daß sie sich bereits nach drei Jahren von ihrem Mann entfremden werde.

Ada ist zu dieser Zeit bis über beide Ohren verliebt und davon überzeugt, daß ihr Glück diesmal ›ewig währen‹ wird. Die Chiromantin behält recht. Indessen: Alle Ehen Adas werden in der Erinnerung ohne ernsthafte Belastungen bleiben, obgleich die Männer ihrer Wahl kaum gegensätzlicher sein könnten:

Der Ufa-Kameramann Franz Weihmayer; der Frauenarzt

Dr. Wilhelm Rust (von ihm bekommt sie eine Tochter, Vera, die, wie sie, Schauspielerin wird) und der Boxer Conny Rux. Aus dieser Ehe stammt Mischa, der nach Abitur und Internat jetzt bei der Bundeswehr ist.

Noch in anderer Beziehung hat die Chiromantin recht. »Nach dem vierzigsten Lebensjahr droht Ihrer Tochter Gefahr im Uferlosen«, prophezeit sie mir ...

Ich bin seitdem unruhig, wenn Ada ins Flugzeug steigt. Noch am Morgen ihres Todestages sagt sie mir:

»Ich kann nicht dagegen an – ich habe jedesmal wieder Angst vor dem Fliegen. Dabei vertrage ich es doch gut. Ich habe einfach ein – schlechtes Gefühl ...«

»Dann laß es doch um Himmels willen sein!« beschwöre ich sie.

Wenige Stunden später stürzt ihr Flugzeug ab.

Als ich die Nachricht erfahre, geschieht nichts von dem, was man allgemein erwartet und was meine Freunde befürchten, weil sie wissen, wie nah ich mit Ada verbunden bin: Ich breche nicht zusammen; ich bin – nach außen hin – im üblichen Sinne nicht einmal erschüttert. Für die wenigen, die mich wirklich kennen, ist das nicht überraschend:

Meine innere Beziehung zu Ada ist durch ihren Tod nicht unterbrochen, ja, nicht einmal verändert. Ich höre, wie bisher, ihre helle, hohe Stimme, ich höre ihr fröhliches »Sajtschik« (russisch: »Häschen«, so nennt sie mich seit ihrer Kindheit), ich höre sie tagsüber und noch öfter nachts in Träumen ...

Träume, meine ich, sind mehr als wirre Spiegelungen innerer Zustände. Ich habe erst gelernt, sie ernst zu nehmen, sie zu beachten und mich mit ihnen zu beschäftigen:

In der Nacht nach der letzten Vorstellung eines Theatergastspiels in Wien träume ich, daß ich mit meinen beiden Berliner

Kollegen über Land fahre. Am Steuer sitzt ein Chauffeur. Plötzlich dreht sich der Wagen um die eigene Achse und schleudert nach links auf einen Abhang zu. Eine kleine, niedrige Mauer bewahrt uns vor dem Absturz. Am Straßenrand knickt ein junger Baum um, aus dessen Ästen Kirschblüten auf uns herniederrieseln. Mir fällt auf, daß der Chauffeur an der Stirn verletzt ist, seine Wunde aber nicht blutet; ich sehe, wie Menschen auf uns zulaufen, uns aus dem Wagen helfen und in ein schloßartiges Gebäude bringen. Das Tor zum Schloß ist besonders kunstvoll schmiedeeisern gearbeitet. Im Haus steht ein brennender Weihnachtsbaum.

Soweit mein Traum.

Am 23. Dezember brechen wir auf; wir wollen zu Weihnachten zu Hause sein. Das Fahrwetter ist miserabel. Es schneit und regnet abwechselnd. Die Straßen sind glatt.

Ich sitze vorn rechts neben dem Fahrer und versuche auf der Karte, den nächsten Weg zur Grenze herauszufinden. Vermutlich schlage ich eine falsche Abkürzung vor. Die Straße wird eng und noch schlechter als bisher; sie schlängelt sich an einem Abhang entlang. Wir beschließen zu wenden. Währenddessen rutscht der Wagen auf den Abhang zu. Wir werden durcheinandergeschleudert. Ich spüre noch einen Schlag gegen den Kopf und verliere das Bewußtsein. Als ich wieder zu mir komme, gleicht die Szene genau meinem Traumbild:

Unser Wagen ist gegen eine kleine Mauer geprallt, die uns vor dem Absturz rettet. Am Straßenrand ist ein Kirschbäumchen weggeknickt, an dessen Ästen noch vereinzelt Schneeflocken hängen. Der Chauffeur ist leicht verletzt.

Ein Bauer bringt uns mit seinem Fuhrwerk in ein nahe gelegenes Schloß; am Eingang erkenne ich mein schmiedeeisernes ›Traum-Tor‹ wieder ...

Noch rätselhafter erscheint mir ein anderes Erlebnis im Traum: Ich sehe mich in bäuerlicher Tracht auf einem Marktplatz des mittelalterlichen Nürnberg stehen; ich ›weiß‹, daß ich beauftragt bin, Gemüse in ein Gasthaus ›Zum Grünen Hecht‹ zu bringen. Am Eingang des Gasthauses hängt ein kunstvoll geschmiedetes Schild, die naturgetreue Nachbildung des Hauswappens, eines Fischs. Im Gasthaus gehe ich einen langen, dunklen Gang entlang. Landsknechte stürzen auf mich zu. Ich wache schweißgebadet auf ...

Am Nachmittag kommt der Arzt meiner Mutter, ein Inder, zur Visite. Ich erzähle ihm meinen Traum. »Sie haben eine Szene aus Ihrem früheren Leben geträumt«, sagt Dr. S. – Ich lache. »Am besten ist, sie fahren einfach mal nach Nürnberg«, lächelt der Inder.

Ich warte zwei drehfreie Tage ab, setze mich in den Wagen und fahre in eine Stadt, in der ich noch nie war; ihre romantische Schönheit fasziniert mich. Ich schlendere durch die Straßen und komme unversehens in eine kleine Seitengasse, die mich förmlich ›anzieht‹. In dieser Gasse ist ein Gasthaus – ›Zum Hecht‹. Ich habe den Weg zu meinem ›Traum-Gasthaus‹ mit nachtwandlerischer Sicherheit gefunden ...

Es ist wieder einmal spät geworden – weit nach Mitternacht. Einige meiner Kollegen sind leicht amüsiert über meine ›Visionen‹, die ich ihnen am Kamin erzähle, obgleich sie selbst vielleicht auf Prophezeiungen ›bauen‹ oder auf Horoskope oder auf – gar nichts ...

Trotzdem würde jeder von ihnen gern wissen, ›was wird‹. Wir ahnen es in diesen Kriegsmonaten nicht einmal.

Wir verabschieden uns.

»Zurück aus Sibirien – nach Berlin ...«, lächelt O. E. Hasse bitter.

Im Juni 1941 befiehlt Hitler den Angriff auf die Sowjetunion.
Im Juli 1941 ruft mich eines Morgens Frau Goebbels an: Ein Wagen der Regierung wird einige Kollegen und mich zum Mittagessen zu Goebbels' Landhaus bei Lanke fahren.
Ich muß an diesem Sonntag erst um 19 Uhr im Theater sein. Die Nachmittagsvorstellung fällt aus. Also kann ich nicht ›nein‹ sagen.
Wir sind etwa 35 Personen: Kollegen, Diplomaten, Parteifunktionäre. Goebbels' Tischrede trieft vor Nationalismus und Arroganz. Er feiert gewissermaßen schon den deutschen Einmarsch in Moskau.
Ich denke an die unendlichen russischen Weiten, an die mörderischen Winter ...
In diesem Moment wendet sich Goebbels direkt an mich:
»Wir haben ja eine Rußland-Expertin bei Tisch – Frau Tschechowa. Glauben Sie nicht auch, gnädige Frau, daß dieser Krieg noch vor dem Winter beendet sein wird, daß wir Weihnachten in Moskau sind ...?«
»Nein«, sage ich einfach.
Goebbels bleibt gelassen:
»Und – warum nicht?«
»Auch Napoleon hat sich in Rußlands Entfernungen verschätzt ...«
»Zwischen den Franzosen und uns gibt es einen feinen Un-

1936 heiratet Olga Tschechowa den belgischen Industriellen Marcel Robyns *(oben). Er beschwört sie, »dieses furchtbare Land zu verlassen«. Sie verläßt Deutschland nicht. Auch ihre Kollegen* Carl Raddatz *(links unten) und* Werner Finck *bleiben im Land und setzen sich mit ihrer mutigen oppositionellen Haltung größten Gefahren aus.*

terschied«, lächelt Goebbels ironisch, »Wir haben nämlich die Unterstützung des russischen Volkes, wir treten als Befreier auf. Die bolschewistische Regierungsclique wird von einer gigantischen Revolution hinweggefegt werden!«

Ich versuche, mich zu beherrschen. Aber es gelingt mir nicht: »Diese Revolution wird nicht stattfinden, Herr Minister. Denn im Augenblick der Gefahr sind *alle* Russen solidarisch.«

Goebbels' Gelassenheit verfliegt. Er beugt sich ein wenig vor und sagt kalt:

»Interessant, gnädige Frau. Sie vertrauen also der deutschen Wehrmacht nicht. Sie prophezeien einen russischen Sieg.«

»Ich prophezeie nichts, Herr Minister. Sie haben mich gefragt, ob unsere Soldaten noch vor Weihnachten in Moskau sein werden. Ich habe Ihnen dazu meine Meinung gesagt. Meine Meinung kann richtig, sie kann auch falsch sein ...«

Goebbels fixiert mich überheblich. Es herrscht peinliches Schweigen.

›Da ist sie also endlich, die offene Auseinandersetzung‹, denke ich, ›das vergißt er dir nicht ...‹

Mein ›Retter‹ – in diesem Augenblick jedenfalls – ist ein italienischer Attaché. Er schwärmt mit seinem reizenden Akzent von der wunderschönen Umgebung des Hauses, gerade so, als hätten wir eben über Rußland gar nicht gesprochen.

Ich werfe ihm einen dankbaren Blick zu.

Goebbels vergißt tatsächlich nicht:

Er gibt der Gestapo ›einen Tip‹. Die ›höflichen Herren‹, die mich schon einmal besucht haben, bemühen sich diesmal nicht

In »Maria Walewska« *(1934) zeigt sich Olga Tschechowa wieder als die große, schöne Gesellschaftsdame des deutschen Films.*

mehr selbst. Sie laden mich zu einem ›informatorischen Gespräch‹ ein.
Meine politische Naivität wirkt auf sie offenbar so entwaffnend und zugleich überzeugend, daß sie mich nach zwei Stunden ›mit bestem Dank für die Auskünfte‹ wieder gehen lassen.

Meine Liebe zu Jep

Bei der ›Truppenbetreuung‹ machen viele mit. Wir wundern uns, wer sich da alles Schauspieler, Tänzer und Sänger nennt. Aber auch ›Professionelle‹ haben auf Tourneen vor Truppen zu spielen und auf diese Weise ihren Beitrag zu leisten für ›Erbauung und Heiterkeit in schweren Zeiten‹. Also gehen auch viele meiner Kollegen und ich ›auf Tournee‹. Meist sind es Stücke mit wenigen Dekorationen und sechs bis sieben Personen.

Ich spiele in Paris im ›Théatre des Champs-Elysées‹, in dem die Garderobe der großen Sarah Bernhardt noch genau wie zu ihren Lebzeiten erhalten ist; ich gastiere in Lyon und im Brüsseler ›Théatre Royal‹, das akustisch und architektonisch ein ›Traumtheater‹ ist.

Und eines Abends spielen wir in Lille – ›Aimée‹. Hier in Frankreich ist es nach der Kapitulation der französischen Armee ruhig – unheimlich ruhig. In kleinen Städten beginnen sich die deutschen Besatzungstruppen zu langweilen. Auch die Luftwaffe fliegt nur Aufklärung über England. Monate danach wird das anders sein: Den Aufklärungsflügen werden die Bombardements folgen, die erbarmungslosen Kämpfe, die ›Luftschlacht um England‹.

An diesem Abend in Lille wissen wir davon noch nichts.

Unsere Vorstellung ist beendet. Wie so oft werden wir auch hier vom Stadtkommandanten noch zu einem Glas Wein gebeten. Ich zögere. Ich kenne diese Einladungen, die meist nur

lastende Langeweile, magere Konversation oder aufgesetzte Fröhlichkeit bringen. Ich habe keine Lust – oder genauer, ich bin müde.
Meine Kollegen überreden mich. Als ›Star‹ darf ich nicht fehlen.
Der ›Umtrunk‹ findet im Nebenzimmer eines kleinen Restaurants statt. Hier treffen sich deutsche Offiziere mehr oder weniger regelmäßig zur feuchtfröhlichen Runde.
Nichts läßt darauf schließen, daß dieser Abend anders verlaufen wird als sonst: Die gleichen Gespräche, die gleichen Scherze, versteckte Neugierde, hinter formvollendeter Haltung kleine Frivolitäten, verborgenes Verlangen nach dem ›gewissen Etwas‹ ...
Ein Nachzügler tritt ein.
Er ist Luftwaffenoffizier, hochgewachsen und selbstsicher, ohne eine Spur Arroganz. Er bleibt an der Tür stehen, als suche er jemanden. Offenbar ist er hier nicht ›Stammgast‹.
Er sieht mich eine Sekunde prüfend an. Dann nickt er lächelnd. Seine Augen faszinieren mich. Er kommt näher, beugt sich zu mir herunter und sagt wie ganz selbstverständlich:
»Ich wußte, daß ich Ihnen begegnen werde.«
Wir unterhalten uns ungezwungen, als wären wir seit langem gute Freunde. Wenig später erzählt er mir, daß er gar nicht die Absicht hatte, heute abend noch auszugehen: »Hier bin ich selten, fast nie, heute mußte ich kommen ...«
Wir sehen uns an: Es war, es ist – Bestimmung.
Jep ist Staffelkommandant im Jagdgeschwader Galland.
Wie oft bei Menschen mit tiefer seelischer Verbundenheit, brauchen Jep und ich weder Telefon noch sonst irgendein technisches Hilfsmittel, um uns zu verständigen. Auch unsere Briefe sind eigentlich nur nachträglicher Ausdruck dessen, was

wir gemeinsam empfinden, denken und fühlen. Unser Kontakt ist – auch wenn Tausende von Kilometern zwischen uns liegen – nicht eine Sekunde unterbrochen.

Jep schreibt mir sehr ausführlich, trotz seiner Einsätze oder vielleicht gerade wegen dieser Einsätze, die sein Leben von einer Minute zur anderen auslöschen können.

Ich zitiere aus seinen Briefen, weil sie Zeitdokumente sind:

»1940. – Gestern hatte ich einen mörderischen Luftkampf, bei dem dann doch der Engländer den kürzeren zog und mit seiner Maschine den Tod fand ... ich bin der Mörder ... ich sage mir immer: Mich darf es nicht erwischen ...

Ob mein Gegner dasselbe dachte?

Wie lange werde ich noch Glück haben?

Dieser häßliche Krieg! Er treibt uns immer wieder in so unsinnige Notwehrlagen.

Als ich gestern abend nach dem Kampf schweißgebadet in mein Quartier kam, im Dunkeln, das elektrische Licht brannte nicht, nur auf dem Tisch eine Kerze, lagen drei Briefe von Dir da, einer vom 29. 12., die anderen vom 1. und 2. 1.

Gerade an diesen Tagen war ich mit meinen Gedanken bei Dir, und ich wünschte mir ein kleines Etui mit Deinem Bild. Als ich den Brief öffnete und das Etui tatsächlich fand, sagte ich nur danke, danke, danke – Du hast meine Gedanken ›gehört‹.

Das Etui mit dem kleinen Foto macht mir deswegen so große Freude, weil ich es immer bei mir tragen kann. Immer, wenn ich will, kann ich es ansehen, mit mir ist es Tausende von Metern über England, teilt dasselbe Schicksal mit mir, verbrennt mit mir oder kommt mit mir in Gefangenschaft oder erfriert mit mir in den eisigen Fluten.

Draußen stürmt der Wind um das Haus, und ich horche –

ich will Deine Stimme und Deine leichten Schritte hören, und ich höre sie wirklich ...

Wenn Du mich verstehst, verstehst Du Dich, wenn ich Dich verstehe, verstehe ich mich ...

Der Wind stürmt weiter – zeitlos – uferlos ...

Zeitlos muß auch das kleine Ich im Weltall sein ...«

»März 1941. – Ich war gestern wieder weg, dabei kam ich an einem französischen Kino vorbei, in dem sie ›Les mains libres‹ spielten (›Befreite Hände‹). Ich kannte den Film von früher her, aber ich wollte Dich wiedersehen. Ich freute mich. Und ich sah so viele Kleinigkeiten:

Zum Beispiel Deine Handtasche mit der Aufschrift ›Le Journal d'Olga Tschechowa‹. Du hast Dich immer bemüht, die Tasche so zu halten, daß man Deinen Namen nicht lesen konnte ...

Ich sah Dich wohl, aber trotzdem warst Du mir nicht sonderlich näher. Du bist auch sonst bei mir. Trotzdem freute ich mich an den Kleinigkeiten, die ich an Dir kenne. Deine Sprache war es nicht – irgendeine Französin mit dunkler, verschleierter Stimme hat für Dich gesprochen. Es ist so komisch, wenn man eine synchronisierte Stimme hört, eine Stimme, die gar nicht zu dem Menschen paßt ...

In einer Zeitung habe ich heute ein Bild von Dir und Will Dohm gesehen, aus dem Stück ›Die sechste Frau ...‹

Du hast recht gehabt in Deinem Brief, als Du schriebst, daß ich wieder im Dörfchen zurück bin. Zu der Zeit, als Du diese Zeilen schriebst, kam ich gerade zurück. Am nächsten Tag habe ich Dich im Radio gehört ... Du schreibst so nett, wie Du träumst, daß ich mit einem kleinen Köfferchen unrasiert neben Dir sitze. Wie recht Dein Traum hat – ich bin ja meistens unrasiert ...

Mein Herz ist ganz nah dem Deinen.
Vor kurzem träumte ich, daß ich über England mit dem Fallschirm abspringen mußte; und ich fiel in einen alten, etwas verwucherten Park bei einem kleinen Schloß.
Du warst da. Nur Du allein. – Die Mauern waren entsetzlich dick und die Türen auch. In einem riesigen Kamin glimmten große Holzscheite.
Wir knieten zusammen vor dem Feuer. Du sagtest mir: ›Du wirst nun eine große Stille und Ruhe erleben, hier kommt kein Mensch her, und niemand wird ahnen, wer bei mir lebt, solange der Krieg dauert – und er wird lange dauern. Nichts dringt von hier an die Außenwelt ... Du darfst nie herausgehen, sonst bist Du verloren!‹
Und ich wollte gar nicht mehr heraus ...
Dann verschwamm der Traum durch irgendeinen Lärm, der in der Nähe des Hauses entstand.
Ich wollte weiterträumen. Aber der Traum kam nicht wieder.
Als ich dann richtig wach war, dachte ich daran zurück: Ist es die Angst, die immer im Unterbewußtsein steckt, daß man über England herunterfallen könnte, daß Gefangenschaft vielleicht für lange Jahre unausweichlich wird, daß jede Verbindung mit Dir unterbrochen ist, ja – daß man eigentlich schon gestorben ist für alle ... für Dich ...
All das schlägt im Traum dann ins erwünschte Gegenteil um ... Ein Traum – welch seltsame, zeitlose, wünschenswert zeitlose Welt ...«
»Ein Luftkampf ...
Ich führe den Verband, der aus zwei Staffeln zu je sechs Maschinen besteht, zur freien Jagd über der englischen Ostküste. Wie schon rund hundertmal zuvor, schrauben wir uns auf

einige tausend Meter hinauf. Bei 7000 bis 8000 Meter geraten wir in eine Dunstschicht.

Beim Einflug über die Küste bin ich mit meinen sechs Maschinen aus der Staffel bereits allein. Die zweite Staffel hat sich schon von mir getrennt. Und da sehe ich auch schon nach ganz kurzer Zeit, tief unter uns, einen Haufen kleiner Punkte, die auf uns zukommen. Ich kann noch nicht erkennen, ob die Maschinen Spitfire oder Hurricane sind. Den Höhenunterschied schätze ich auf mindestens 500 Meter.

Die Engländer haben uns auch schon erkannt, denn gerade, als ich sie unter mir durchfliegen lassen will, hebt der ganze Verein die Schnauzen ziemlich stark an und steigt uns ganz gewaltig entgegen.

Ich will nun in einer Rechtskurve aus meiner noch vorhandenen Überhöhung hinter die Engländer kommen, es sind Hurricane in einer Zahl von 18 bis 20 Maschinen.

Die Engländer liegen aber sofort in einer engen, steigenden Rechtskurve und sind auch bereits mächtig auseinandergezogen. Ich erkenne, daß hier vielleicht nur mit einem Verlust etwas zu holen ist und befehle: Absetzen! – als wir gerade die Richtung zur Heimat haben.

Mit Vollgas rauschen nun wir sechs gegen Südosten und verbergen uns außerdem im Dunst; nach einigen Minuten drehen wir wieder auf den Kanal hinaus.

Von den Hurricanes sehe ich nichts mehr.

Ungefähr über Folkestone sehe ich nun plötzlich einige Engländer links, einige rechts, einige vorn am unteren Dunstrand verschwommen auftauchen. Schnell will ich nach rechts angreifen, da sehe ich links wieder einen Engländer; und als ich an ihn heran will, tauchen vor mir wieder ein paar Pünktchen auf. Dabei kommt die Staffel restlos auseinander. Jeder

ist mit sich selber beschäftigt. Mir erscheint die Situation aussichtslos, und so verreise ich mit meiner Maschine in ziemlicher Fahrt nach unten und auf den Kanal hinaus.
Über der Kanalmitte kurbele ich mich wieder hoch auf 7000 Meter und fliege erneut auf Dover zu. Die Maschinen der Staffel sind verschwunden.
Plötzlich sehe ich in gleicher Höhe einen Punkt hinter dem anderen nach Norden fliegen. Weit dahinter sind wieder einige Punkte zu erkennen. Ich merke, daß es Spitfire sind und schwindle mich von der Seite in die Reihe der feindlichen Maschinen, dort, wo der Abstand zwischen ihnen am größten ist. Die letzte Spitfire vor mir ist nun 400 bis 500 Meter weg. Schon befinde ich mich wieder über der englischen Küste. Bevor ich die Spitfire vor mir erreiche, bin ich weit im Land drin – soviel wird mir klar. Außerdem befinden sich noch Maschinen hinter mir. Es ist möglich, daß es unsere eigenen sind. Die Situation wird brenzlich.
Rechts von mir, 500 bis 1000 Meter tiefer, ist eine Wolke. Hier muß ich versuchen, umzudrehen und auszuwischen.
Doch kaum bin ich unter der Wolke herausgekommen, da sehe ich rechts hinter mir eine Maschine, die auf mich zuhält. Ich kann aber noch nicht erkennen, ob es eine Spitfire oder eine von unseren Maschinen ist. Ich sage mir nur: vorsichtshalber rechtzeitig ausreißen – und drücke mit Vollgas weg.
Die Maschine hinter mir drückt genauso nach . . .
Da höre ich einen Funkspruch: ›Hinter Ihnen eine 109‹.
Ich fange die Maschine ab und ärgere mich über die eigenartige Beleuchtung, die nicht erkennen läßt, wer da eigentlich hinter mir ist. Inzwischen ist die Maschine näher gekommen, – und ruckartig erkenne ich über die rechte Schulter auf einmal den Kühler der Spitfire.

Mit beiden Händen drücke ich den Knüppel vor, ganz heiß wird mir – schon schießt sie davon ...
Gleich werde ich über eigenem Boden sein.
Mit 700 km geht es auf das Cap Gris Nez zu. Ich kann nur noch schwer den Steuerdruck halten; ich sehe über und vor mir eine Wolke, in die ich – ruckartig steigend – hineinziehe. In der Wolke mache ich eine scharfe Wendung wieder seewärts. Als ich Sicht habe, kann ich die Spitfire nicht mehr sehen.
Jetzt erkenne ich 1000 Meter über mir eine Ju 88, die von unserer Küste weg auf den Kanal hinausfliegt. Nach einer Weile erkenne ich weit hinter der Ju 88 eine kleine Maschine, die darauf zustrebt: eine Spitfire!
Ich komme von hinten, die Spitfire steigt flach mit Vollgas der Ju nach – der Abstand wird immer geringer ...
Da sehe ich, wie der Engländer mich bemerkt hat und immer unruhiger mit seiner Maschine hin- und herschwänzelt, aber noch nicht abhaut. Wahrscheinlich wartet er auf meine ersten Schüsse.
Ich lasse einige Sekunden verstreichen, dann muß ich schießen, um nicht selbst zu unterliegen. Meine Kanonen und Maschinengewehre legen los. Und wie erwartet macht er bei den ersten Schüssen seinen Abschwung. Genauso schnell reiße ich mein Gas heraus und schwinge ebenfalls ab, obwohl ich weiß, daß der Engländer den Abschwung viel enger machen kann. Aber versuchen muß ich es.
Ohne Gas und mit beiden Händen ziehe ich durch, hinter dem Engländer her, der ganz eng wieder steil nach oben steigt. Die Spaltflügel kommen ruckartig bei mir heraus; doch ich bin immer noch ungefähr hinter dem Engländer, der nun keine Sekunde mehr still hält und einen richtigen Kunstflug beginnt.

In einem zweiten Abschwung bekomme ich ihn wieder ganz kurz zum Schuß. Jedesmal, wenn er Richtung England fliegen will, schieße ich weit vor, um ihn abzuhalten – und er bringt es auch nicht über sich, durch meine Garbe zu fliegen – er dreht wieder ab.

Ich weiß nicht, was wir alles für Fluglagen machen. Ich merke, daß mein Hemd vom Schweiß durch und durch naß wird ...

Soviel die Spitfire auch noch dreht – beim dritten Mal bekomme ich sie vor den Schuß. Die Garbe trifft.

Ich sehe, wie die Maschine abkippt und im Geradeflug unserer eigenen Küste zufliegt.

Ich fliege weitaus höher, hinter ihr her, freue mich, daß der Tommy noch die Möglichkeit zu einer Notlandung hat, daß er am Leben bleibt und von uns gefangengenommen wird.

Am Abend werde ich mich vielleicht mit ihm unterhalten können. Es ist beglückend für mich, zu wissen, daß ich einen Gegner zur Landung zwang, ohne ihn tödlich getroffen zu haben. So hoffte ich ...

Ziemlich tief geht nun der Tommy schon über die Küste landeinwärts – doch nach wenigen Sekunden verdirbt natürlich die eigene Flak den Spaß, weil sie wie irrsinnig mit 2 cm auf ihn zu schießen beginnt.

Und die Spitfire, doch noch nicht wund genug geschossen, beginnt einen Todeskampf, der in einen Kunstflug ausartet, wie ich ihn noch selten sah.

Ich turne auch wie wahnsinnig hinter der Spitfire her. Die leuchtenden Geschosse unserer leichten Flak machen Konfetti zu diesem Tanz ...

Plötzlich zieht der Tommy steil hoch genau auf mich zu – und im Näherkommen schießt er ...

Ich sehe geradewegs in die blinkenden Mündungsfeuer seiner

Maschinengewehre. Mir bleibt nichts anderes übrig, als rasch meine Kurve noch enger zu ziehen, damit der Tommy nach hinten über seinen Rücken überfällt – und das passiert auch in der nächsten Sekunde ...

Ich selbst bin nicht getroffen worden. Ob die Maschine etwas abbekommen hat, weiß ich noch nicht. Ist auch egal über eigenem Gebiet.

Ich verstehe nicht, daß der Tommy noch immer nicht mit dem Fallschirm aussteigt, da doch die Situation vollkommen aussichtslos für ihn erscheint. Rollen drehend, fliegt er doch noch weiter. Dann fängt das Leitwerk seiner Maschine zu brennen an. Durch den Brand wird die Maschine steuerlos und knallt runter auf den Boden.

Auf dem Rücken liegend, verbrennt nun der Kahn dort unten. Und noch einmal zeigt er mir die schwarz-weiße Unterseite eines Flügels.

Es war mir nicht vergönnt, diesen Vogel zu erledigen, ohne den Menschen zu töten.«

Als ich diese Zeilen lese, erwacht in mir ein Bild aus meiner Kindheit. Ich sehe Leo Tolstoi, wie er mich auf jenem unvergeßlichen Spaziergang anblickte und dann sagte: »Du mußt den Krieg hassen und die, die ihn machen ...«

»Januar 1941. – Eben habe ich den Brief an Dich unterbrochen und bin in unseren Eßraum gegangen, um Kaffee zu trinken. Ich drehe das Radio zufällig an – oder war es eben nicht zufällig? –, da sagte der Ansager gerade Deinen Namen an.

Ich glaube, in diesem Moment war ich aufgeregter als Du selbst. Dann hörte ich Deine Stimme, ist ja zum Wahnsinnigwerden, hier, in einem kleinen schäbigen Dorf in Frankreich ... Hast Du gewußt, daß ich jedes Wort festhalten wollte? Nur

allzu schnell war es wieder zu Ende. Der Beifall brachte mich zur Besinnung.
Beinahe hatte ich das Gefühl, als wäre Deine Stimme am Anfang etwas aufgeregt gewesen. Wenn Du wüßtest, wie selten ich Radio höre – überhaupt Wunschkonzert! Dachtest Du vielleicht vorher: Jep, höre jetzt das Wunschkonzert – ich will, daß Du mich hörst! ... Ich will ... Das ist nämlich fast kein Zufall mehr!
Du schreibst nicht, wie der Weihnachtsabend, wie Silvester war. Oft denke ich, daß die Zeit schneller vergehen sollte, aber dann denke ich rasch wieder an das kleine Märchen, das ich Dir einmal schrieb: an das Märchen von dem Manne, der nicht warten konnte ...
Die Freude ist da – und sie bleibt. Du kannst mir nicht genug schreiben. Jedes Erwarten eines Briefes ist schon Freude allein. Mit dem Brief selbst kommst Du dann immer wieder noch näher zu mir. Du bist dann ganz nah. Dann werden zwei Seelen zu einer.«
»Juni 1941. – Mon amour, gestern bin ich nicht zum Schreiben gekommen – Kampf in Ostengland.
Heute hatte ich keinen Einsatz, brauchte nicht um vier Uhr aufzustehen, konnte bis zwölf Uhr schlafen.
Im Durchschnitt schläft man kaum mehr als drei Stunden, so daß man tagsüber auf irgendeinem Stuhl, umgeben vom größten Lärm, einnickt ...
Beim Flug gestern abend habe ich stark an Dich gedacht. Mein Motor war nicht ganz in Ordnung, und nichts als Wasser, Wasser, Wasser war um mich herum, soweit der Himmel reichte – Hunderte von Kilometern.
Wie leicht hätte ich in der Nordsee umkommen können – aber ich hatte ja Dein Bildchen in der Tasche ...«

»August 1941. – Gestern habe ich in der Bretagne die Klippen besucht, wo Du vor Jahren während der Filmaufnahmen mit einem Fischerboot schiffbrüchig geworden bist. Ein Leuchtturm ist da auch in der Nähe . . .
Ich kreiste ein paarmal herum und war ganz nahe bei Dir . . . Du brauchst nicht viel Angst zu haben, Tommys habe ich noch nicht gesehen . . .
Wir sind nun mehr als tausend Kilometer getrennt, aber mir ist es, als wären es nur wenige Meter, als wärst Du im Nebenzimmer und würdest gleich hereinkommen:
Gleich werde ich Deine liebe Stimme hören – und ich vergesse die . . . Front, diese furchtbare Front, die ich hasse, wie ich den ganzen Krieg hasse, wie ich aber doch zugleich das Abenteuer suche, dieses sinnlose Abenteuer . . .«
Jep hat Urlaub.
Er sitzt im Kladower Landhaus am Flügel und improvisiert. Er spielt sehr gut. Ich höre ihm gern zu.
Wir leben jetzt alle im Landhaus. Meine Stadtwohnung gibt es nicht mehr. Nur die Außenmauern stehen noch. Gardinenfetzen flattern dort hilflos durch weit aufgerissene Öffnungen, in denen früher einmal Fensterscheiben waren.
Als die Bomben fielen, war niemand von uns zu Hause.
Jep improvisiert weiter. Er trägt Zivil. Immer, wenn er hier ist, hängt er die Uniform sofort in den Schrank.
Er lächelt mir zu. Er sieht jetzt aus wie ein großer, glücklicher Junge. ›Wie mag er aussehen, wenn er über England auf den Abzug drückt . . .?‹
Ich weiß nicht, warum mir dieser Gedanke gerade jetzt kommt. Ich will sein Spiel auch gar nicht unterbrechen. Ich frage ihn trotzdem:
»Warum tust du es?«

Er versteht sofort, hört auf zu spielen und hebt wie ratsuchend die Schultern:
»Ich will es nicht. Aber zuletzt sind wir doch alle verantwortlich. Es gibt keine Ausrede. Oder doch? ›Schicksalskampf‹ ... ›Bedrohung des Vaterlandes‹ ... ›Pflicht‹ ... ›Einsatz‹ ... ›Opferbereitschaft‹ ... aber – das sagen die anderen auch. Das alles ist es nicht ...«
»Was ist es dann?«
»Es ist die – Steigerung, sinnlos oder sinnvoll, wer will das beurteilen – starten, aufsteigen, sich lösen, in den freien Raum vorstoßen ... es ist immer wieder das Abenteuer, das Abenteuer mit dem Unbekannten ... es ist die Gefahr – wir suchen sie, provozieren sie, überwinden sie oder kommen darin um ... Der Sinn? – Vernunft ...? – Die Vernunft ist ausgeschaltet. Es ist wie ein Rausch – auch bei den anderen ...«
Jep sieht mich an und wiederholt nachdenklich: »... ganz bestimmt auch bei den – anderen.«
»Bei welchen anderen ...?«
»Beim – Tommy.«
Jep schlägt ein neues Motiv an und sagt wie nebenbei: »Von uns denkt da oben niemand an Hitler.«
Er spielt, als hätten wir dieses Gespräch gar nicht gehabt. Mitten in einer Paraphrase sagt er plötzlich noch:
»Und der Tod, moja Duschá, Dúschenka ... es ist dieser eine Tod, der leibliche Tod, nichts weiter, unsere Seelen – sterben nicht ...«
Weihnachten hat Jep wieder einige Tage Urlaub. Er will schon am 23. Dezember in Berlin sein.
Er wird mir noch telegraphieren, damit ich ihn abholen kann.
In der Nacht davor träume ich von ihm. Er liegt auf einer

großen, blumenübersäten Wiese, als schliefe er friedlich. Plötzlich richtet er sich merkwürdig langsam auf. Ich erschrecke. Ein schmales Blutgerinnsel überzieht seine Stirn und seine linke Schläfe. Er pflückt hastig einige Blumen, streckt sie mir zusammen mit meinem Medaillon entgegen und ruft leise: »Olinka ...«

Ich erwache.

Es ist der 23. Dezember. Jep hat nicht telegraphiert. Ich erzähle meiner Mutter von meinem Traum. Sie beruhigt mich und ist so sicher wie nie zuvor: Eben weil ich von Jeps Tod geträumt habe, wird er diesen Krieg überleben!

Der Gefreite aus Jeps Jagdgeschwader ist unüberhörbar Berliner. Er steht am Nachmittag vor unserer Haustür und fragt mich ein wenig linkisch, ob er wohl »mal 'n Moment mit mir reden kann«.

Ich bitte ihn herein. Er stellt Gepäck ab – Jeps Gepäck.

Für Sekunden erfüllt mich Hoffnung. Jep hat den Gefreiten mit seinen Sachen vorausgeschickt. Das wäre zwar das erste Mal ..., und warum hat er nicht telegraphiert ...? Irgend etwas wird ihm halt dazwischengekommen sein. Er hat den Gefreiten vorausgeschickt, rede ich mir ein, besorgt noch eine Kleinigkeit in der Stadt, wird gleich hier sein und mich lachend in die Arme nehmen.

Der Gefreite mustert verstohlen die Möbel im Zimmer. Er

Ein junger Hauptmann – »Jep« *– ist Olga Tschechowas große Liebe (oben). – Sie haßt den Krieg und fühlt sich dem Schicksal der Soldaten eng verbunden. So erfreut und tröstet sie viele auf ihren zahlreichen Gastspielreisen. Das Bild unten zeigt sie – von begeisterten Soldaten umringt – nach einer Vorstellung bei Einheiten in der Normandie.*

meidet meinen Blick. Um seine Verlegenheit zu kaschieren, brummt er gewollt lässig:
»Eijentlich hab' ick mir det ja alles janz anders vorjestellt.«
»Was haben Sie sich anders vorgestellt?«
»Na, ebend alles ...« Er sieht mich treuherzig an: »Sie ooch, jnädige Frau!«
Ich muß herzlich lachen: »Sind Sie jetzt sehr enttäuscht?«
»Im Jejenteil«, grinst er, »in natura sind Se fast noch schöner als im Kintopp.«
Ich lache weiter und jubele innerlich: Diese herzerfrischende Schnoddrigkeit ... dieser Berliner Junge bringt dir keine schlechte Nachricht ... der würde doch anders reden, wenn ...
Ich verscheuche meine Zweifel endgültig. Jep wird gleich hier sein.
Der Gefreite schweigt, druckst herum und sagt dann langsam: »Tja, also – der Herr Hauptmann ...«
Er schluckt, zieht plötzlich einen Brief aus der Tasche und hält ihn mir wortlos hin.
Ich öffne.
Jeps Geschwaderkommodore schreibt mir.
Jep ist tot.

In »Verliebtes Abenteuer« *(1938) (oben, mit* Paul Klinger) *und* »Reise in die Vergangenheit« *(1941) (unten, mit* Ferdinand Marian).

Erholung vom Krieg

Prag ist jetzt das Mekka aller Filmleute.
Auf Prag fallen keine Bomben. Die ›Goldene Stadt‹ büßt nichts von ihrem Glanz ein; und sie bietet auch kulinarisch noch Genüsse, die es im ›Reich‹ für gewöhnliche Sterbliche schon längst nicht mehr gibt, kurzum: Prag ist Erholung vom Krieg.
Wir drehen ›Tempel der Venus‹, unter anderen mit Willy Birgel, Erika von Thellmann, Hubert von Meyerinck.
Wir wohnen im Alkron-Hotel. Schwarzhändler umschwärmen uns. Wir können herrliche Dinge kaufen und sie zu unseren Angehörigen nach Berlin ›weiterschmuggeln‹. Paradiesische Wochen ...
Mit im Hotel wohnt Oskar Sima, ein ständiger Spaßvogel, aber auch pathologisch geizig. An einem ausgelassenen Abend beschließen wir, Simas Geiz ›zu bestrafen‹.
Von seinem an der tschechisch-österreichischen Grenze gelegenen kleinen Gut mit Weinbergen und Pferdezucht bezieht er so ziemlich alles an Naturalien, was das Herz begehrt. Mit Vorliebe prahlt er von seiner hausgemachten Wurst und anderen ländlichen Produkten, betont aber gleichzeitig mit selbstverständlichem Charme: »Kinder, ihr wißt's, es ist mein Prinzip: Ich bin geizig und teile mit niemandem nichts, höchstens mit der Olinka (damit meinte er mich) mal einen halben Apfel, weil ich sie seit Jahren hoffnungslos liebe, seid's mir nicht böse ...!«

Wir wissen, daß auf Simas Gut der elektrische Boiler defekt ist. Auch auf dem Schwarzmarkt gelingt es ihm nicht, Ersatzteile aufzutreiben. Er ist verzweifelt und bittet mich hartnäckig, in Berlin nach Ersatzteilen zu fahnden, wenn ich auf einige Tage hinfahre. Ich verspreche es ihm, obwohl der Fall hoffnungslos ist. Aber Sima läßt nicht locker.

Eines Tages überrascht uns der Hoteldirektor mit der freudigen Nachricht, daß er einen großen Prager Schinken bekommen hat, den er uns am Abend in einem Separatzimmer mit allen Zutaten servieren will. Ein Fest – eine ›Freßorgie‹ ...

Wir sind zehn Personen. Von dem Braten ist sehr bald nur noch der Knochen übrig.

Oskar Sima ist gerade auf seinem Gut. Rudolf Prack, hinreichend gesättigt wie wir alle, erinnert sich in dieser wohligen Stimmung an unsere Absicht, Geizhals Sima ›zu erschrecken‹.

Er weiß auch schon, wie:

Wir lassen den Schinkenknochen auskochen, sauber präparieren und schicken ihn dem lieben Oskar statt seiner Ersatzteile für den Boiler per Nachnahme zu. Vorher ›verewigt‹ sich jeder von uns auf dem guten Stück noch mit seinem Autogramm.

Zehn Tage später ist Oskar wieder bei uns.

Er schweigt sich, völlig gegen seine Natur, anhaltend aus.

Wir werden unsicher, ob der Knochen trotz hervorragender Verpackung überhaupt bei ihm angekommen ist.

Als wir abends wieder in unserem ›Freß-Stübchen‹ sitzen, spiele ich Oskar gegenüber beleidigt; schließlich könnte er sich für die Zusendung der – Ersatzteile wenigstens mit einem einzigen Wort bedanken ...

Oskar ›platzt‹, er schildert uns seine Blamage in allen Einzelheiten:

»Ich sitze bei der Bauern-Kreisversammlung. Da kommt der Postbote und stellt eine Nachnahme vor mich hin. Absender: Olga Tschechowa ... Ich freu' mich narrisch. Das sind meine Heizofenteile, sage ich den Bauern. Die freuen sich mit mir, beglückwünschen mich ... ›Ja, das Olgarle‹, juble ich, ›das ist ein liebes Maderl, die vergißt mich nicht ...‹ Ich öffne das Paket mit einem Taschenmesser – Papier, Papier und nochmals Papier. – Meine Bauern schwärmen von Olgas Mühen und Kameradschaft. Ich wühle inzwischen weiter im Papier, laufe rot an vor Anstrengung, schnuppere, denke, daß ich mich täuschen muß, schnuppere noch einmal, rieche – Geselchtes und – halte den Autogramm-Knochen in der Hand ...!

Meine Bauern schreien, lachen und pfeifen vor Schadenfreude! Und das Schlimmste: Ich muß noch 25 Mark Nachnahme zahlen. Bei meinem Geiz ...! Dieses Teufelsweib, das Olgarl, denke ich, wo ich mir doch schon überlege, ob ich für meine Autogramme Nahrungsmittel oder Geld verlangen soll ...«

Nicht jeder Film entsteht in Prag.

Ich spiele in Berlin wieder Theater. An- und Abfahrt sehen jetzt so aus:

Ich habe zwar noch meinen Fiat-Dopolino. Das Wägelchen verbraucht auch nur fünf Liter auf 100 Kilometer, aber: Zwischen Kladow und meinem Theater liegen hin und zurück etwa 40 Kilometer. Ich bekomme jedoch im ganzen Monat nur für 15 Liter Benzinmarken. Und zusätzlich ›schwarz‹ ist bei Benzin überhaupt nichts zu machen; es ist Wehrmachtsgut.

Der Fiat scheidet also fast aus.

›Ersatz‹ bietet Carl Raddatz. Er fährt mit einem Holz-Generator. Das heißt, in seinem Wagen ist eine Art Ofen einge-

baut, der mit Holz ›gefüttert‹ werden muß, mit trockenem Holz; das liegt auch nicht einfach so herum.
Raddatz nimmt mich, wann immer er kann, mit.
Wir verabreden uns Stunden vor Aufführungsbeginn, denn weder er noch ich wissen, wie sein Vehikel gelaunt ist.
Läuft es oder läuft es nicht, das ist hier die Frage.
Wir ›tanken‹ Holz, fast trockenes Holz. Wir stochern und pusten, wir pusten abwechselnd und gemeinsam, wir sind verraucht und verrußt, da ... das Ungetüm donnert an.
Wir jubeln und starten.
Nach der Vorstellung jubeln wir nicht mehr. Raddatz' ›feuriger Elias‹ streikt. Er streikt endgültig.
Wir fahren also mit der Straßenbahn zur S-Bahn, mit der S-Bahn bis zur Endstation und von dort weiter mit dem Omnibus. Von der Omnibushaltestelle bis zu unseren Häusern ›wandern‹ wir noch fünf Kilometer. Wir laufen pro Kilometer mindestens zehn Minuten, also noch etwa eine Stunde.
Wir sind müde zum Umfallen.
Am Horizont dämmert der Morgen. Meine nicht eben marathontrainierten Füße schmerzen. Wir sprechen kaum ein Wort. Ich überlege mir, wie lange ich diese ›Reise‹ Abend für Abend und Nacht für Nacht noch durchstehen werde.
»Noch haben sie dich nicht dienstverpflichtet und mich nicht eingezogen«, brummt Raddatz plötzlich vor sich hin, als habe er meine Gedanken erraten, »noch können wir Theater spielen.« Er wirft mir einen nachdenklichen Blick zu. »Andere nicht mehr ...«
Ich nicke. Meine Füße schmerzen weniger.
Ich spiele in großen und kleinen Städten, in Metropolen und Städtchen und eines Tages auch wieder in Brüssel.
Der Hotelportier meldet mir zwei deutsche Offiziere; ihre

Namen sind mir unbekannt. Ich lehne ab. Bei ›Schauspielerinnen auf Truppenbetreuung‹ denkt so mancher Leutnant sofort an den Schlager ›In der Nacht ist der Mensch nicht gern alleine‹, das ist mir bekannt . . .

Als ich zur Vorstellung fahren will, hastet mir meine russische Garderobiere nach und überreicht mir einen kleinen zauberhaften Hutkarton, an dem eine Karte mit folgenden mysteriösen Sätzen befestigt ist:

›Von Ihnen hängt unser Leben ab! Es bitten empfangen zu werden: Oberleutnant E. S. und Leutnant M. B.‹

Im Karton liegt ein herrlich duftender Strauß Parma-Veilchen.

Alotschka, so heißt meine Garderobiere, redet in drei Sprachen auf mich ein, die beiden jungen Leute doch unbedingt zu empfangen und am besten gleich in meinem Appartement zu verstecken.

Ich sage strikt ›nein‹. Sie bricht in Tränen aus. Nun kenne ich diese Ausbrüche meines ›russischen Seelchens‹ zur Genüge; ich weiß, daß jetzt dann gleich ein regelrechter hysterischer Anfall folgen wird. Um einen Skandal zu vermeiden, den ich in einer Brüsseler Hotelhalle um diese Zeit wirklich nicht brauchen kann, gebe ich nach.

Kurz darauf stehen mir in meinem Appartement zwei verstaubte, unrasierte, übermüdete junge Männer gegenüber. Aus ihren rot umränderten Augen strahlen sie mich so charmant an, daß ich meinen Groll vergesse und ihnen ein Glas Sherry anbiete.

Zwischen hastigen Schlucken sprudeln sie ihre Geschichte heraus:

Ihre Einheit liegt in Paris. Eines Abends wird dort im Casino einer meiner Filme gezeigt. Anschließend diskutieren die Of-

fiziere über Handlung und Darsteller, das heißt – sie diskutieren wohl weniger und schwärmen ein wenig, unter anderem über mich. Animiert vom Zauber der Stunde, gehen meine beiden Troubadoure mit ihren Kameraden eine Wette ein:
Sie werden mir in Brüssel vor der Vorstellung meine Lieblingsblumen überreichen. Und sie werden in 24 Stunden wieder zurück sein.
Das ist ein Wahnsinnsgedanke; denn selbstverständlich ist es den beiden nicht erlaubt, mitten im Kriege eben einfach mal von Paris nach Brüssel zu fahren, um einer Schauspielerin Blumen zu kredenzen. Aber das stört meine beiden Don Juans natürlich nicht. Sie denken auch nicht ans Kriegsgericht, das sie erwartet, wenn sie erwischt werden. Sie denken an ihre Wette und – an mich ...
An einem dienstfreien Tag fahren sie los. Sie kommen auf abenteuerlichen Schleichwegen tatsächlich bis nach Brüssel und zu mir. Wo sie mich finden können, lesen sie in der Frontzeitung. Dort werden die Aufführungen angezeigt.
Nun stehen sie also vor mir. Und sie legen ihr Schicksal vertrauensvoll in meine Hände. Das bedeutet, daß ich ihnen durch meine Beziehungen einen ordentlichen Marschbefehl zurück nach Paris beschaffen soll. Denn von den ›abenteuerlichen Schleichwegen‹ haben sie genug. Jetzt denken sie auch plötzlich ans Kriegsgericht ...
Ich schaue auf die Uhr. Die Zeit drängt. Ich muß ins Theater. Ich beauftrage Alotschka, für die beiden Offiziere ein Bad zu richten, Rasierzeug zu organisieren und für Essen und Trinken zu sorgen.
Bevor ich ins Theater hetze, bitte ich den Stadtkommandanten telefonisch dringend um eine Audienz nach der Vorstellung. Er sagt zu.

Gegen 23 Uhr bin ich im Vorzimmer des Stadtkommandanten. Ich weiß, daß er mir viel Sympathie entgegenbringt. Es wird schon gutgehen . . .
Es geht nicht gut:
Als ich dem diensttuenden Adjutanten andeute, worum es sich handelt, weigert der sich entschieden, seinen Chef auf meine Bitte vorzubereiten. Was die beiden ›Herren Offiziere‹ sich da geleistet hätten, sei unentschuldbar; hier gäbe es nur eins: strengste Bestrafung!
Nun hat der Mann von seinem Standpunkt aus sicher recht. Aber ich bin ja nicht gekommen, um mich mit ihm über Dienstvorschriften auseinanderzusetzen. Ich will zwei ›Romantiker‹ retten, die meinetwegen in der Patsche stecken. Also engagiere ich mich, werfe dem Adjutanten Humorlosigkeit und sturen Bürokratismus vor und merke gar nicht, daß der Stadtkommandant, General seines Ranges, ins Zimmer tritt. Er hat so ziemlich alles mitgekriegt.
Von seinen Sympathien mir gegenüber ist nicht mehr die Spur zu merken. Er beschuldigt mich, subversive, wehrkraftzersetzende Elemente zu schützen. Und er verlangt kategorisch, daß ich ihm sage, wo sich die beiden jungen Offiziere aufhalten.
Ich weigere mich.
»Sie werden Schwierigkeiten bekommen, gnädige Frau!«
»Die habe ich schon«, sage ich bitter.
»Sie werden noch – größere Schwierigkeiten bekommen . . .!«
»Sie drohen mir, statt mir zu helfen, Herr General . . .?«
»Es geht nicht um Sie . . .«
»Sie haben keinen Sinn für Kunst und Romantik, Herr General, schade . . .«

Ich lächle ihn an.
Er ist ein Eisblock, verzieht keine Miene:
»Meine Gefühle stehen hier nicht zur Debatte.«
Mit lockendem Lächeln fängst du den nicht, denke ich. Also richte ich mich hoch auf und spiele Überlegenheit:
»Ich finde einen Weg, die beiden Jungens vor dem Kriegsgericht zu retten, verlassen Sie sich darauf, Herr General!«
Sag's und ›rausche‹ hinaus. Draußen zittern mir die Knie. Ich laufe undamenhaft schnell zu meinem Auto, fahre zu meinem Hotel, lade Alotschka und die Offiziere ein und bringe sie ins Privatquartier meiner Garderobiere. Dort sind sie vorerst sicher und sollen bleiben, bis ich mich wieder melde.
Meine ›Helden‹ sind leicht verstört und folgsam wie zwei erschrockene Lausejungens.
Alotschka und ich dagegen sind ratlos. Wir laufen in meinem Hotelzimmer umher wie zwei müde Tigerinnen im Käfig. Wer in ganz Brüssel kann uns zu Marschbefehlen nach Paris für unsere beiden Abenteurer verhelfen?
Mir fällt niemand ein. Aber etwas anderes ist mir klar: Der Stadtkommandant weiß, wo ich wohne. Und seine Andeutung von den ›größeren Schwierigkeiten‹ war sicher keine leere Floskel. Wenn es jetzt also klopft, wird eine Militärstreife in der Tür stehen – von den Landsern ›Kettenhunde‹ genannt –, und die grimmigen Kameraden ›meiner‹ jungenhaft leichtsinnigen Bilderbuch-Offiziere werden nicht lange fakkeln ...
Es klopft.
Ich sage Alotschka in aller Eile, daß sie unseren Tournee-Leiter verständigen soll, falls ich länger wegbleibe, und gehe auf alles gefaßt und plötzlich seltsam ruhig zur Tür.
Ich öffne. – Vor mir stehen keine ›Kettenhunde‹. Der rauh-

tönige Adjutant des Stadtkommandanten strahlt mich fröhlich an und bittet, ›eintreten zu dürfen‹.
Ich sehe auf die Uhr. Es ist fünf. Der Adjutant entschuldigt sich für die ›ungebührlich frühe Stunde‹, aber der Zweck seines Kommens rechtfertige wohl diesen Verstoß ›gegen jegliche Etikette‹.
Er zieht zwei ordnungsgemäße Marschbefehle für ›meine‹ beiden Offiziere aus der Tasche und überreicht sie mir mit einer leichten Verbeugung:
»Der Herr General läßt Sie bitten, gnädige Frau, den Oberleutnant und den Leutnant unverzüglich zum Bahnhof zu bringen; die beiden Offiziere können den Frühzug nach Paris eben noch erreichen.«
Ich starre auf die Marschbefehle, dann auf den Adjutanten; der strahlt noch immer: »Im übrigen möchte Ihnen der Herr General durch mich noch übermitteln, daß er seine Vorschriften in diesem Fall ganz sicher sehr eigenwillig auslege, aber er wolle aus seinem – unbürokratischen – Herzen keine Mördergrube machen: Wenn er selbst noch so jung und so zum Schwärmen fähig wäre wie diese beiden Offiziere, wer weiß, vermutlich hätte er das gleiche riskiert ...«
Nicht immer haben Begegnungen solch ein filmähnliches ›Happy-End‹: Im Mittelpunkt anderer, ganz anderer Erlebnisse stehen meist junge Soldaten, die keine Eltern oder nur noch einen Elternteil haben; sie suchen Elternersatz bei ihrem ›Idol‹:
Da ist der schwerverwundete Berliner Obergefreite; die Ärzte haben ihn eigentlich schon aufgegeben. Sie wollen es noch mit einer Bluttransfusion versuchen.
Der Obergefreite besteht darauf, daß ich ihm Blut für die Transfusion spende. Wir haben verschiedene Blutgruppen.

Dem Obergefreiten ist das gleichgültig; den Ärzten selbstverständlich nicht. Sie bitten mich, mit dem Obergefreiten zu sprechen.
Ich sitze Stunden an seinem Bett. Im Zimmer liegen noch zwei Verwundete ... Der Obergefreite erzählt mir von seinen verstorbenen Eltern und aus seinem Leben. Er ist auf irgendeinem Berliner Hinterhof groß geworden.
Wir sprechen über Berlin. Ich krame in meinem Zille-Repertoire ...
Trotz unerträglicher Schmerzen lacht er; er lacht ganz gelöst, als wäre er unter seinen Kameraden und hätte kein zerfetztes Bein.
»Jetzt is es jut, Olga«, berlinert er fröhlich, »jetzt is et prima – ooch wenn's Blut nich stimmt.«
Am nächsten Tag ist er tot.
Da ist ein Feldwebel mit dem Marschbefehl nach Rußland. Er bittet, mich dringend zu sprechen. Sein Vater ist schon vor längerer Zeit, seine Mutter vor einigen Wochen gestorben. Er wird bei seiner Kompanie in Rußland ein Schreiben hinterlegen, sagte er mir, für den Fall, »daß es mich erwischt«. Dann soll mir sein persönliches Gepäck geschickt werden; ich möchte damit zu seiner Braut fahren.
Ich verspreche es ihm. – Ein Jahr später kommt sein Gepäck ... Er ist bei Stalingrad gefallen. Ich bringe seine Sachen zu seiner Braut.
Das junge Mädchen ist offenbar mehr überrascht als bestürzt. Sie bittet mich nicht herein, nimmt das Paket hastig an sich, stammelt etwas von ›schönen Dank‹ und will schnell wieder die Tür schließen. Aus ihrem Zimmer fragt in diesem Moment ein Mann ungeduldig: »Mit wem redest du denn da? Komm schon endlich 'rein ...!«

Das junge Mädchen hat im Morgenrock geöffnet ...

Und da ist noch ein schmaler, schmächtiger Leutnant, Anfang zwanzig vielleicht. Er schickt mir sein Bild und bittet mich in einem Brief, was ich nun schon von vielen anderen kenne: Ich möchte seine Mutter aufsuchen, falls ich von seiner Kompanie ›Bescheid bekomme‹.

Der Bescheid kommt – zusammen mit dem Tagebuch des Leutnants und einigen anderen privaten Dingen. Seine Mutter lebt bei Leipzig.

An einem drehfreien Tag fahre ich zu ihr. Der Zug ist überfüllt. Mit Mühe bekomme ich noch einen Platz. Auch im Abteil stehen die Menschen eng aneinandergedrückt. Auf jedem Bahnhof drängen Scharen nach. 30 Kilometer vor Leipzig hält der Zug auf freier Strecke. Fliegeralarm ...

Ich habe kaum noch Hoffnung, die Stadt zu sehen.

Dann sitze ich doch noch der Mutter des Leutnants gegenüber. Als ich ihr behutsam klarzumachen versuche, daß ihr Sohn nicht mehr lebt, wiederholt sich, was ich zwanzig Jahre vorher bei der Mutter meines ersten Mannes in Rußland erlebte: Auch diese Frau hier ist in ihren Sohn besinnungslos verliebt. Mit schmerzverzerrtem Gesicht schreit sie mich an:

»Sie? – Von Ihnen hat er mir doch nie was geschrieben. Sie – alte Frau haben mit ihm geschlafen ... Sie haben ihn auf dem Gewissen, und jetzt wagen Sie es noch, mir seine Sachen ...«

Sie stockt plötzlich, sieht mich erschrocken an, sinkt in sich zusammen, klammert sich an mir fest und stammelt immer wieder:

»Entschuldigen Sie – entschuldigen Sie bitte ...«

Als sie sich beruhigt hat, sage ich ihr, daß ich ihren Sohn nie gesehen habe ...

Allein zwischen Trümmern

Mamas Herzkrankheit verschlimmert sich. Sie muß zur Kur. Aber mit dem bekannten Eigensinn älterer Damen lehnt sie ab: Sie will nicht. Sie will mich und unser Häuschen in Kladow nicht mehr verlassen.
Ich nutze hier einmal meine Beziehungen aus und ›organisiere‹ für sie einen Sanatoriumsaufenthalt in Bad Kissingen und sogar ein Auto, das sie in Begleitung unserer Haushälterin hinfahren soll.
Dann stelle ich sie vor die vollendete Tatsache. Sie schimpft ein bißchen mit mir, dann fügt sie sich in ihr Schicksal.
Vierzehn Tage später stirbt sie.
Ich bin gerade zu Außenaufnahmen in Tübingen. Sonntag vormittag bekomme ich den Anruf. Dank eines verständnisvollen Landrates kann ich mit einem Wagen sofort nach Bad Kissingen und wieder zurückfahren. Denn am Montag muß ich wieder filmen und abends im Tübinger Lazarett mit Chansons und einem Sketch auftreten.
Ich sehe Mama zum letzten Mal.
Sie lächelt friedlich. Sie macht wahr, was sie mir in den letzten Wochen so oft ankündigte:
»Wenn es soweit ist, werde ich nicht – traurig aussehen, das verspreche ich dir . . .«
Abends singe ich im Tübinger Lazarett vor den Verwundeten meine Chansons. Niemand von ihnen weiß, woher ich komme. Ich trage vor, was ich schon oft gesungen habe:

›... um den Männern zu gefallen, schreckt die Frau vor nichts zurück, kleine Füße, schmale Taille, ist ihr höchstes Erdenglück ... um das alles zu erreichen, stellt sie wer weiß was an, und das alles, alles – alles, alles nur für den Mann ...‹
Während ich die Texte wie gewohnt ›serviere‹, versuche ich mir vorzustellen, wie mein Leben ohne Mama sein wird. Mama – das war Kameradschaft, Liebe, Geist, Humor, Geborgenheit ... ich bin plötzlich allein, das wird mir in diesem Augenblick erst klar:
Meine Tochter ist verheiratet und hat selbst schon die kleine Vera; meine Nichte hat eben geheiratet; und meine Schwester ist zu ihrer Tochter gezogen ...
›... Madame Pompadour – Marquise bin ich. Der König baut ein Lustschloß für mich ... die Lust hat er, das Schloß habe ich ...‹ Die Soldaten sind begeistert ...
Allein zu sein, ist so neu oder ungewohnt nicht für mich, nicht einmal deprimierend, aber – bisher gab es immer und allgegenwärtig Mama ...
Mama – ein Mensch ist weg ...
Ich beende das Chanson.
Die Soldaten wollen Zugaben. Ich singe weiter:
›... es gibt eine Sammlung frivoler Geschichten, wie sie alle Herren gern zwinkernd berichten ...‹
Die Verwundeten jubeln, lachen, klatschen ...
Dann folgt wieder einer der vielen Luftangriffe in der Nähe eines Berliner Theaters.

In der ersten »Bel Ami«*-Verfilmung (1939) spielt Olga Tschechowa die weibliche Hauptrolle – zusammen mit* Willy Forst, *der gleichzeitig Regie führte.*

Ich hebe einen abgerissenen, zerfetzten Arm vom Pflaster auf. Im Widerschein hochschlagender Flammen kann ich Farbe und Stoffart des Jackenärmels besser erkennen.
Wenige Meter weiter liegt ein verstümmelter Körper. Der Kopf ist glatt abgetrennt und unauffindbar.
Ich halte den Arm an den Körper; sie passen zusammen, soweit ich das an den Resten verrußter Kleidungsstücke feststellen kann.
Ich winke einem Luftschutzhelfer.
Der läuft mit einem rohgezimmerten Holzkasten auf mich zu. Wir legen Körper und Arm in den Kasten. Der Helfer hastet zu einem Wagen zurück, auf dem noch andere leere Kästen liegen.
Ich gehe weiter. Beißender Rauch treibt mir Tränen in die Augen.
Ich stolpere, drohe zu stürzen, fange mich ab und trete in eine weiche, breiige Masse. – Ich stehe in verbrannten Fleischklumpen ... sie sind nicht mehr zu identifizieren.
Der Luftschutzhelfer läuft mit einem neuen Kasten auf mich zu. Ich winke heftig – er soll warten.
Er versteht meine Geste falsch, rennt weiter ... Eine Hausmauer stürzt zusammen. Ein brennender Balken erschlägt ihn.
Nach der Entwarnung helfe ich mit meinen Kollegen bei den Aufräumungsarbeiten.
In Köln überlebe ich einen Angriff im Luftschutzkeller des

Oben: »Menschen im Sturm« *(1942) mit* Ernst Schafheitlin.

Unten: Eine Drehpause bei den Arbeiten zu dem Film »Mit den Augen einer Frau« *(1942). V. l.:* Ada Tschechowa, Olga Tschechowa, *Autor* K. G. Külb.

Theaters. Währenddessen brennt das Hotel, in dem ich wohne, nieder. Meine Koffer verbrennen mit. Ich nehme es achselzuckend zur Kenntnis ...

Einen Tag später trifft in Hamburg eine Brandbombe unser Theater. Wir sind ganz in der Nähe im Keller. Unter den Trümmern des Theaters liegt meine verschmorte Privatgarderobe.

Ich fahre in meinem historischen Bühnen-Kostüm nach Berlin zurück. Kein Mensch nimmt meinen Aufzug wahr. Die Leute haben andere Sorgen ...

Abende danach unterbrechen wieder einmal Sirenen unsere Vorstellung. Wir sind daran gewöhnt. Wir spielen kaum noch eine Aufführung durch.

Mit meiner Kollegin Toni Tetzlaff jage ich zum Luftschutzbunker. Der ist meist schon überfüllt, bevor wir ankommen. Diesmal haben wir Glück. Wir können uns gerade noch hineinquetschen.

Der Angriff trifft zentral das Stadtviertel, in dem der Bunker steht. Wir drängeln, kauern, sitzen mit allen anderen auf Tuchfühlung.

Die Bomben rauschen dicht wie ein Hagelschauer.

Vier, fünf Meter von uns entfernt stöhnt eine Frau unter Geburtswehen und bricht zusammen. Sekunden später schreit ihr Baby den ersten Schrei in den stickigen, halbdunklen Raum: Sturzgeburt durch Schock ...

Die Bomben fallen noch dichter.

Der Bunker bebt und ächzt. Kinder, Frauen, aber auch Männer weinen, beten, jammern ...

Toni Tetzlaff und ich müssen plötzlich lachen. Wir lachen irr, unkontrolliert, nervlich völlig überreizt. Wir wollen nicht lachen; wir sind dem Wahnsinn nahe. Aber die anderen begreifen das nicht. Sie hören nur, daß zwei Frauen lachen, jetzt, hier ...

»Raus!« brüllt einer.

Drei ältere Männer packen uns, schieben uns vor sich her, brüllen wie der erste: »Raus ... 'raus mit euch Weibern ...!«

Um uns herum wütende, verzerrte Gesichter und in fast allen Augen die Bereitschaft, uns zu lynchen.

Zwei Luftschutzwarte bewachen die verriegelte Eisentür. Sie mahnen die Wütenden zur Ruhe. Vergeblich.

Und wir lachen noch immer. Wir ersticken fast an unserem Anfall.

Irgend jemand schlägt zu.

Toni Tetzlaff fällt. Ich versuche, sie hochzureißen. Die Männer drängen nach. Die Luftschutzwarte sind hoffnungslos unterlegen.

Ich falle neben Toni ...

Die Sirene rettet uns.

Die Luftschutzwarte stoßen die Eisentür auf. – Entwarnung ... Toni und ich laufen um unser Leben – meinen wir. Ich drehe mich keuchend um: Niemand folgt uns ...

Die 500. Vorstellung von ›Aimée‹ können wir ohne Bombenangriff durchspielen – ein ›Wunder‹.

Ein weiteres ›Wunder‹ erwartet uns noch am selben Abend: Rehbraten!

Goebbels lädt zum soundsovielten ›Aimée‹-Jubiläum in sein Haus nach Lanke ein.

Meine Kollegen und ich sind mit ihm allein. Seine Familie ist auf ›Bomben-Urlaub‹ in Österreich.

Goebbels' Haus ist klein und gemütlich; das Grundstück dagegen auffallend groß. Ich frage ihn, warum er das schöne Gelände nicht weiter ausbaut.

Der erste Teil seiner Antwort kommt schnell und sicher, der zweite zögernd und entlarvend:
»Der Grund gehört nicht mir, sondern der Stadt und – für wen soll ich noch bauen? Wenn ich nicht mehr lebe, sollen meine Kinder den Haß nicht ausbaden müssen, der mir gilt . . .«
Am 1. Mai 1945 vergiftet sich Goebbels mit Frau und Kindern im Bunker der Reichskanzlei – nur wenige Stunden nachdem ›sein Führer‹ Selbstmord beging . . .

Zeit der Wunder

Bei Kriegsende bin ich mit meiner Tochter Ada und meiner Enkelin Vera in meinem Haus in Kladow.
Unser privater Kleinbunker, 36 Stufen unter der Erde, ist ständig mit Freunden aus der Nachbarschaft überfüllt:
Carl Raddatz mit Frau kommt oft, der afghanische Gesandte, Herren vom Schweizer Roten Kreuz und einige Leute, die sich an uns klammern, weil wir russisch sprechen.
Der elektrische Strom ist längst ausgefallen, die Wasserleitung kaputt. Auf dem Nachbargrundstück gibt es einen Brunnen, an dem wir nachts stundenlang nach Wasser anstehen. Tagsüber ist das wegen der Tiefflieger zu gefährlich.
Noch dröhnen Stalinorgeln über unser Haus hinweg hin zum Kladower Flugplatz. Dort will sich ein kleiner wahnwitziger Haufen den Russen entgegenstemmen ...
Ganz in der Nähe brennt ein Haus. Die Flammen werden in den nächsten Minuten auf unsere Garage übergreifen. In der Garage stehen 50 Kanister Benzin, die uns Panzer-Soldaten gebracht haben, bevor sie sich mit selbst ausgestellten Marschbefehlen nach dem Westen absetzten in der Hoffnung, daß die Gefangenschaft ›bei den Amis‹ erträglicher sein würde als ›beim Iwan‹. Eine berechtigte Hoffnung ...
Für uns dagegen ist die Lage inzwischen nahezu hoffnungslos: Wir können nicht hinaus; wir können tagsüber nicht mit Benzinkanistern herumhantieren, während Stalinorgeln, Tiefflieger und MG-Feuer jeden Meter draußen zerhämmern.

Wir sind sicher, daß wir diesen Abend nicht mehr erleben werden, weil die Flammen aus dem brennenden Nachbarhaus bis dahin auf unsere Garage überspringen und uns die explodierenden Benzinkanister alle in die Luft jagen werden ... Merkwürdig, dieser Gedanke: Eigentlich ist der Krieg doch schon beendet, wir haben ihn überlebt, wir vegetieren nur noch, sicher, aber wir leben. Und wegen dieser ›albernen fünfzig Benzinkanister‹ werden wir nun nicht mehr erfahren, wie es weitergeht, ob es überhaupt weitergeht ...

Nach sechs Jahren Gefahr, in denen Bedrohung und Tod zum Alltag gehörten, eine seltsame Neugierde, wundere ich mich, während ich sehe, wie die ersten kleinen Flammen vom Nachbarhaus zu unserem Garagendach herüberzüngeln – oder doch wohl mehr als Neugierde? Eher – Lebenswille, der brennende Wunsch, nicht gerade jetzt, nicht in dieser oder der folgenden Minute aufhören zu müssen, sondern erst morgen oder übermorgen oder besser erst in einigen Jahren ...

Während wir das Feuer beobachten, murmelt meine Tochter beschwörend vor sich hin: »Der Wind muß sich drehen ... der Wind soll sich drehen, oh, lieber Gott, mach, daß der Wind sich dreht ...«

Es wäre das Wunder, das uns alle in letzter Sekunde retten würde.

Das Wunder geschieht.

Der Wind dreht sich. Wir erleben diesen Abend. Das Nachbarhaus brennt bis auf die Grundfesten nieder und gefährdet uns nicht mehr.

Wir bereiten uns jetzt, soweit das möglich ist, auf bevorstehende Veränderungen vor: Wir vergraben Schmuck, Silber und Einmachgläser im Garten. An eins der Gläser kleben wir einen Zettel mit einer Adresse für den Fall, daß wir unser

Haus räumen müssen. Das ist mit meinem Schwiegersohn so besprochen ...
Und in meiner Bibliothek rücke ich an der hinteren Wand meine Sammlung wertvoller Ikonen noch sichtbarer als bisher ins Blickfeld; ich habe dabei einen bestimmten Gedanken: ›... wenn die ersten Russen kommen ...‹
Sie lassen nicht lange auf sich warten, die ›ersten Russen‹. Sie sind verdreckt, verstaubt und ausgehungert wie alle Soldaten in diesen letzten Kriegstagen. Aber mehr als alle anderen sind sie mißtrauisch. Ich spreche in ihrer Heimatsprache mit ihnen. Überraschung mildert ihr Mißtrauen ...
Dann führe ich sie, bevor sie das Haus durchsuchen, ›wie zufällig‹ in meine Bibliothek. Und jetzt geschieht, was ich insgeheim gehofft habe: Sie starren die Ikonen an.
»Tscho eto Zerkoff?« – »Ist das eine Kirche?« – fragt mich ihr Wortführer.
Ich hebe schweigend die Schultern.
Sie wechseln ratlose, fast scheue Blicke – und gehen ...
Ich atme auf. – Nicht lange:
Die ›militärische Lage‹ hat sich verändert – zugunsten Deutschlands. Wenks Entsatzarmee kommt, die Wunderwaffen sollen schon in den nächsten Stunden eingesetzt werden, die Russen werden ›in die Flucht gejagt‹, das und ähnliches mehr behaupten ›Volkssturm-Führer‹, die unser Haus inspizieren, um ›jeden, aber auch jeden noch verfügbaren Mann‹ an die ›Heimatfront‹ zu holen.
In unserem ›Frauenhaushalt‹ suchen sie vergeblich.
Aber fünfzig Meter weiter wohnt Carl Raddatz mit seiner Frau. Er muß mit.
Carl tobt, flucht, schimpft und nennt das, was jetzt noch geschieht, einfach und treffend – Wahnsinn.

Andere, die das vor ihm taten, baumeln inzwischen reihenweise als Deserteure oder Defätisten an den Bäumen.
Wir beschwören Raddatz, zu schweigen. Wir sind uns darüber im klaren, daß wir ihn nicht mehr wiedersehen werden, wenn er nicht schweigt.
Raddatz flucht weiter.
Er flucht noch, als er mit anderen ›Volkssturm‹-Leuten – alten Männern und Kindern, militärisch genausowenig ausgebildet wie er selbst – etwa hundert Meter von unseren Häusern entfernt einen Graben auswerfen muß, um so anrollende russische Panzer ›mit allen Kräften aufzuhalten‹.
Raddatz weigert sich, Handgranaten auch nur anzurühren (Handgranaten gegen Panzer!). Einer der ›Volkssturm‹-Führer droht: »Feiglinge hängen – auch wenn's noch so bekannte Schauspieler sind!«
Dieser ›Held‹ meint das ernst.
Ada und ich wenden uns an einen befreundeten Luftwaffenarzt. Der Arzt rät zu einer rasch wirksamen, im allgemeinen aber ungefährlichen Betäubungsspritze.
Ada versteht mit Injektionsnadel und Ampullen umzugehen; sie ist als Arzthelferin ausgebildet. Sie zieht sich ihren ›Rot-Kreuz‹-Kittel über, steckt die aufgezogene Spritze mit Reserveampullen ein und schleicht zum Graben hinüber.
Dort liegt der ›Volkssturm‹-Führer, der Raddatz gedroht hat, hinter einem MG. Als Ada den Graben erreicht, wird er von einem Granat-Splitter getroffen und sinkt blutüberströmt zu Boden. Das ist für einige ›Volkssturm‹-Männer das Zeichen zur Flucht und für Ada die Möglichkeit, Raddatz und zwei Bekannten ungehindert und unauffällig die rettende Injektion zu geben.
Mit Agnes, Raddatz' Haushälterin, laufe ich zum Graben

hinüber. Wir wollen ihn und die beiden anderen bei uns im Haus in Sicherheit bringen.
Die drei können sich kaum noch aufrechthalten: Die Spritzen wirken schon ...
Wir wickeln sie in Laken ein und ziehen sie Meter um Meter zu uns zurück; wir kriechen eng an den Boden gepreßt, um uns herum krepieren Granaten.
Wir erreichen unverwundet das Haus. Die drei sind schon bewußtlos. Wir schleppen sie nach oben in ein Zimmer, das an Adas Schlafzimmer grenzt.
Unten dringt inzwischen ein ›Volkssturm‹-Führer gewaltsam ins Haus ein: »Wo sind die Deserteure?!« schreit er wütend.
Wir laufen hinunter.
Der Mann fuchtelt mit einer Pistole herum und tobt weiter: »Raus mit den Feiglingen, aber ein bißchen dalli! Und wer den Schweinen geholfen hat, wird erschossen!«
Ada beweist von uns allen ein weiteres Mal am meisten Geistesgegenwart und – Mut:
Sie schlägt dem Mann die Pistole aus der Hand; jetzt packen auch Agnes und ich zu; wir befördern den verblüfften ›Helden‹ auf die Straße und verriegeln hinter ihm die Tür.
Merkwürdigerweise hören wir nichts mehr von ihm. Wenige Stunden später wird uns klar, warum: Die ›militärische Lage‹ hat sich wieder einmal geändert:
Wir bekommen zum zweiten Mal ›russischen Besuch‹.
»Deutsche Soldaten, Volkssturm?« fragen uns die Sowjets. Wir verneinen besten Gewissens: »Nein, nur Schwerkranke, sie liegen oben.«
Ada geht mit hinauf. Die Russen überzeugen sich davon, daß Raddatz und die beiden anderen im wahren Sinne des Wortes vernehmungsunfähig sind.

Die Russen zeigen auf die Tür zu Adas Zimmer:
»Was ist dort?«
»Mein Schlafzimmer.«
»Aufmachen.«
Ada öffnet – und erstarrt:
Auf ihrem Bett sitzt ein Mann, den sie sofort erkennt. Er wohnt in der Nachbarschaft, ist höherer SS-Führer und gehört zum engsten Stab Himmlers.
»Wer ist der Mann?« fragt einer der Russen drohend.
Ada weiß wohl, wer er ist, aber sie hat natürlich keine Ahnung, wie der SS-Führer in ihr Schlafzimmer gekommen ist. Sie zögert. Es fällt ihr nicht leicht, jemanden zu denunzieren, auch dann nicht, wenn es sich um einen SS-Führer handelt, der vermutlich damit gerechnet hat, in unserem Haus ein relativ sicheres Versteck zu finden.
Ada zuckt die Schultern.
»Du lügst!« sagt der Russe.
Ada schweigt. Sie hofft, daß der SS-Führer sich selbst stellt. Aber der starrt nur ausdruckslos vor sich hin.
Die Russen führen uns alle ab.
Als wir am Haus des SS-Führers vorbeikommen, läuft seine Frau an den Gartenzaun und wechselt mit ihrem Mann einige Worte, die wir nicht verstehen können, weil der Abstand zwischen ihm und uns zu groß ist. Der SS-Führer nickt seiner Frau zu.
»Was hat sie gesagt?« will einer der Soldaten von mir wissen.
»Ich habe es nicht verstanden.«
Der Soldat fixiert mich mißtrauisch. Die Frau läuft schnell in ihr Haus zurück.
In diesem Augenblick bricht der SS-Mann wie unter einem

Schlag zusammen. Er ist tot. Er hat eine Zyankali-Kapsel zerbissen. Später erfahre ich, daß sich seine Frau und sein Kind nur wenige Minuten nach ihm vergiftet haben ...

Nach stundenlangem Verhör werden wir ›aus Mangel an Beweisen‹ vorerst wieder freigelassen. Aber wir bleiben verdächtig, denn in unserem Haus ist ein hoher SS-Führer aufgegriffen worden. Das Mißtrauen der sowjetischen Soldaten bleibt. Wir werden es noch spüren ...

Wir – meine Tochter, meine Enkelin Vera, Carl Raddatz mit seiner Frau und meine russische Freundin Sinaida Rudow – sitzen im Keller meines Hauses.

Die Stalinorgeln schweigen. Vereinzelt fallen noch Schüsse. Plötzlich steht ein Sowjetsoldat in der Tür. Seine Stirn blutet. Er richtet seine Maschinenpistole auf uns. Niemand von uns reagiert. Wir starren stumm in den Pistolenlauf.

Der Soldat beginnt zu schwanken, greift sich an die Stirn, schreit vor Schmerzen auf und – bricht tot zusammen.

Kameraden von ihm drängen in den Keller nach. Einer sagt: »Sie haben Kolja erschossen.«

Wir werden abgeführt. – Drei Häuser weiter ist jetzt die sowjetische Kommandantur.

Mein Verhör dauert kaum fünf Minuten. Ich werde der Spionage verdächtigt, weil ich Russisch spreche.

Ich komme gar nicht zu Wort. Ich kann nicht einmal meinen Namen oder meinen Beruf nennen.

Das Urteil: Tod durch Erschießen.

Zwei Soldaten nehmen mich in die Mitte.

Bevor wir den Raum verlassen, erscheint ein baumlanger sowjetischer Offizier. Alle anderen stehen vor ihm stramm.

Der Offizier fixiert uns und fragt dann ruhig:

»Was geht hier vor?«

Einer seiner Offizierskameraden erklärt es ihm. Ich spreche dazwischen – in Russisch ...
Der Offizier läßt sich seine Überraschung nicht anmerken. Er bittet mich gelassen, weiterzusprechen. Ich sage ihm, wer ich bin, stelle meine Tochter, meine Enkelin und die Freunde vor und berichte, was sich ereignet hat.
Der Offizier hört kommentarlos zu und fragt mich dann, ob ich mit der Moskauer Schauspielerin Olga Knipper-Tschechowa verwandt sei. Ich nicke:
»Sie ist meine Tante.«
Der Offizier befiehlt, daß uns zwei Soldaten ins Haus zurückbringen und dort zu unserem Schutz vorläufig auch bleiben. Ich genieße diesen Schutz nur bis zum Abend:
Ein Wagen mit sowjetischen Offizieren fährt vor. Die Offiziere bitten mich, einzusteigen und ›etwas persönliches Gepäck‹ mitzunehmen.
Ich verabschiede mich von Ada, Vera und den Freunden – für längere Zeit, davon sind wir überzeugt ...
Die Offiziere bringen mich zunächst ins Hauptquartier der Roten Armee nach Berlin-Karlshorst. Sie sind ebenso höflich wie distanziert. Ich erfahre nichts über mögliche Zusammenhänge zwischen meinen bisherigen Verhören und dieser ›Einladung‹; ich erfahre überhaupt nichts – auch nicht im Hauptquartier in Karlshorst.
Noch in derselben Nacht fahren mich meine Begleiter nach Posen. Von Posen aus fliegt mich eine sowjetische Militärmaschine nach Moskau ...
Ich komme – nicht ins Gefängnis.
Ich wohne privat bei einer Offiziers-Frau, deren Mann in Deutschland ›vermißt‹ ist.
Sie lebt – ohne Kohle und Holz – mit ihren zwei kleinen

Kindern in der Küche. Drei Zimmer stehen leer. Mit meiner Einweisung bekommt sie seit Monaten zum ersten Mal wieder Heizmaterial. Zwei der drei Zimmer werden für mich hergerichtet.

Gelegentlich besuchen mich sowjetische Offiziere; sie bringen mir Bücher oder spielen mit mir Schach. Meine leicht ironische Frage, wie lange sie mir auf diese Weise noch die Zeit vertreiben wollen, beantworten sie nicht. Sie lächeln charmant.

An meinen Aufenthalt in diesem ›goldenen Käfig‹ ist nur eine Bedingung geknüpft; ich muß anonym bleiben. – Später höre ich warum:

Tschechows Witwe, meine Tante Olga Knipper-Tschechowa, lebt noch. Sie soll nicht wissen, daß ich in Moskau bin.

Nach einigen Tagen holen mich meine russischen ›Schachspieler‹ zur Vernehmung ab.

Ich sehe nach 25 Jahren den Roten Platz wieder. Auf den ersten Blick, so scheint es mir, ist hier alles so wie früher ... Meine Begleiter weisen sich bei den Wachposten aus und sagen ihnen, wer ich bin. Einer der Posten zieht mein Foto aus der Tasche, vergleicht es und läßt uns passieren.

Auch diese lautlose Informations- und Überwachungsmaschinerie ist wie früher, denke ich ...

Ich sitze in einem einfach möblierten Raum mehreren Offizieren gegenüber. Sie sind höflich, sprechen russisch, deutsch und französisch mit mir und tun ganz so, als wollten sie mit mir nur eben mal ein wenig ›internationale Konversation‹ betreiben.

Ich zerbreche mir währenddessen über Gründe und Hintergründe meiner ›Sonderhaft‹ weiter den Kopf; ich sitze ›innerlich auf dem Sprung‹, erwarte, daß mich einer dieser Offiziere unvermittelt anschreit und mich in irgendein feuchtes

Kellerloch werfen läßt. Aber nichts dergleichen geschieht. Keiner meiner ›Gesprächspartner‹ springt auf oder schreit; nicht ein einziges Mal hat einer von ihnen drohende Schärfe im Ton. Ihre Fragen kommen mehr ›nebenbei‹: Sie plaudern mit mir über Literatur, Musik, Theater und Film; und sie interessieren sich nur am Rande dafür, ob Goebbels auf Theaterproben ›dazwischenredete‹, wieweit er den Film diktierte, seit wann Göring und Goebbels auf kulturellem Sektor in Berlin rivalisierten, welche persönlichen Eindrücke ich von Hitler, Göring, Goebbels und Mussolini hatte, was ich von Bormann, Hitlers engstem Vertrauten und Ratgeber, weiß und warum Heinrich George wohl so sehr mit den Nazis sympathisierte, nachdem er bis 1933 doch erklärter Kommunist war ...

Auf all diese in unsere Konversation eingestreuten Fragen antworte ich mehr oder weniger erschöpfend. Zu Goebbels kann ich viel, zu Hitler, Göring und Mussolini weniger und zu Bormann gar nichts sagen. Ich habe ihn nie gesehen.

Hier, bei Bormann, sind die Offiziere hartnäckiger; auf ihn kommen sie immer wieder zurück. Ich muß sie enttäuschen. Und ich überrasche sie offensichtlich mit meinem Plädoyer für Heinrich George. Ich betone nachdrücklich: Er ist kein Nazi.

»Er ist ein Besessener, ein Vollblutschauspieler, der nicht leben kann, ohne zu spielen. Mag sein, daß durch diese Besessenheit zu spielen, wann immer und wo immer er kann, der Eindruck entstanden ist, als hätte er in seinem Leben mehrmals politische Kehrtwendungen vollzogen. Aber dieser Eindruck ist falsch. Ich habe ihn nie politisch, sondern immer nur künstlerisch engagiert erlebt ...«

Wenige Wochen nach meinem ›Plädoyer‹ in Moskau stirbt Heinrich George in einem Lager bei Berlin, in das ihn deutsche Denunzianten gebracht haben.

Auch dort hat er schon wieder gespielt. Aber sein Herz macht nicht mehr mit. Die Offiziere bedanken sich höflich für meine ›interessanten Ausführungen‹.

Meine Begleiter bringen mich in mein Privatquartier zurück. Ich habe viel Zeit, weiter darüber nachzudenken, warum mich die Russen eigentlich nach Moskau geholt haben.

In den kommenden drei Monaten unterhalten sie sich gelegentlich noch mit mir, genau wie bisher zuvorkommend und im Konversationston. Was sie wirklich von mir wollen, erfahre ich nie. Vielleicht haben sie mich politisch ganz einfach zu hoch eingeschätzt.

Etwas anderes dagegen erfahre ich; nicht von den Offizieren, sondern von der Frau, bei der ich wohne.

Nach erstem Mißtrauen wird sie gesprächiger. Auch ihre Kinder haben keine Angst mehr vor der ›fremden Tante‹.

Die Frau erzählt mir von ihrem Mann und von dem, was er gesehen hat, bevor der Krieg zu Ende ging. Rußland, das wird mir jetzt klar, hat mehr an Verlusten und Verwüstungen hinnehmen müssen als alle seine Verbündeten und Gegner zusammen. Die Kriegsfolgen treffen jeden einzelnen noch härter als anderswo ...

Die Frau zittert vor dem Tag, an dem ich nicht mehr bei ihr wohne; sie wird mit ihren Kindern wieder hungern müssen wie zuvor.

Der Tag kommt.

Am 26. Juli 1945 werde ich nach Berlin zurückgeflogen. Und in Berlin hungere auch ich wieder weiter wie zuvor, wie die Kriegerwitwe in Moskau und wie viele andere in der Welt, gleichgültig, ob sie nun zu den ›Siegern‹ oder zu den ›Besiegten‹ gehören. Der Irrsinn des Krieges macht hier keine Unterschiede.

Heinrich George *ist einer der ganz Großen des deutschen Films. Hier spielt er mit Olga Tschechowa in* »Andreas Schlüter« *(1942).*

Nachkriegsblüten

Im August 1945 kommt mein Schwiegersohn Dr. Rust aus englischer Gefangenschaft nach Hause. Aus dem Nichts zaubern wir ihm eine kleine gynäkologische Klinik. Ada und ihr Mann brauchen eine neue Existenz – und Kranke gibt es genug, leider; mehr als Gesunde.

Wir trennen Federbetten auf und machen Kissen daraus. Wir sammeln Decken. Und Care-Pakete, die uns Freunde aus Amerika schicken, helfen als ›Tauschobjekte‹ ebenfalls weiter; denn Geld nützt nichts, es ist nichts wert.

Unser Schmuck ist noch im Garten vergraben, in dem der Gärtner jetzt Kohl und Rüben statt Blumen pflanzt.

Durchziehende Besatzungstruppen erschießen zwei meiner Hunde; übrig bleibt nur der Setter ›Schnute‹. Aber sehr bald wächst wieder eine kleine Menagerie nach:

Dankbare Patienten schenken ihrem Doktor der Reihe nach ein Lämmchen, ein Ferkel, eine Milchziege, einen Truthahn, zwei Enten und ein Kaninchen.

Nach dem Willen der gütigen Spender sollen alle Tiere eines Tages geschlachtet werden, um unsere leeren Töpfe und Pfannen zu füllen – nur: Wer schlachtet sie . . .?

Immer, wenn wir wieder einmal nichts mehr haben, wenn uns

Mit Rudolf Prack *spielt Olga Tschechowa 1944 in einem der letzten bedeutenden Filme vor Kriegsende:* »Der ewige Klang«.

der Magen knurrt, sehen wir das Lämmchen oder die Enten oder den Hahn verstohlen an und fixieren uns dann mit scheuen Blicken. Wer tut es ...? – Niemand. Ich glaube, auch heute noch würden sehr viel mehr Tiere steinalt werden, wenn jeder Kälbchen, Hähnchen und andere, die er zu essen wünscht, auch selbst schlachten müßte. Die Anonymität des Fließbandes beruhigt auch hier unser stumpfgewordenes Gewissen.

Unsere Menagerie jedenfalls wächst und gedeiht. Irgendwann sterben die Tiere hochbetagt eines natürlichen Todes. Im übrigen bewährt sich eine alte Erfahrung von neuem: In Notzeiten hat es Vorteile, bekannt zu sein. Alle Besatzungssoldaten und -beamte, mit denen ich zu tun habe, behandeln mich zuvorkommend. Mehr noch: Einige bitten um ein Bild – dafür bekomme ich dann von den Franzosen manchmal Weißbrot oder Wein, von den Russen Wodka, Zucker oder Graupen und von den Amerikanern meist Zigaretten. Eine Stange Zigaretten ist ›Gold wert‹ – auf dem ›schwarzen Markt‹, auf dem es fast alles gibt, wenn man eben Zigaretten hat ...

Indessen: Trotz mancherlei Erleichterungen bleibt die Tatsache bestehen, daß ich nach 25 Jahren wieder ganz von vorn anfangen muß. Auch sonst gibt es Parallelen zu den Monaten nach der russischen Revolution:

Damals gründeten wir die Tourneegruppe ›Vierzigfüßler‹; heute stellen wir in Berlin wieder aus dem Nichts ein Ensemble zusammen und fahren ›über Land‹.

Wir spielen eines meiner Serienstücke, den ›Blaufuchs‹. Und den Muff, der in dem Stück berühmt wurde, habe ich noch ...

Wir fahren auf den Grenzübergang Helmstedt zu.

Eine sowjetische Militärkontrolle durchsucht den Lastwagen

mit den Requisiten und meinen kleinen Fiat. Die Soldaten fahnden nach Flüchtlingen, Schmuck und Devisen.

Auf dem Lastwagen ist außer der Bühnendekoration noch eine große Holzkiste mit Zubehör verstaut, ferner ein elektrisches Aggregat für den ›Bühnen-Strom‹, Scheinwerfer und Kostüme, die von zwei Bühnenarbeitern betreut werden.

Als Garderobiere fährt meine Hausschneiderin mit, die in Berlin im russischen Sektor wohnt und aus irgendwelchen Gründen keine Ausreisegenehmigung bekommen hat. Sie nutzt unseren ›Treck‹, um ›in den Westen‹ zu kommen.

Wir stecken Fräulein Erika statt der Requisiten in die große Holzkiste mit dem schweren Hängeschloß.

Die Kontrolle zieht sich hin; wir denken an Fräulein Erika und die Luftknappheit in der Kiste. Wir ›spielen‹ Gelassenheit; die Soldaten nehmen sich Zeit. Wir wechseln Blicke. Ich überlege mir, ob ich mit den Kontrolleuren russisch sprechen soll. Das kann die Sache beschleunigen – oder auch nicht ...

Endlich scheint alles in Ordnung zu sein. Da fragt mich ein junger Sowjetsoldat:

»Du spielst ›Blaufuchs‹ – wo ist Fuchs ...?«

Die scheinbare Logik dieser Frage geht auch seinen Kameraden jetzt schlagartig auf: Tja, daß sie darauf noch nicht gekommen sind, wo ist er denn nun – der Fuchs ...?

Ich gebe dem Reiseleiter einen Wink. Er versucht, den Soldaten klarzumachen, daß unser Stück nichts mit einem lebenden Fuchs zu tun hat. Aber das begreifen die Russen nicht. Sie holen Kameraden dazu, die ein bißchen mehr Deutsch können.

Der Reiseleiter fängt von vorn an. Die Minuten verrinnen. Fräulein Erika muß dem Erstickungstod nahe sein.

Als die ›verstärkte sowjetische Kontrollmacht‹ auch nicht versteht, was der Reiseleiter meint, und darauf besteht, den Fuchs zu sehen, schalte ich mich nun doch in Russisch ein und lüge den Soldaten vor, wir seien Artisten. Die Füchse, mit denen wir aufträten, seien noch hungriger als wir selbst, wir hätten sie deshalb in die große Kiste gesperrt; es sei nicht ratsam, sich dieser Kiste zu nähern, denn die hungrigen Tiere könnten ja schließlich ausbrechen.

Die Soldaten zögern, es ist ihnen anzusehen, wie es in ihren Köpfen ›rumort‹. Am meisten staunt der junge Bursche, der mich nach dem Fuchs gefragt hat:

»Arbeitest du – mit Netz?« fragt er ›fachmännisch‹.

»Nein – ohne Netz«, sage ich todernst.

»Choroscho!« (sehr gut) meint er sichtlich beeindruckt. »Ohne Netz«, wiederholen die anderen überwältigt.

Der Erfolg meines Dialogs mit dem jungen Russen ist großartig: Einige seiner Kameraden schleppen einen riesigen Sack Äpfel an und werfen ihn eigenhändig auf unseren Lkw.

Wir können weiterfahren. – Nach wenigen hundert Metern befreien wir Fräulein Erika aus der Kiste. Als sie nach Luft ringend wieder sprechen kann, gesteht sie uns, daß sie inzwischen mit dem Leben abgeschlossen hatte ...

Ich bin wieder in Berlin.

Mit Kollegen habe ich in Friedenau ein Theater aufgebaut. Wir spielen unter primitivsten Verhältnissen – wenn wir spielen. Oft fällt der Strom und fast ebenso oft fallen unsere ›handgestrickten‹ Notaggregate aus.

Eine dunkle Zeit – in vielerlei Beziehung. Die große Zeit für undurchsichtige Existenzen, die auftauchen, Schlagzeilen oder traumhafte Geschäfte machen und wieder verschwinden – hinter Gittern oder in der Anonymität ...

Eines Abends meldet sich bei mir ein Amerikaner, oder richtiger: Es meldet sich ein Mann als Amerikaner. Wir haben an diesem Abend keinen Stromausfall. Die Vorstellung läuft durch. Wir atmen auf.

Noch während ich mich abschminke, steht der Amerikaner in meiner Garderobe, stellt sich mit weltmännischer Manier als Mr. George Kaiser vor und überrascht mich mit der Nachricht, daß er als Beauftragter der amerikanischen Filmgesellschaft Paramount mit mir einen Hollywood-Vertrag abschließen möchte.

Kaiser schwenkt unaufgefordert einen Ausweis und entsprechende Legitimationen.

Ich schlucke einige Male: Hollywood ...

Das bedeutet:

Keine Marken, keine Zuteilung, keinen Hunger, keine Kleidersorgen, überhaupt keine Sorgen, kurzum: Das bedeutet das Paradies auf Erden ...

Damals, Ende der zwanziger Jahre, habe ich dieses Paradies nicht ertragen, sicher, aber damals hatten wir in Deutschland zu essen, anzuziehen, zu heizen und menschenwürdige Wohnungen. Heute haben wir hier außer Dreck und Elend nichts.

Wirklich – nichts ...?

Wir haben die Stunde Null.

Wir fangen wieder an – mit allen Entbehrungen, aber auch mit allen Chancen ... da ist dieses Theater, da sind die Kollegen. Ich zögere.

Mr. Kaiser gibt sich verständnisvoll, aber er bleibt hartnäckig. Er telefoniert in den folgenden Tagen immer häufiger mit mir. Als ich mich noch immer nicht entschließe, reagiert er schon weniger weltmännisch:

Auf die Dauer, meint er, würde ich mich in Deutschland doch nicht halten können.

»Und – warum nicht . . .?«
»Wir kennen natürlich alle Gerüchte über Sie.«
»Welche – Gerüchte . . .?«
Kaiser lächelt maliziös:
»Spionage, persönliche Beziehungen zu Hitler und zu Stalin, Verleihung des Lenin-Ordens und so weiter und so weiter. Wenn sich die Zeiten normalisieren, kriegen Sie in Old Europa Ärger, gnädige Frau, gleichgültig, ob an den Gerüchten alles oder – nichts stimmt . . .«
»Es stimmt – nichts . . .!«
Kaiser lächelt jovial, als wollte er sagen, ›schon gut, schon gut‹, dann setzt er nach:
»Bei uns in Amerika läßt sich aus manchem, was Ihnen hier privat und beruflich Kummer bereiten wird, selbstredend Kapital schlagen, überhaupt kein Problem, gnädige Frau – ich versichere Ihnen: überhaupt kein Problem . . .«
In diesem Punkt liegt er gar nicht so falsch, leider nicht:
Schon vor Monaten hat mir eine der größten New Yorker Zeitungen über einen Mittelsmann angeboten, nach Amerika zu kommen und dort meine Memoiren zu schreiben. Auf ›facts‹ oder auf die lupenreine historische Wahrheit käme es dabei gar nicht so sehr an, sensationell sollte alles sein, was ich aufzuschreiben hätte. Und wenn die Wirklichkeit nicht farbig genug sei, könne man getrost ein wenig nachhelfen – intime Kontakte zu den Größen des ›Dritten Reichs‹ zum Beispiel, ›am besten zu denen, die inzwischen tot sind, da kann uns keine mehr mit lästigen Dementis kommen‹.
Mit diesen Memoiren, erfuhr ich weiter, hätte ich für den Rest meines Lebens ausgesorgt, ganz abgesehen davon, daß ›nach Erscheinen der Enthüllungen die Multimillionäre bei Ihnen Schlange stehen werden . . .‹

Soweit die ›Offerte‹ der amerikanischen Zeitung, von der Mr. Kaiser offenbar weiß und die er mit seinen Andeutungen wohl ergänzen will.
Eines Sonntagmorgens erscheint Kaiser in meiner Wohnung, drängt wie üblich auf meine Entscheidung und läßt durchblicken, daß er am Nachmittag nach Wien fliegen werde, um mit Rudolf Prack zu verhandeln. Er werde etwa vierzehn Tage in Wien sein.
In meiner Freude, Kaiser zwei Wochen los zu sein, mache ich zwei Fehler: Ich bitte ihn, einen Anzug Pracks mit nach Wien zu nehmen, den der Kollege kurz vor Kriegsende bei mir deponiert hatte; und ich bitte ihn außerdem, aus Wien einen Brillantring mitzubringen, den ich meinerseits Rudolf Prack zur Verwahrung gegeben hatte.
Abends ist Kaiser nicht in Wien, sondern noch immer in Berlin.
Er kommt nach der Vorstellung in meine Garderobe, geht wortlos zum Telefon, wählt eine Nummer und berichtet einem amerikanischen Major, daß er mich jetzt erst erreicht habe; der Major möchte ihn aber in jedem Fall noch erwarten, auch wenn es spät werde . . .
Kaiser legt auf, wirft mir einen Blick zu, der etwa ausdrückt: ›Also, auf manches war ich ja gefaßt, meine Teuerste, aber das, das ist ja . . .‹ – Er geht zur Tür, reißt sie ruckartig auf, kontrolliert, ob jemand auf dem Gang ist, schließt die Tür wieder, löscht das Licht, geht zum Fenster und starrt suchend hinaus.
»Was soll das, Mr. Kaiser . . .?!«
Kaiser späht weiter ins Dunkle und fragt mich mühsam beherrscht: »Was haben Sie sich eigentlich bei der Sache mit diesem Anzug gedacht . . .?«

»Mit welchem Anzug . . .?«
»Mit dem Anzug, der angeblich Herrn Prack gehört . . .«
»Ich weiß nicht, wovon Sie reden.«
»Spielen Sie hier nicht den ahnungslosen Engel, meine Gnädigste, Sie sind Schauspielerin. – Verstellen ist Ihr Beruf.«
Ich stehe auf, mache das Licht wieder an und sage ganz ruhig:
»Wie so oft im Leben, gibt es auch jetzt zwei Möglichkeiten, Mr. Kaiser: Sie können freiwillig gehen – oder ich kann Sie vom Personal 'rauswerfen lassen.«
Kaiser reagiert filmreif:
Er hebt bedauernd die Schultern, zieht einen blauen Bogen Papier aus seiner Aktentasche, faltet ihn langsam auseinander und legt ihn vor mich auf den Tisch:
»Dieses Papier kennen Sie natürlich nicht?« lächelt er.
Vor mir liegt eine Lichtpause mit Kreisen, Linien, geometrischen Figuren und mathematischen Formeln.
»Nein«, sage ich irritiert, »dieses Papier kenne ich nicht.«
»Das dachte ich mir«, grinst Kaiser ironisch, »würden Sie gütigst noch einmal einen Blick darauf werfen . . .?«
Ich sehe mir die Lichtpause näher an; sie ist am Rand von Nadelstichen durchlöchert; offensichtlich sind die Löcher später, als der Faden entfernt wurde, aufgerissen worden.
»Nun, was sagen Sie?«
»Nichts.«
Kaiser nickt, öffnet seinen Koffer, holt Pracks Anzug heraus und fragt: »Aber diesen Anzug kennen Sie noch – oder . . .?«
»Ja.«
»Sie wollten ihn mir mit nach Wien geben . . .«
»Ja.«
»Sie leugnen also nicht mehr?«
»Was leugne ich nicht mehr?«

Kaiser nimmt die Lichtpause vom Tisch und faltet sie zusammen: »Daß Sie versucht haben, dieses Papier hier durch mich nach Wien zu schmuggeln ...«

»Ich verstehe Sie nicht.«

Kaiser gibt sich die Attitüde eines Kommissars, der ganz dicht vorm Ziel ist:

»Sie haben das Papier säuberlich hier eingenäht« – er zeigt auf das aufgetrennte Futter in Pracks Jackett – »und Sie wissen vermutlich besser als ich, welche Bedeutung diese Formeln für einen – Atomphysiker haben ... für einen Atomphysiker im russischen Sektor Wiens ...!«

»Sind Sie wahnsinnig?«

»Nein. Ich bin vielmehr davon überzeugt, Gnädigste, daß Sie auch heute noch Spionage treiben, oder richtiger, daß Sie schon wieder Spionage treiben ...«

Ich starre auf die aufgetrennte Naht in Pracks Jackett:

»Irgend jemand hat sich mit mir einen schlechten Scherz erlaubt«, sage ich leise, »einen sehr schlechten Scherz ...«

Kaiser bleibt bei seinem Kommissarston:

»Der Trick flog bei der Kontrolle an der Grenze auf. Zu meinem, aber noch mehr zu Ihrem Glück war mein Freund Major Bradley dabei. Er bürgte für mich. Und auf meine dringenden Bitten hin ist er – vorerst – damit einverstanden, von einer Meldung auf dem Dienstwege abzusehen ... Es liegt bei mir, was geschieht, Frau Tschechowa ...!«

Kaisers letzte erpresserische Bemerkung gibt mir meinen kühlen Kopf wieder: Ein Mann, der mir einen Hollywood-Vertrag anbietet und ›nebenbei‹ auch noch nach Atom-Spionen fahndet ... Was soll das? Was würde ich normalerweise tun? Ich würde ihn selbstverständlich hinauswerfen und die Polizei verständigen. Normalerweise ...

Aber in dieser Zeit ist nichts normal. Es herrscht Besatzungsrecht – einseitiges Recht zumindest . . . Und Kaiser ist Amerikaner.

Immerhin: Ich frage ihn, was er als Paramount-Beauftragter mit Atomspionage zu tun hat.

»An sich nichts«, sagt er schlagfertig, »aber ich habe mich meinem Freund Major Bradley gegenüber verpflichten müssen, schnellstens Klarheit in diese dubiose Angelegenheit zu bringen. Außerdem bin ich als Überbringer des Prack-Anzuges durch Ihre Schuld ins Zwielicht geraten. Das kann ich als ehemaliger Soldat und Mitarbeiter des Geheimdienstes nicht auf mir sitzenlassen.«

Kaiser durchsucht in den folgenden Tagen jeden Quadratmeter des Theaters und meiner Wohnung.

Dann erklärt er mir, er sei nun davon überzeugt, daß ich unwissentlich in den Dokumentenschmuggel verwickelt worden sei. Gewisse Anzeichen deuteten darauf hin, daß bestimmte Leute sich sehr raffiniert meines Namens und meiner Kontakte bedienten. So werde ich zum Beispiel seit Tagen von Unbekannten verfolgt, Beamte des CIC hätten festgestellt, daß es mit ziemlicher Sicherheit Russen seien, die mich beschatteten.

Ich gehe zum Telefon. Ich will die sowjetische Kommandantur anrufen, um mir Klarheit zu verschaffen.

Kaiser reißt mir den Hörer aus der Hand und fährt mich an: »Lassen Sie das! Jetzt stelle *ich* Ihnen mal zwei Möglichkeiten zur Wahl: Entweder Sie helfen mit, uns auf die Spur dieser Organisation zu bringen, oder – ich muß Sie verhaften lassen.«

Wenig später scheint sich Kaisers Vermutung von der ›sowjetischen Organisation‹ zu bestätigen:

Abend für Abend folgt mir auf der Fahrt vom Theater nach Kladow ein Opel Kadett. Am dritten Abend versuche ich, den Wagen loszuwerden. Ich fahre Nebenstraßen, wechsle überraschend meinen Kurs. Vergeblich. Der Wagen hängt wie eine Klette an mir.

Am nächsten Abend ist er wieder da.

Ich probiere neue Täuschungsmanöver aus, fahre Straßen, die nicht zur Strecke gehören. Ohne Erfolg. Der Wagen hält beharrlich seinen Abstand, aber er verschwindet nicht aus meinem Blickfeld.

Als ich schließlich vor meinem Haus in Kladow aussteige, hält auch der Opel etwa 100 Meter entfernt mit abgeblendeten Lichtern. – Dann wendet er und wird von der Dunkelheit verschluckt.

Am nächsten Abend ist er wieder da, hält hinter mir, als ich mein Haus betrete, und dreht ab.

Im Haus finde ich einen Brief in russischer Sprache, formlos, ohne jede Anrede:

»Sie sind in großer Gefahr! Habe Ihr Bild gesehen – liebe Sie unendlich. Kann seither keine andere Frau mehr anrühren. Immer fragte ich mich: Wozu dieser Krieg? Heute weiß ich es: Es war so bestimmt, ich sollte Sie kennenlernen. Ich werde versuchen, Sie vor drohenden Gefahren zu beschützen und bleibe in angemessenem Abstand hinter Ihnen.

Wagen Nr. 32684.«

Kein ›Feind-Agent‹ also, sondern ein reichlich exaltierter, stürmischer Verehrer?

Es scheint so:

Blumen kommen ins Haus und – Konfekt. Das ist kaum faßbar. Woher nimmt ein Mann in diesen Zeiten eine Bonbonniere?

Ich bin mißtrauisch, lasse erst meine Katze an den Pralinen schnuppern und vertraue dabei auf den untrüglichen Instinkt der Tiere: Schädliches nehmen sie nicht zu sich ...

Die Katze rührt nichts von den Süßigkeiten an. Mein Mißtrauen wächst.

In der folgenden Nacht klingelt es an der Haustür Sturm, anschließend hupt jemand ohrenbetäubend ›auf Dauerton‹.

Als ich die Haustür öffne, rast ein Wagen weg. Mir fällt ein Brief entgegen. Absender: ›Wagen Nr. 32684‹. Die Zeilen sind hastig hingeworfen:

»Ich liebe Sie über alles! Ich kann nicht mehr! Kommen Sie noch heute nacht – ich flehe Sie an! Ich erwarte Sie in einer halben Stunde – 500 Meter von hier – auf dem Weg zum Theater!«

Das Benehmen ›meines Verehrers‹ wird mir langsam unheimlich. Ich frage mich, was ihm als nächstes einfallen wird, mehr noch: Ich frage mich allen Ernstes, ob es sich nicht doch um einen pathologisch veranlagten Kriminellen handelt.

Zwei Tage später – der Opel folgt mir währenddessen weiter Abend für Abend vom Theater nach Kladow bis 100 Meter vor mein Haus – klemmt morgens ein Zettel zwischen der Tür.

Der Schreiber hat, wie schon in seinem Brief, die Zeilen in Russisch hastig hingekritzelt:

»Jetzt mache ich Ernst! Schon zur Zeit der Mongolenkriege hat man die Frauen besiegter Völker geraubt ...«

Und dann folgt erstmals in Deutsch ein bekanntes ›Erlkönig‹-Zitat:

»... und bist Du nicht willig, so brauch' ich Gewalt. – Wagen Nr. 32684.«

Ein Irrer. Kein Zweifel.

Meine Nerven machen nicht mehr mit. Ich fahre in den sowjetischen Sektor zur Kommandantur.
Der Oberst lehnt sich reserviert zurück, als ich ihm meine Geschichte von diesem ›Wagen Nr. 32684‹ erzähle. Als Beweisstück lege ich ihm den Zettel des Unbekannten vor, der morgens in meiner Tür steckte.
Der Oberst lächelt gleichgültig: »Irgendein verliebter Gokkel, nicht wahr?«
Die Ruhe dieses Mannes bringt mich um den Rest meiner Beherrschung. Ich kann einfach nicht mehr. Ich will die Kommandantur nicht eher verlassen, bis ich sicher bin, daß dieser ›verliebte Gockel‹ gewissermaßen ›von Amts wegen‹ aus meinem Gesichtskreis verschwunden ist.
Ich greife also an:
»Und was ist mit Ihren Landsleuten, die seit Wochen mein Haus und das Theater beschatten? Bilde ich mir die ein? Leide ich an Halluzinationen?«
Meine Frage nimmt dem Oberst etwas von seiner stoischen Ruhe, er horcht auf. Aber nicht nur das. Leider. Denn jetzt fragt er. Und innerhalb weniger Minuten hat er mich dort, wo er mich haben will:
Ich erzähle ihm alles – auch alles über den Amerikaner George Kaiser und das mysteriöse Blatt mit den ›Atom-Formeln‹.
Der Oberst hört unbewegt zu, nickt, läßt noch zwei, drei qualvolle Sekunden verrinnen, steht dann auf, geleitet mich mit höflicher Geste in einen Nachbarraum und bittet mich, hier zu warten. Er wird mit dem Hauptquartier in Karlshorst sprechen.
Ich warte also.
Und ich habe stundenlang Gelegenheit, darüber nachzuden-

ken, was ich richtig oder falsch gemacht habe und was ich künftig in diesem Land überhaupt noch machen kann oder soll.

Nach über zwei Stunden bin ich innerlich bereit, auszuwandern, nach Frankreich, nach England oder in die Staaten, wohin auch immer – sofern nicht die Russen das ganze Problem auf ihre Art ›lösen‹ und mir einen längeren Aufenthalt in Sibirien ›vorschlagen‹.

Nach drei Stunden kommt der Oberst wieder und schlägt mir etwas ganz anderes vor:

Ein Gastspiel im sowjetischen Sektor.

Ich schweige irritiert. –

Der Oberst bleibt höflich:

»Wir haben – Gründe, Sie um dieses Gastspiel zu bitten.«

»Darf ich diese Gründe erfahren?«

»Nicht heute. Später. Eins kann ich Ihnen zu Ihrer Beruhigung schon jetzt sagen. Sie gastieren bei uns in Ihrem eigenen, aber auch in unserem Interesse. Wir möchten genau wie Sie über diesen ›Wagen Nr. 32684‹ und über die Leute, die Sie beschatten, ein wenig mehr wissen.«

»Ich danke Ihnen.«

»Ich danke Ihnen für Ihre Zusage. – Um zwei Dinge darf ich Sie noch bitten: Schreiben Sie an den Unbekannten im ›Wagen Nr. 32684‹ einen Brief, daß Sie ihn nach der Vorstellung in Ihrer Garderobe erwarten. Wir stellen gerade den Besitzer des Wagens fest ...«

»Es ist ein – deutsches Kennzeichen ...«

»Oh, das tut nichts«, lächelt der Oberst belustigt und fährt fort: »... und sorgen Sie gleich nach Ihrer Rückkehr bitte dafür, daß die angeblichen Beobachter in der Nähe Ihres Hauses von Ihrem Gastspiel am Alexanderplatz erfahren.

Erzählen Sie davon einfach ›guten Bekannten‹, die sich darüber dann ›laut unterhalten‹. Nun, das machen Sie schon, nicht wahr?«

Sicher ›mache ich das schon‹ – was bleibt mir anderes übrig?

Als ich an dem vereinbarten Abend im Kino am Alexanderplatz, in dem ich gastiere, eintreffe, fragt mich der Oberst mit eigenartigem Unterton: »Nun – wie sieht's bei Ihnen aus ...?«

Ich sehe ihn ratlos an. Er wartet meine Antwort gar nicht erst ab und setzt gleich nach: »Bei uns ist alles in Ordnung – Sie brauchen sich keine Sorgen zu machen ...«

»Wirklich nicht?«

»Ich verspreche es Ihnen!«

»Danke.«

Ich atme auf, das heißt: ich versuche es. Aber irgend etwas wehrt sich noch in mir, diesem Abend frei und gelöst entgegenzusehen.

In meiner Garderobe steht ein herrlicher Strauß Maréchal-Niel-Rosen; auf der anhängenden Karte schreibt ›mein Unbekannter‹:

»Bin sehr glücklich – Wagen Nr. 32684.«

Ich bin keineswegs ›sehr glücklich‹.

Für mich beginnt der längste Theaterabend meines Lebens.

Nach der Vorstellung bitte ich meine Tochter Ada, den Unbekannten zu mir in die Garderobe zu führen.

Mir ist alles andere als wohl dabei:

Hier wird jemandem eine Falle gestellt. Aber ich handle in Notwehr, sage ich mir, und denke dabei an die Drohungen und Eskapaden meines ›Rosenkavaliers‹.

Dann steht der Unbekannte aus dem ›Wagen Nr. 32684‹ mir gegenüber – ein glänzend aussehender ›Beau‹ mit unnatürlich brennenden Augen.

Er baut sich bühnenreif vor mir auf, preßt die Rechte theatralisch ans Herz und ruft pathetisch:
»Endlich! Endlich ist es soweit! Sie ahnen nicht, Olga Tschechowa, was mir dieser Augenblick bedeutet ...! Der Krieg – war er nicht doch zu etwas gut? Ich – ich ganz allein habe den Krieg gewonnen – auf die einzige Weise, die zählt ...!«
Um ihn etwas ›abzukühlen‹, frage ich ihn betont sachlich, was er wohl getan hätte, wenn ich ihn nicht empfangen hätte:
»Würden Sie sich dann auch noch als ›Sieger‹ dieses Krieges fühlen ...?«
Der Unbekannte greift blitzschnell in die Tasche und zieht einen Revolver:
»Hier – hier sehen Sie die Antwort. Heute noch hätte ich Sie erschossen – und mich gleich danach ...«
Ein Irrer also, in der Tat, und offenbar zu allem fähig.
Ich zwinge mich mit aller Kraft zur Ruhe:
»Kommen Sie, seien Sie doch vernünftig. Geben Sie mir den Revolver – damit macht man keine Witze ...«
»Witze ...?« stammelt er tief betroffen, »das sind keine ...«
Er beendet den Satz nicht, starrt mich irritiert an und gibt mir folgsam wie ein Kind die Waffe.
Ich stecke den Revolver in meine Handtasche.
Sekunden später wird der Mann von Soldaten der Roten Armee abgeführt.
Seine großen Augen weiten sich ungläubig; aber er geht willenlos, fast apathisch mit.

Oben: »Geheimnis einer Ehe« *(1951): Olga Tschechowa mit* Curd Jürgens.

Unten: »Hinter Klostermauern« *(1951) mit* Margit Saad *(l.) und* Dorothea Wieck *(r.).*

Als meine Tochter und ich das Kino verlassen, hindern uns zwei sowjetische Posten daran, wegzufahren. Sie bringen uns in eine Dienststelle, deren Namen ich nicht erfahre.
Das Verhör dauert Stunden und kreist immer um denselben Mann: George Kaiser.
Allerdings werde ich den Eindruck nicht los, daß die Russen Kaiser nicht so ganz ernst nehmen. Gegen Morgen entlassen sie uns und bestätigen zugleich meine Vermutung. Einer der Soldaten grinst jungenhaft:
»Geheimdienstmann ist Ihr Mister Kaiser bestimmt nicht – vielleicht hat er es nur auf Ihren Schmuck abgesehen ...«
Stunden später ruft mich der Oberst an, dem ich im Hauptquartier in Karlshorst meine Abenteuer erzählt hatte.
»Möchten Sie erfahren, wer Ihr Unbekannter aus dem ›Wagen Nr. 32684‹ ist?«
»Ja, selbstverständlich ...«
»Einer unserer tüchtigsten Diplomingenieure ...«
»Ihrer Diplomingenieure ...?«
»Ja. Er arbeitet hier in der Verwaltung; und er ist tatsächlich ›nur‹ liebeskrank. Politische oder kriminelle Motive schei-

Immer wieder steht die Künstlerin von damals und die Unternehmerin von heute im Rampenlicht der Öffentlichkeit, ob bei großen Ehrungen oder bei festlichen Veranstaltungen. Oben: Olga Tschechowa wird 1972 – gemeinsam mit dem Verhaltensforscher Professor Konrad Lorenz *– vom Bundespräsidenten mit dem Großen Verdienstkreuz des Verdienstordens der Bundesrepublik Deutschland ausgezeichnet. Der bayrische Ministerpräsident* Alfons Goppel *überreicht ihr den Orden. Unten: Auf dem Filmball 1972 beim Tanz mit dem berühmten Filmproduzenten* Artur Brauner.

den aus, ein Einzelgänger, wenn auch mit seiner fanatischen Anlage vielleicht nicht so ganz ungefährlich ...«

Der Oberst macht eine kleine Pause. Ich versuche, mich von meiner Überraschung zu erholen.

»Hallo ...«

»Ja ...«

»Sie sind sprachlos ...?«

»Einigermaßen.«

»Und – er tut Ihnen ein bißchen leid ...«

»Ja.«

Die Stimme vom Oberst wird übergangslos sachlich:

»Er muß Ihnen nicht leid tun. Der Genosse Diplomingenieur hat um seine Rückversetzung gebeten. Er wird Deutschland schon morgen verlassen ...«

Ein leises Knacken in der Leitung – der Oberst hat aufgelegt. Ich lege meinen Hörer langsam zurück in die Gabel ...

Am nächsten Tag steht George Kaiser in meiner Garderobe. Er berichtet mir glänzend gelaunt, daß er gerade von einer kurzen, aber erfolgreichen Reise nach Berlin zurückgekehrt sei, geht zum Telefon, wählt, spricht strahlend mit irgendeinem seiner Freunde und – stellt sich plötzlich überrascht, ja bestürzt:

»... im – sowjetischen Sektor? Das ist doch wohl nicht möglich! Ich werde sie sofort zur Rede stellen. Warte auf meinen Anruf, bitte!«

Er sieht mich drohend an:

»Sie haben am – Alexanderplatz gastiert?«

»Ja.«

»Warum ...?!«

»Das geht Sie nichts an.«

»Das geht mich sehr wohl was an!«

Ich erinnere mich an die ironischen Bemerkungen der Russen über den ›Geheimdienstler Kaiser‹ und – werfe ihn kurzerhand hinaus.
›Der ist selbstverständlich gleich wieder da‹, denke ich mir – und im gleichen Augenblick habe ich eine Idee, auf die ich längst eher hätte kommen sollen:
Ich durchschneide die Telefonschnur.
Kaiser kommt wieder; und er gibt sich jetzt nahezu väterlich: »Lassen Sie uns doch noch einmal miteinander reden, schauen Sie – wenn Sie mir nicht alles sagen, ich meine: wirklich alles, was bleibt mir dann anderes übrig, als meine Dienststelle zu benachrichtigen, daß Sie eben doch doppeltes Spiel treiben ...«
Ich zeige aufs Telefon: »Tun Sie, was Sie nicht lassen können.«
Kaiser greift erst zögernd, dann energisch zum Hörer:
»Hoffentlich haben Sie sich das gut überlegt.«
»Ganz sicher«, sage ich kühl.
»Für mich gibt es jetzt leider keinen Zweifel mehr, daß Sie auch heute noch für die Sowjets spionieren – genau wie im Krieg ...«
Er wählt: »Hallo ...? Here is Mister Kaiser speaking. – Major Bradley, please ... Hallo Jeff ... «
Ich laufe zur Direktion, berichte in Stichworten und bitte dringend, die alliierte Kommandantur zu verständigen. Dann gehe ich in meine Garderobe zurück.
Kaiser ›telefoniert‹ noch immer.
Wenige Minuten später stehen zwei baumlange GI's im Zimmer, halten Kaiser das durchschnittene Telefonkabel unter die Nase und zeigen auf die Tür.
Kaiser zuckt die Schultern und geht voran.
Tage danach ist alles geklärt:

Kaiser heißt nicht Kaiser; er handelt weder im Auftrag der Paramount noch ist er Mitglied der Army oder des amerikanischen Geheimdienstes. Er ist Deutscher, der als Aushilfskellner im amerikanischen Offizierskasino den ›American way of life‹ ganz offensichtlich gründlich mißverstanden hat.
Kaiser ist eine typische Nachkriegsblüte, sicher – nicht mehr und nicht weniger, aber eben doch besonders typisch und keineswegs eine Einzelerscheinung in diesen Jahren, in denen Bluff, Intrigen, Gaukeleien, Schiebereien, Denunziation und Spekulantentum gedeihen wie kaum je zuvor.
Dabei gibt es nicht nur ›die Kaisers‹, die kleinen, aufgeblasenen Bluffer; es gibt auch andere, die mächtiger und deshalb gefährlicher sind, die genau wie er die ›Spionagestory‹ aufgreifen und sie um der ›Sensationspublicity‹ willen bedenkenlos bis zum Rufmord ›hochputschen‹:
In der Londoner Zeitschrift ›People‹ tauchen erste Gerüchte von meiner angeblichen Spionagetätigkeit auf. ›People‹ läßt allerdings die Frage offen, ob ich nun für Hitler oder für Stalin oder gleich für beide gearbeitet hätte.
Ich nehme diese dubiosen ›Meldungen‹ nicht sonderlich ernst; denn im Laufe meiner langen Jahre im Scheinwerferlicht habe ich gelernt, Klatsch und Tratsch weitgehend zu ignorieren.
Deutsche Zeitungen übernehmen die ›Sensationsmeldung‹.
Ich bekomme körbeweise Drohbriefe zugeschickt, zumal jetzt auch noch ›lanciert‹ wird, daß mir der ›Lenin-Orden‹ verliehen worden sei.
Auf der Straße stürzt ein junges Mädchen auf mich zu, spuckt mir ins Gesicht und schreit: »Das ist für dich, du Landesverräterin!«
Ich wische mir das Gesicht ab – und schweige. Was soll ich tun?
Ich fahre zu den vier Kommandanturen und erbitte offizielle

Dementis meiner angeblichen Spionagetätigkeit. Die Dementis werden gegeben. Ich weiß, daß es auch jetzt wieder zwei Möglichkeiten gibt.
Möglichkeit eins:
Die betreffenden Zeitungen halten sich an die ironische Begriffserklärung, nach welcher ein Dementi die verneinende Bestätigung einer Nachricht ist, die bisher nur ein Gerücht war – und sie schreiben weiter.
Möglichkeit zwei:
Die Blätter handeln nach dem Erfahrungssatz, daß nichts älter ist als eine Zeitung von gestern – und sie werfen die ›Spionagekiste‹ in den Abfall. Auf Möglichkeit zwei hoffe ich. Anscheinend zu Recht. Zwei Jahre lang.
Dann erscheint auf der ersten Seite der Stuttgarter ›Wochenpost‹ ein Foto aus einem meiner älteren Filme. In der linken Hand halte ich eine Statuette. Durch einen plumpen technischen Trick ist die kleine Figur in eine hohe sowjetische Auszeichnung umretuschiert worden. Unterschrift: ›Olga Tschechowa mit dem Lenin-Orden. Für treu geleistete Spionagedienste.‹ Unter dem Bild verspricht die Zeitschrift ›Hintergründiges aus dem Kulturbetrieb‹ und ›Pikanterien aus der Schauspieler-Prominenz‹.
Das liest sich unter anderem so:
»Wenige Tage später stand, wie aus dem Boden gewachsen, ohne angemeldet zu sein, eine schöne Frau in meinem Büro: Olga Tschechowa. Unter ihrem Pelzmantel glitzerte der Lenin-Orden. Erworben mit Villa und sowjetischer Wache als Dank für langjährige Spionagedienste im Gesellschaftskreis Adolf Hitlers. Dieser hatte die schöne Olly nie durchschaut und sie als deutsche repräsentativste Künstlerin auf allen Bällen, im Krieg diplomatische Empfänge genannt, dem Aus-

land vorgesetzt. Nur Goebbels hatte mit juristischem Riecher immer gewarnt. Hitler hat aber geglaubt, der kleine Doktor sei abgeblitzt und wollte sich rächen.
Lächelnd fragte nun Olga, die tausendjährige Bauten entstehen und zerfallen sah, ob es mir bei der ›Volksbühne‹ denn gefalle. Ich wich aus. Warum ich das Wolffsche Stück sabotiert hätte? Bühnentechnik sei im 20. Jahrhundert kein Problem mehr.
Ich widersprach mit Hinweis auf die Kriegszerstörungen.
Sie lächelte und meinte: ›Die Volksbühne ist die Zukunft des Welttheaters. In Berlin liegt seine europäische Wiege. Seid einig!‹
Lächelnd, Friedenspalmen schwenkend und doch unendlich gefährlich verließ sie lautlos mein Zimmer.
Dann war in Berlin wochenlang nichts mehr von ihr zu hören. Das Theaterspielen gehörte nicht mehr zu Ollys Aufgaben ...«
Mein Anwalt, Dr. Ronge, reicht Klage ein.
Der Schreiber zieht in folgendem Stil zurück:
»Frau Tschechowa bestreitet, den Lenin-Orden erhalten zu haben. Nun, sie muß es ja selbst am besten wissen! Ich kann dieser Erklärung gegenüber meine Behauptung nicht aufrechterhalten, auch wenn die gesamte ostdeutsche Künstlerprominenz, die in der von mir beschriebenen ›Möve‹ regelmäßig zusammenkommt, diese Auffassung vertrat. Einsicht in die Ordenkanzlei des Kremls hatte ich leider nicht! Frau Tschechowa bestreitet auch, im Kreise um Hitler Spionage getrieben zu haben. Auch dies kann ich ihr nicht widerlegen, da ich in den Kreisen um Hitler nicht verkehrte, wie dies prominente Künstler des ›Tausendjährigen Reiches‹ taten ...«
Die Redaktion der ›Wochenpost‹ verweist auf die Verantwortlichkeit des Schreibers und kommentiert ihrerseits mit

dem Ausdruck unschuldiger Verwunderung: »Den Lenin-Orden tragen in der Sowjetunion Stachanow-Arbeiter und Künstler, Staatsmänner und Erfinder, und selbst mancher im Westen beheimatete Diplomat erhielt nach Kriegsende durch diese Auszeichnung eine äußerlich sichtbare Anerkennung seiner Leistungen.

Auch die Behauptung, Frau Tschechowa habe gegen das Dritte Reich spioniert, wäre wohl – von heute aus gesehen – kaum als ehrenrührig zu bezeichnen. Sowohl unter den deutschen Politikern der Westzonen als auch der Ostzone befinden sich einige, die sich rühmen, in der Vergangenheit den Feinden des Nationalsozialismus mit Informationen gedient zu haben, um so das Ende des Dritten Reiches beschleunigt herbeizuführen.«

Ich gebe auf. Das heißt, ich überlasse es jedem selbst, über diese Art von Journalismus zu urteilen.

Aber noch 1955 – ich drehe bei Bad Reichenhall – fragt mich eine ältere Dame, vor Neugierde bebend:

»Ach bitte, liebe Frau Tschechowa, jetzt sagen Sie es mir, nur mir ganz allein: Waren Sie nun Spionin oder nicht . . .?«

Ein neues Leben

Wir spielen weiter Theater – weiter unter abenteuerlichen Umständen, unseren beliebten ›Blaufuchs‹ zum Beispiel, der inzwischen ein rechter ›Graufuchs‹ geworden ist. Seine Aufführungsziffern sind kaum noch zu zählen.

Um ›Sophienlund‹ mit Helmut Weiß, Sonja Ziemann und mir auf die Bretter zu stellen, lasse ich kurz entschlossen die noch vorhandenen Seidenvorhänge aus meinem Landhaus zu Theatergarderobe verarbeiten.

Für das nächste Stück – ›Die listige Witwe‹, eine musikalische Komödie nach Goldoni – liefert uns unwissentlich die russische Bezirkskommandantur unsere Kostüme:

Auf Bezugsscheine der Kommandantur erstehe ich meterbreiten Stoff, der wie Verbandsmull aussieht. Das Material ist sehr weich, wir färben es ein und stärken es mit Kartoffelwasser.

Unsere Kleider wirken hübsch, duftig und bunt. Die Aufführung wird ein Erfolg.

Anschließend inszeniere ich selbst ein ›eigenes Stück‹: Ich habe die Novelle ›Heimchen am Herd‹ von Charles Dickens umgearbeitet. Hans Leibelt spielt die Hauptrolle; ich spreche den Prolog.

Ansonsten leben wir von der Hand in den Mund, hungern uns durch und sind glücklich, wenn wir als ›vortragende Künstler‹ zu diplomatischen Empfängen der Alliierten eingeladen werden.

Statt Honorar in wertloser Mark bekommen wir Zigaretten, Butter, Wein oder Schnaps – ›zum Mitnehmen‹.
Seltene, zu seltene Festtage . . .
In Berlin taucht ein junger Mann aus Polen auf. Er macht nicht den ersten deutschen Nachkriegsfilm – der wird von der sowjetisch lizensierten DEFA im Ostsektor gedreht –, aber er macht die ersten Nachkriegsfilme in den Westsektoren. Seinen Namen kennt ›in der Branche‹ bald jedermann; wenige Jahre später wird er über die Grenzen hinaus ein Begriff sein:
Arthur Brauner.
Ich spiele in seinem Film ›Maharadscha wider Willen‹. Sonja Ziemann, Ivan Petrovich, Rudolf Prack, Rudolf Platte und Hubert von Meyerinck sind mit von der Partie.
›Alles prominente Namen‹, überlegt sich Brauner, ›muß Kasse machen . . .‹
Macht aber keine Kasse. Brauner läßt sich nicht entmutigen. Er ›zaubert‹ aus alten Fabrikhallen in Spandau moderne Filmateliers. Und er macht Filme ›mit Kasse‹, später auch andere, Filme mit künstlerischem Anspruch, die Bundesfilmpreise bekommen.
Brauner ist der ›Pommer‹ dieser Nachkriegsjahre. Dabei hat er neben den allgemeinen materiellen Engpässen auch sonst keinen leichten Stand:
Im ›Dritten Reich‹ sind in Deutschland nur ganz wenige amerikanische, französische oder englische Filme gelaufen. Auch auf diesem Gebiet holt das Publikum jetzt nach, was es zwölf Jahre nicht gab.
Filme aus den USA, aus England und Frankreich ›strömen‹ in deutsche Kinos. Gegen ihren Aufwand, gegen ihre oft perfekte Machart und künstlerische Eigenart anzukommen, ist

schwer, sehr schwer in einem Land, das in Trümmern liegt.
Die Jahre verfliegen.
Ich denke über mich selbst nach; und ich mache mir nichts vor: Eine junge, eine neue Generation wächst nach, eine Generation, die von Älteren schon deshalb nichts hält, weil sie älter oder alt sind, eine Generation, die Älterwerden als etwas Merkwürdiges empfindet, das für sie selbst anscheinend gar nicht in Betracht kommt, eine ungeduldige, vorwärtsdrängende, verurteilende Generation. – Im Grunde nichts Ungewöhnliches, im Gegenteil; an sich eine der wenigen Konstanten seit Jahrhunderten – diesmal nur eine Spur härter, extremer, bedingungsloser. Wen soll es wundern ...
Über meine materielle Situation muß ich nicht länger nachdenken; sie ist klar – nämlich schlecht:
Ahnungslos und schlecht beraten, ließ ich mir einreden, eine Hypothek auf meinen Besitz aufzunehmen mit dem Ergebnis, daß ich diese Hypothek nach der Währungsreform in harter DM abtragen muß. Eine Zentnerlast, an der ich täglich im wahren Sinne des Wortes ›trage‹.
Ich trenne mich von Dingen, die mir ein Leben lang lieb und teuer waren: von Ikonen, von Büchern, von anderen wertvollen Gegenständen, die Geld bringen.
Ich schreibe mein erstes kleines Kosmetikbuch.
Es ist schnell vergriffen, ohne erneut aufgelegt zu werden. Der Verlag übernimmt sich mit einem anspruchsvollen Buch über Albert Schweitzer und meldet Konkurs an.
Und statt durch Schaden klug zu werden, lasse ich mir noch einmal etwas einreden: die eigene Filmproduktion.
Ich will nicht mehr nur von anderen abhängig sein. Ich will beweisen, daß es den deutschen Unterhaltungsfilm mit Anspruch gibt. Ich will spielen, aber auch Regie führen.

Ich irre mich ...
Nach drei Filmen ist die Firma am Ende. – Warum ...?
Aus vielerlei Gründen, besonders aber aus einem, der mich diesmal wirklich um einiges klüger macht: die Erfahrung mit dem Geld und den Freunden ...
›Geld verdirbt die Freundschaft‹, sagen die ›Freunde‹, die es haben und die immer neue Gründe finden, mir keinen kurzfristigen Kredit zu ganz normalen Bedingungen zu geben.
Für diese DM-gepolsterten Freunde verdirbt Geld so weit die Freundschaft, daß sie die Straßenseite wechseln, wenn sie mich auch nur von weitem sehen.
Hilfe, *persönliche* Hilfe – nicht für die Firma – kommt von zwei Männern, die keineswegs zum ›Freundeskreis‹ gehören:
Der eine ist ein ehemaliger Kollege aus Berlin, lebt von einer bescheidenen Rente und gibt mir seine Ersparnisse; der andere war im KZ. Er überläßt mir einen Teil seiner Wiedergutmachungsgelder.
Rettung in letzter Stunde für die persönliche Existenz – nach der ›eigenen Firma‹.
Was bleibt noch ...?
›Komische Alte‹ oder Abschied vom Beruf ...
Nachfolgerin der großen Adele zu werden, liegt mir nicht. Dafür fehlen mir so ziemlich alle Voraussetzungen.
Und sonst?
Sang- und klanglos von der Bildfläche verschwinden, ins Ausland gehen – als ›Empfangsdame‹ oder als ›Wirtschafterin‹ in irgendeiner kultivierten Familie ...
Nicht der reduzierte Lebensstandard ist es, der mich zögern läßt – ich habe gehungert, und ich habe Not und Elend kennengelernt und auch überstanden – aber da wäre dann der

monotone Alltag, da wäre dieses gleichförmige Einerlei von einem Tag zum anderen, vor dem ich mich ein Leben lang gefürchtet habe, das mir meine Mutter und meine Schwester abgenommen haben und dem ich ausgewichen bin – in den Beruf, in immer neue Rollen und Aufgaben.

Dieses ›zweite‹, das eigentliche Leben für mich aufzugeben, das ist es, was ich noch nicht fassen kann ...

Ich denke über mich nach; und ich mache mir nichts vor: Bitter – macht häßlich.

Also fange ich mit 60 noch einmal ganz von vorn an ...

Ich verkaufe mein Haus in Kladow und gehe von Berlin nach München.

Mitten im Zentrum der bayerischen Metropole eröffne ich meinen ersten Kosmetik-Salon.

Was bringe ich ein ...?

Kosmetische Kenntnisse aus dem In- und Ausland – schon vor Jahrzehnten erworben und laufend ergänzt: ein Diplom aus Brüssel, ein Diplom der ›Université de Beauté‹ aus Paris, Vorlesungsbesuche an den Universitäten in Berlin und München, eingehende Unterhaltungen und Beratungen mit dem bekannten russischen Biologen Professor Dr. Bogomoletz in London, der mich zusätzlich zu eigenen Rezepturen anregt. Ich nehme die Erkenntnis mit, daß sich die Regeneration des Körpers und seiner Zellen zwar fördern läßt – aber nicht allein dadurch, daß verschiedene organische Substanzen übertragen werden. Der Patient muß in jedem Fall konsequent und aktiv mitarbeiten – zum Beispiel mit weitgehend giftfreier Ernährung.

Ich bringe weiter Erfahrungen ein aus praktischen Behandlungen und Beratungen:

Freunde und Bekannte waren schon öfter ›Testpersonen‹ und

›Versuchskaninchen‹ meiner selbstgemachten Cremes und Masken. Ich habe – auch und gerade – bei jungen Leuten Erfolge, denen die Haut entwicklungsbedingte Sorgen macht. Und ich profitiere nicht zuletzt ›von mir selbst‹, von den Erfahrungen einer Frau, die immer in der Öffentlichkeit stand und immer gut aussehen mußte, gleichgültig, wie stark ihre Haut durch Schminken und Abschminken strapaziert wurde.

Das alles und noch einiges mehr bringe ich also ein.

So fühle ich mich schon bei den Vorbereitungen meines Münchner Salons recht sicher. Meine Kosmetikerin und meine Praktikantin merken, daß ihre Chefin ›ihr Handwerk versteht‹.

Die Ausgangsbasis ist gut. Ich warte gespannt auf die ersten Damen, denen ich ihre Hautsorgen nehmen kann.

Statt dessen kommen zwei hochbetagte Herren.

Noch am Abend vor der Eröffnung stehen sie vor der Tür. Ich frage sie verwirrt, was ich für sie tun kann.

»Fußpflege«, sagt der eine, und beide lächeln strahlend, »aber nur von Ihnen, gnädige Frau, nur von Ihnen höchstpersönlich.«

Ich trage die beiden für den nächsten Tag ein. Sie sind überpünktlich und schwärmen mit hochroten Ohren wie verliebte Primaner:

»Mein Gott, was haben wir Sie verehrt, gnädige Frau, was waren Sie für eine fabelhafte Künstlerin . . .«

Während ich den einen pediküre, macht sich der andere ›schon frei‹. Was ich hier an ›Handwerk‹ leiste, indes die beiden weiter über mein ›großartiges Künstlertum‹ von ehedem jubeln, fordert – beinahe hätte ich gesagt: den ganzen Mann, fordert mich völlig und überfordert meinen Geruchsinn bis weit über den nächsten Tag hinaus.

So also fängt es ›ganz von vorn‹ und neu wieder an.
Aber glücklicherweise kommen nicht nur ältere Herren zur Fußpflege. Es kommen Frauen jeden Alters und junge Mädchen.
Und es kommen viele, sehr viele nicht nur zur Kosmetik, sondern auch mit ihren Sorgen.
Ich habe hinreichend Gelegenheit, meine Überzeugung ›an die Frau zu bringen‹:
Ganzheitskosmetik zielt ›unter die Haut‹, sie ist Selbsterkenntnis und Selbstdisziplin. Die Haut ist meist Spiegel einer Persönlichkeit.
Ich bin für präparative, nicht für dekorative Kosmetik. Jugend kann weder ›anoperiert‹ werden, noch läßt sie sich einkaufen. Jung bleiben heißt in erster Linie, gegen die äußere und innere Abnutzung anzugehen. *Trägheit* ist der Feind der Jugend – im Äußeren, aber auch im Innern.
Nicht die Schuhe müssen zuerst gebürstet werden, sondern die Haut, von ihr hängen Vitalität und Selbstbewußtsein ab; wenn sie in Ordnung ist, spielt es keine Rolle, ob jemand Hermelin oder ›Katzelin‹ trägt.
Ästhetik ist kein Vorrecht der Privilegierten und kein Luxus. Ästhetik hält – weit über das äußere Erscheinungsbild hinaus – zusammen ...
›Empfindliches Seelenleben‹ ist an welker Haut genausowenig schuld wie die ›Ungerechtigkeit des Schicksals‹. Gewiß gibt es Dinge, die stärker sind als Wille und Verstand, aber sie sind kein Alibi für Laschheit und Resignation.
Nicht das Leben enttäuscht uns – wir enttäuschen das Leben. Bitter – macht häßlich ...
Ich wohne in einem Zimmer hinter dem Salon. Daneben ist eine geräumige Wohnküche, mein – Labor.

Hier rühre und experimentiere ich nach Geschäftsschluß bis in die Nacht.
Von den früheren Kolleginnen und Kollegen besucht mich als einer der ersten Hubert von Meyerinck.
Hubsy schnuppert intensiv an allen Töpfen und Töpfchen, findet alles ›rasend interessant‹ und sagt plötzlich:
»Mein Doppelkinn, teure Olinka, mein Doppelkinn ...«
»Was ist damit?«
»Wie – krieg ich's weg ...?«
»Ich werd's schon schaffen ...«
»Du bist ein Engel.«
Hubsy schnuppert weiter und stellt übergangslos fest:
»Sauerbruch hat recht.«
Ich weiß nicht, wie Meyerinck gerade jetzt auf den einst weltweit bekannten Berliner Chirurgen kommt.
»Hat er dir gesagt, daß einem in deiner Nähe der Duft von frischen Birken und Walderdbeeren in die Nase zieht, oder hat er das nicht gesagt ...?«
»Er hat es gesagt.«
»Na also. – Und du hast ihm das Vergnügen vorenthalten, dich zu sezieren.«

In ihrer Münchner Kosmetikfabrik – oben links bei der Arbeit im Labor – findet Olga Tschechowa mit ihrer fundierten kosmetischen Ausbildung ein neues fruchtbares Wirkungsfeld. Auf Vortragsreisen führt sie ihre Methode der »natürlichen Kosmetik« praktisch vor (unten). Gleichfalls in München, ganz in Großmutters Nähe, wohnt Olga Tschechowas Enkelin Vera Tschechowa, *die – selbst bedeutende Theater- und Filmdarstellerin – mit dem bekannten Schauspieler* Vadim Glowna *verheiratet ist (oben rechts).*

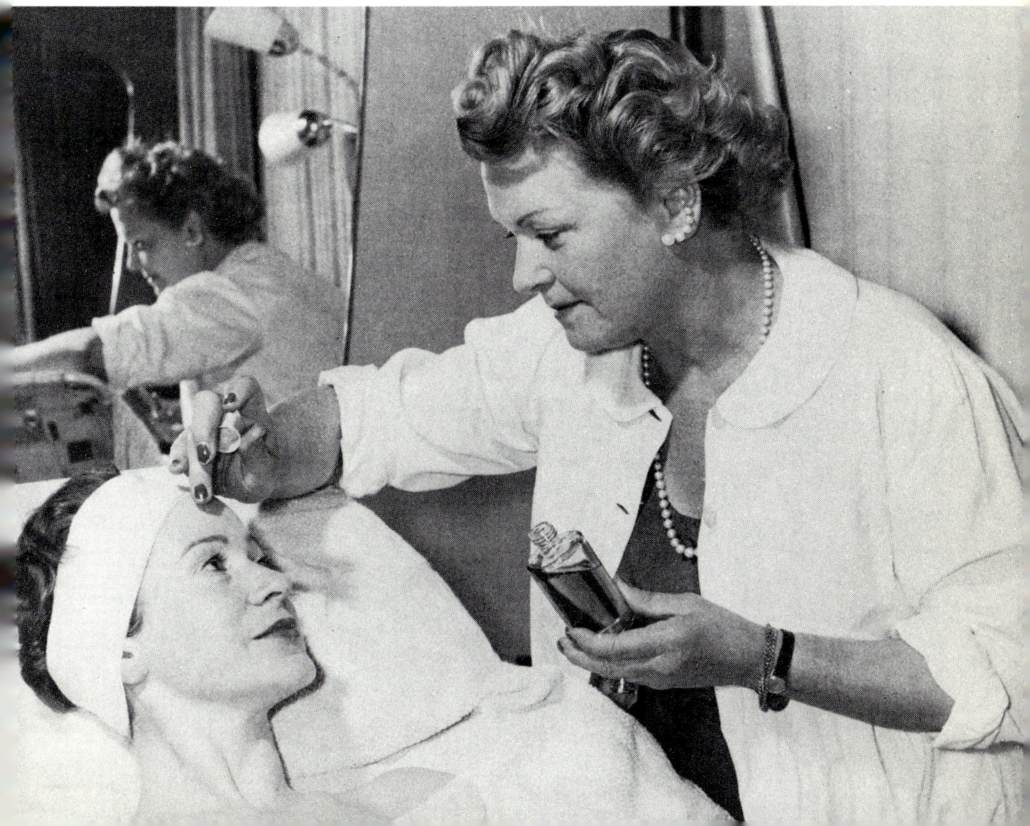

Ich nicke todernst:
»Wo er sich schon so darauf gefreut hatte ...«
»Pfui Teufel, Olinka«, lächelt Hubsy listig, »welch schwärzlicher Humor ...«
Er zieht sich einen Stuhl heran, setzt sich, lehnt sich zurück, schließt genußvoll die Augen und flötet:
»Fang' an, mein Täubchen.«
»Womit?«
»Womit ...«, entrüstet er sich gespielt, »mit meinem Doppelkinn natürlich ...«
Nach sechs Jahren muß ich den Kosmetik-Salon aus verschiedenen Gründen aufgeben:
Der Hauswirt meldet Eigenbedarf der Räume an; eine andere Gegend, in die ich kurzfristig wechsele, ist meinen Kunden und mir zu laut; ich schaffe trotz drei fleißiger Assistentinnen das Pensum nicht mehr; und der Hauptgrund:
Die Nachfrage wächst mir gewissermaßen ›über die Dosen‹. Ich ziehe einen Chemiker hinzu, der mir bei der Herstellung erprobter und bei der Entwicklung neuer Rezepturen fachmännisch zur Hand geht.
Produktion und Verkauf müssen jetzt – daran ist nicht mehr zu zweifeln – auf eine breite und zugleich tragfähige Basis gestellt werden.
Ich verkaufe Schmuck und meine letzten Antiquitäten, um die Firma mitzufinanzieren.
Mit sieben Mitarbeitern gründe ich 1955 die ›Olga-Tschechowa-Kosmetik OHG‹, in der inzwischen über 100 Mitarbeiter wie in einer großen Familie tätig sind.

Die Unternehmerin Olga Tschechowa 1973 im Büro ihrer Münchner Firma.

Ein Tag von vielen

Und so sieht ein Tag von heute aus, ein Tag des Jahres 1973, ein Tag von vielen:
Siebenuhrfünfzehn. Das Haus erwacht.
Marianne bringt mir eine Tasse Tee. Sie hat es aufgegeben, mich zu einem Brötchen zu überreden. Noch heute kann ich morgens so wenig essen wie früher zu Filmzeiten, an die ich gerade in den Morgenstunden oft denken muß. Damals war nämlich die Nacht zwischen sechs und sieben Uhr früh zu Ende. Ein Produktionswagen holte mich ins Atelier, oder ich fuhr selbst – zum Umziehen und zum Schminken und um bereit zu sein für die ›erste Klappe‹, die um acht Uhr fiel ...
Noch vor Marianne meldet sich die Dackeline Bambi. Sie räkelt sich in ihrem Korb, steigt heraus, streckt sich, legt die Vorderpfoten auf meine Bettkante und stupst mit ihrer feuchten Nase gegen meine Hand. Bambi ist kapriziös, besitzergreifend, eigenwillig, komisch und – wenn sie will – so charmant, daß ihren Einfällen und Wünschen niemand von uns widersteht. Niemand. Auch die Katze Schnurri nicht. Sie verträgt sich mit Bambi aus einem einzigen Grund ganz ausgezeichnet: Wenn die Dackeline sich vordrängt – und sie drängt sich immer vor –, verweilt Schnurri, eingedenk ihrer über die Jahrhunderte sorgsam gewahrten Individualität, würdig und distanziert. Gelegentlich schaut aus dem Neubau noch Schnauzer Abi herein. Er bleibt nur, wenn die kleine Dackelperson

gnädig gestimmt ist. Kläfft sie ihn an, trollt er sich wieder – gutmütig und gelassen.

Niki fährt mit dem Schulbus zur International School nach Starnberg. Er wächst zweisprachig auf. Schon in einigen Jahren wird er zu schätzen wissen, wie wichtig es ist, mindestens zwei, besser noch drei Sprachen zu sprechen.

Vera und Vadim winken mir kurz ein »Tschüs, Jou-Jou!« zu (bis auf Marianne nennen mich hier im Haus alle ›Jou-Jou‹, ein französisches Wort, das frei übersetzt soviel wie ›Spielzeug‹ heißt und das mir als Kosename von Vera gegeben wurde. Schon als Kind hörte sie es immer wieder von mir: »Voilà-ton joujou!« Ich bemühte mich, meiner Enkelin sehr früh Französisch näherzubringen, eine Sprache, die ich von klein auf lernte und liebte). Vera hat Theaterproben, Vadim Fernsehbesprechungen.

Acht Uhr zehn.

Ich fahre in den Betrieb. Meinen weißen BMW lenke ich stets selbst: Die Freude am Autofahren wird mich wohl nie verlassen.

Heute steht eine große Besprechung über den Umbau und die Erweiterung unserer Räume in der Tengstraße auf dem Programm. Im Büro, das, wie alle unsere Büros, Fabrikations- und Packräume im rückwärtigen Gebäude eines Mietshauses in der Tengstraße untergebracht ist, begrüße ich meinen Kompagnon, meinen Verkaufsdirektor und die Produktionssekretärin. Wir sind uns einig: Die Räume sind zu klein, zu eng geworden. Wir müssen Lokalitäten des Nebenhauses hinzunehmen. Die Fabrikation hat sich ausgeweitet. Wir brauchen Fließbänder. Auch wir kommen an der Automation nicht vorbei.

Ich gehe ins Labor. Der Beauftragte einer Baufirma erklärt

mir den Erweiterungsplan für die neu hinzukommenden Räume. Er zeigt mir, welche Wände durchbrochen werden müssen, um Platz zu schaffen für die Fließbandanlage.
An hohen, übervoll gefüllten Regalen vorbei gehe ich zurück ins Büro. Über hundert Präparate sind hier gestapelt; mit neun haben wir angefangen. Ich freue mich immer wieder über die vielen Auszeichnungen, die unsere Produkte erreicht haben, so den Grand Prix International in Venedig.
Meine Sekretärin nennt mir noch Vortragstermine in Hamburg, Hannover und Düsseldorf; sie wird dafür sorgen, daß ich die Vorträge ohne größeren Zeitverlust miteinander verbinden kann.
Ich fahre nach Hause.
Es ist früher Nachmittag. Der Berufsverkehr hat noch nicht begonnen, die Straßen sind mäßig belebt. Ich kann mir überlegen, was ich heute noch zu erledigen habe.
Mir fällt ein, daß ich mich um die neue Anpflanzung auf dem Grab meiner Tochter Ada in Gräfelfing kümmern wollte.
Zu Hause erwarten mich Bambi, Abi und Schnurri.
Bambi springt freudig kläffend an mir hoch und tut so, als hätte sie mich wochenlang nicht gesehen; Abi stupst mich mit seiner feuchten Schnauze wesentlich gemessener einige Male freundlich in die Seite; Schnurri wartet, bis die Herren Hunde sich abreagiert haben, streicht dann zwei-, dreimal gravitätisch um meine Beine herum und rollt sich wieder in einem besonders weichen Sessel wohlig zusammen.
Schnurri verdankt ihr Leben meinem Urenkel Niki. Eines Tages bat er mich um fünf Mark, »noch besser wären sieben«, setzte er wichtig hinzu. – Ich gab ihm sieben.
Er verschwand, kaufte Leuten in der Nachbarschaft, die die Katze eigentlich ersäufen wollten, Schnurri für fünf Mark ab

und hatte so bei seiner Rettungsaktion im Handumdrehen noch zwei Mark ›verdient‹.

Marianne, mein guter ›Hausgeist‹, bringt mir die Post. Es ist viel; ich werde sie später erledigen.

›Soldat Mischa‹ begrüßt mich, zwanzigjähriger Sohn meiner verstorbenen Tochter Ada. Er ist derzeit bei der Luftwaffe und hat kurz Urlaub.

Wir trinken eine Tasse Tee zusammen. Er erzählt mir von seinem Dienst – nicht viel und nicht gern. Manches daran erinnert mich an – Jep ...

Mischa ist ein ganz anderer Typ, trotzdem ...

›Hoffentlich muß er nie ›auf den Abzug drücken‹, denke ich – und werde herzhaft geküßt:

Niki ist aus dem Neubau herübergekommen. Er begleitet mich zum Grab meiner Tochter.

Ich bespreche mit dem Gärtner die neue Anpflanzung. Niki hört schweigend zu. Als der Gärtner geht, sagt er plötzlich: »Nicht wahr, Jou-Jou, du – bist zuerst dran ...«

»Wahrscheinlich«, antworte ich überrascht, »aber so ganz sicher ist das nicht.«

»Warum nicht?«

Ich werfe einen kurzen Blick auf Adas Grab:

»Manchmal – stirbt man auch schon jünger ...«

Niki winkt lässig ab und stellt sachlich fest:

»Das mit Omi war eine Ausnahme; die ist abgestürzt. Aber normalerweise geht das so: erst kommst du dran, dann Papi, dann Mami und zum Schluß«, er breitet seine Arme aus, als wollte er vom Dreimeterbrett ins Wasser springen, »ganz zum Schluß sause ich abwärts ...«

Ich sehe ihn leicht irritiert an.

Er lächelt unbefangen.

Nach dem Abendessen überfliege ich die Post. Einige Briefe sind von Freunden, die meisten von Unbekannten, von jungen und älteren, die mir ihre großen und kleinen Sorgen anvertrauen: Falten und Fältchen, Einsamkeit, Leere, Überdruß, Eheprobleme, Existenzangst ...

Ich mache mir Randnotizen für meine Antworten.

Für eine junge, deprimierte Frau notiere ich mir:

»Jede Sekunde, jede Minute und jede Stunde, die wir – freudlos leben, ist unwiederbringlich verloren ...«

23 Uhr.

Im Haus wird es ruhig. Ein Tag geht zu Ende. Ein Tag von vielen ...

Meine Filme

1921
Schloß Vogelöd (mein erster Film)

1922
Todesreigen

1923
Puppenhaus
Nora
Der verlorene Schuh
Tatjana
Pagode
Peer Gynt
Die Gesunkenen

1924
Soll und Haben

1925
Das alte Ballhaus
Soll man heiraten
Mädels von heute
Der Mann aus dem Jenseits
Die Stadt der Versuchung
Liebesgeschichten
Das Meer

1926
Brennende Grenze
Sein großer Fall
Familie Schimek
Die Mühle von Sanssouci
Trude, die Sechzehnjährige
Der Feldherrnhügel
Der Mann im Feuer
Kreuz im Moore

1927
Der Meister der Welt
Feuer
Die selige Exzellenz
Le Chapeau de Paille d'Italie

1928
Weib in Flammen
Marter der Liebe
Der Florentiner Hut

1929
Moulin Rouge
Stud. chem. Helene Willführ
Irrlichter
Die Liebe der Brüder Rott
Blutschande
Die Siegerin
Diane
Auf Befehl der Republik

1930
Der Detektiv des Kaisers
Liebe im Ring
Zwei Krawatten
Troika
Der Narr seiner Liebe (Poliche)
Die Drei von der Tankstelle (mein erster Tonfilm)
Die große Sehnsucht
Das Konzert
Liebling der Götter

1931
Nachtkolonne
Panik in Chikago
Liebe auf Befehl
Mary
Das Mädel von der Reeperbahn

1933
Heideschulmeister Uwe Karsten
Mann aus dem Jenseits
Ein gewisser Herr Gran
Liebelei
Wege zur guten Ehe
Die Galavorstellung der Fratellinis
Feuer
Der Choral von Leuthen
Um ein bißchen Glück
Feldherrnhügel
Der Polizeibericht meldet

1934
Maskerade
Regine
Die Welt ohne Maske
Was bin ich ohne dich
Abenteuer eines jungen Herrn in Polen
Peer Gynt
Der General

1935
Künstlerliebe
Der Favorit der Kaiserin
Lockspitzel Asew
Liebesträume
Die ewige Maske
Ein Walzer um den Stefansturm
Chemin de Paradis

1936
Burgtheater
Hannerl und ihre Liebhaber
Seine Tochter ist der Peter
»L'argent«
Die Nacht der Entscheidung
Manja Valewska – Jugendliebe

1937
Unter Ausschluß der Öffentlichkeit
Die gelbe Flagge
Liebe geht seltsame Wege
Gewitterflug zu Claudia

L'amour
Das Mädchen mit dem guten Ruf

1938
Es leuchten die Sterne
Zwei Frauen
Rote Orchideen
Verliebtes Abenteuer

1939
Parkstraße 13
Bel ami
Die unheimlichen Wünsche
Ich verweigere die Aussage

1940
Befreite Hände
Leidenschaft
Der Fuchs von Glenarvon
Angelika

1941
Kameraden
Tempel der Venus
Reise in die Vergangenheit

1942
Andreas Schlüter
Mit den Augen einer Frau
Das große Spiel
Menschen im Sturm

1943
Gefährlicher Frühling

1944
Melusine
Der ewige Klang

1945
Mit meinen Augen
Shiva und die Galgenblume

1949
Eine Nacht im Séparée

1950
Kein Engel so rein
Zwei in einem Anzug
Maharadscha wider Willen
Aufruhr im Paradies
Der Mann, der zweimal leben wollte
Begierde
Eine Frau mit Herz

1951
Geheimnis einer Ehe
Mein Freund, der Dieb
Hinter Klostermauern (Zweitverfilmung)

1953
Talent zum Glück

1954
Rosenresli

Die wichtigsten Theaterstücke, in welchen ich eine Hauptrolle spielte

1915
Heiermans, »Untergang der Hoffnung« (Moskau)

1916
Bergen, »Sintflut« (Moskau)
Dickens, »Heimchen am Herd« (Moskau)
Tschechow, »Der Kirschgarten« (Moskau)
Tschechow, »Drei Schwestern« (Moskau)

1919
Shakespeare, »Hamlet« (Moskau)

1925
Dymoff, »Altweibersommer« (Berlin, Renaissancetheater)
D'Annunzio, »Die tote Stadt« (Berlin)
Zola, »Therese Raquin« (Berlin)

1927
Tschechow, »Die Möwe« (Gastspiel durch Deutschland)

1928
Ibsen, »Nora« (Gastspiel)

1930
Külb, »Frische Brise« (Berlin und Gastspiele)

1933
Peileront, »Die Welt, in der man sich langweilt« (Berlin)

1935
Nikodemi, »Tageszeiten der Liebe« (Berlin und Gastspiele)

1936
Herzog, »Blaufuchs« (Berlin und Gastspiele)

1939
Külb, »Sensation in Budapest« (Berlin)
Coubier, »Die sechste Frau« (Berlin)

1940
Coubier, »Aimée (Gastspiele)

1941–1944
Viele Gastspiele
Coubier, »Aimée«
u. a. Boulevardstücke
»Verliebtes Abenteuer«
»Liebe unmodern«
»Der Sektkübel«

1946
Goldoni, »Die listige Witwe« (Berlin)

1947
Goldoni, »Mirandolina« (Berlin)

1952
Wilde, »Lady Windermeres Fächer« (München)

1953
Maugham, »Victoria« (München)

1959
Fermaud, »Wenn die Türen knallen« (München)

1964
Willems, »Es regnet in mein Haus« (Berlin)